KB084933

오뚜기그룹

온라인 능력적성검사

SD에듀

㈜시대고시기획

2024 최신판 SD에듀 오뚜기그룹 온라인 능력적성검사
최신기출유형 + 모의고사 4회

Always **with you**

사람의 인연은 길에서 우연하게 만나거나 함께 살아가는 것만을 의미하지는 않습니다.
책을 펴내는 출판사와 그 책을 읽는 독자의 만남도 소중한 인연입니다.
SD에듀는 항상 독자의 마음을 헤아리기 위해 노력하고 있습니다. 늘 독자와 함께하겠습니다.

자격증 · 공무원 · 금융/보험 · 면허증 · 언어/외국어 · 검정고시/독학사 · 기업체/취업
이 시대의 모든 합격! SD에듀에서 합격하세요!
www.youtube.com → SD에듀 → 구독

오뚜기그룹은 '넘어져도 다시 일어나겠다는 것이 아니라, 결코 넘어지지 않고 항상 서있다.'라는 '부전상립(不轉常立)'의 정신 아래 1969년 창립되었다. 오뚜기그룹은 '보다 좋은 품질, 보다 높은 영양, 보다 앞선 식품'으로 인류 식생활 향상에 이바지하고자 최선을 다하며 식품 시장에서의 입지를 단단히 굳혔다.

오뚜기그룹은 인재를 채용하기 위해 온라인 인성 및 직무능력검사, 심층인성검사를 시행하고 있다. 특히 오뚜기만의 직무능력검사인 능력적성검사를 통해 지원자가 직무를 수행하는 데 필요한 능력을 갖추고 있는지 평가한다. 능력적성검사는 언어, 수리, 추리 세 영역으로 구성되어 있으며, 문항 수에 비해 응시 시간이 매우 짧은 편이다.

이에 SD에듀에서는 오뚜기그룹 온라인 능력적성검사를 준비하는 수험생들이 시험에 효과적으로 대비할 수 있도록 다음과 같은 특징의 본서를 출간하게 되었다.

도서의 특징

❶ 2023년 하반기 기출복원문제를 수록하여 최신 출제 경향을 파악할 수 있도록 하였다.

❷ 영역별 출제유형분석과 실전예제를 수록하여 단계별로 학습이 가능하도록 하였다.

❸ 최종점검 모의고사 2회분과 도서 동형 온라인 실전연습 서비스를 제공하여 실전과 같이 온라인상에서 연습할 수 있도록 하였다.

❹ 인성검사를 수록하여 오뚜기그룹의 인재상과 적합 여부를 판별할 수 있도록 하였다.

❺ 면접 유형 및 실전 대책과 면접 기출을 수록하여 오뚜기그룹 채용에 부족함이 없도록 하였다.

끝으로 본서를 통해 오뚜기그룹 온라인 능력적성검사를 준비하는 여러분 모두에게 합격의 기쁨이 있기를 진심으로 기원한다.

SDC(Sidae Data Center) 씀

기업이념

오뚜기그룹은 인류의 식생활 향상과 건강에 이바지하는 기업으로, 맛과 품질을 가장 소중히 생각하며 행동한다. 또 식품안전문화 정착을 위해 노력하고, 소비자가 필요로 하는 동시에 소비자에게 편리한 제품을 만든다. 인류에게 필요한 기업이 되는 것이 오뚜기그룹의 목표이다.

사시

보다 좋은 품질, 보다 높은 영양, 보다 앞선 식품으로
인류식생활 향상에 이바지한다.

사훈

인화단결   연구개척   신속정확

생활신조

머리 쓰고 땀 흘리자

○ 인재상

공경과 배려의 인재

부모와 윗사람을 공경하고, 타인을 배려하는 예의범절을 갖춘 인재로서
조직과 가정에서 절약정신을 실천하는 인재

윤리적으로 행동하는 인재

법규와 약속을 지키고 올바른 행동을 솔선수범하여 실천하는 인재

마음을 나눌 줄 아는 인재

마음과 정성으로 사회와 타인을 위해 봉사하는 마음을 가지고 실천하는 인재

○ CI 소개

심볼

심볼 + 워드마크

2023년 하반기 기출분석 ANALYSIS

총평

2023년 하반기 오뚜기그룹 온라인 능력적성검사는 지난 상반기 시험과 비슷하게 출제되었다. 언어 영역의 어휘 문제가 전반적인 난도를 올렸다. 평소에 잘 쓰지 않는 단어는 물론, 한자를 잘 알아야 풀수 있는 문제가 출제되어 어려웠다는 것이 지배적인 의견이다. 수리 영역은 수의 관계를 파악하는 등의 응용수리 문제가 주로 출제되었으며 평이한 수준이었다. 추리 영역에서는 다양한 유형의 도형 문제가 출제되었다.

○ 오뚜기그룹 온라인 능력적성검사의 핵심 전략

문제는 평이한 수준으로 출제되지만 많은 문항 수에 비해 응시 시간이 짧아 수험생들이 어려움을 겪는다. 160문제를 50분 안에 풀어야 하기 때문에 쉽지 않다는 것이다. 그러나 오답에 대한 감점이 없으므로, 모르는 문제를 넘기고 아는 문제 위주로 풀어나가는 습관을 들이는 것이 좋다.

언어 영역의 어휘 문제는 단기간의 학습으로 성적을 올리기가 쉽지 않다. 때문에 평소에 많은 문제를 풀어보고 꾸준히 학습하는 것이 중요하다. 수리 영역은 난이도가 높지 않은 만큼 오답을 최소화하여야한다. 숫자를 꼼꼼하게 확인하고 계산기를 활용하여 짧은 시간 안에 정확한 답을 도출해내는 훈련이 필요하다. 추리 영역에서는 다양한 유형의 도형 문제가 출제되기 때문에 나올 수 있는 유형 전반에 대한 풀이 연습이 필수적이다. 도식추리는 문자를 수치화하여 메모장에 풀이하는 습관을 들이는 것이 도움이 될 것이다.

○ 시험 진행

구분	영역	문항 수	응시시간
능력적성검사	언어	40문항	50분
	수리	60문항	
	추리	60문항	
인성역량검사	인성역량검사 I	50문항 세트	40분
	인성역량검사 II	63문항	20분

✪ 필수 준비물

① 신분증 : 주민등록증, 외국인등록증, 여권, 운전면허증 중 하나
② 그 외 : 휴대폰, 휴대폰 거치대, 노트북, 웹캠, 노트북/휴대폰 충전기

✪ 유의사항

① 영역별로 제한시간이 있으므로 시간 관리에 유의한다.
② 영역별로 시험이 진행되므로 한 과목이라도 과락이 생기지 않도록 주의한다.
③ 한 영역이 끝나면 쉬는 시간 없이 바로 다음 영역으로 넘어간다.

✪ 알아두면 좋은 TIP

① 원활한 시험 진행을 위해 책상 정리가 필요하다.
② 인성검사를 위해 오뚜기그룹의 인재상에 대해 숙지해 둔다.
③ 원활한 인터넷 공급과 PC 전원공급 상태를 확인하고, 배터리 충전기는 미리 꽂아두어야 한다.
④ 타인이 출입하거나 소음이 감지될 경우 부정행위로 간주될 수 있으니, 본인만 위치한 장소해서 응시해야 한다.

신입사원 채용 안내 INFORMATION

⟳ **채용시기**

수시채용으로 진행되며 계열사별로 여건에 따라 채용 일정 및 방식이 다를 수 있음

⟳ **지원자격**

① 정규 4년제 대학 졸업(예정)자
② 남성의 경우, 병역 필 또는 면제자
③ 해외여행에 결격사유가 없는 자

⟳ **지원방법**

오뚜기그룹 채용홈페이지(ottogi.co.kr) 접속 후 지원서 작성 및 제출

⟳ **채용전형 절차**

| 서류전형 | 인성 및 직무능력검사 | 1차 면접 | 2차 면접 | 최종합격 |

 서류전형
▸ 입사지원서를 바탕으로 학점, 영어, 봉사활동, 자격증, 다양한 사회 활동(인턴, 해외 경험 등), 자기소개서 등을 종합적으로 고려하여 평가한다.

필기전형
▸ 언어, 수리, 추리로 이루어진 능력적성검사(50분)와 인성역량검사(60분)를 실시한다.

 면접전형
▸ 지원자의 역량, 가치관 및 발전 가능성을 종합적으로 평가한다.
▸ 1차 면접(실무 면접 및 심층인성검사)과 2차 면접(임원 면접)으로 나누어 실시한다.

❖ 시험 내용은 채용유형, 채용직무, 채용시기 등에 따라 변동될 수 있으므로 반드시 발표되는 채용공고를 확인하기 바랍니다.

합격 선배들이 알려주는

오뚜기그룹 온라인 능력적성검사 합격기

"마음속 든든한 안전장치 같은 책!"

오뚜기그룹 서류 합격 당시에는 기뻤지만, 적성검사 후기를 읽고 걱정이 커졌어요. 주어진 시간에 비해 문항 수가 많다는 점이 부담스럽더라고요. 그래서 시간 안에 다 풀기보다는 아는 문제를 최대한 많이 건드려보자는 목표를 가지고 공부했습니다. SD에듀의 책이 그런 면에서 도움이 되었습니다. 출제 유형을 분석해주니 제가 어떤 문제에 강한지 알 수 있었고, 최종점검 모의고사를 풀어보며 선택과 집중하는 연습이 가능했어요. 더욱이 기출복원문제가 수록되어 있어서 실제 시험에서도 크게 당황하지 않고 차분히 응시할 수 있었습니다. 면접 대비까지 한 번에 가능하니 그 부분도 정말 마음에 들었네요. 다들 SD에듀의 책으로 준비하시고, 든든한 마음으로 시험장에 들어가시면 좋겠습니다.

"단권화의 끝판왕 SD에듀!"

저는 서류나 필기시험에는 강하지만, 면접에서 어려움을 느끼는 편이에요. 그래서 오뚜기그룹 취업을 준비하고자 마음 먹었을 때도 적성검사에 관해서는 크게 고민하지 않았습니다. 근데 실제로 50분 안에 세 가지 영역의 문제를 모두 맞닥뜨리니 멘붕이더라고요. 게다가 온라인으로 시험을 치르는 게 익숙하지 않아서 시간을 많이 잡아먹었습니다. 그렇게 첫 적성검사에서 떨어지고, 하반기에 다시 준비하는 과정에서 저의 강점과 약점을 모두 아울러 보완할 수 있는 책을 찾고자 다짐했어요. 그때 만난 게 SD에듀의 책입니다. 다양한 문제로 연습하고, 실제 면접 유형까지 익히니 한결 수월하더라고요. 온라인으로 모의시험을 치를 수 있다는 점도 좋았습니다. 한 권으로 정리되니 굳이 여러 책을 살 필요도 없고요. 덕분에 합격의 길까지 걸을 수 있었습니다. 다른 분들께도 강력히 추천드리고 싶어요.

❖ 본 독자 후기는 실제 SD에듀의 도서를 통해 공부하여 합격한 독자들께서 보내주신 후기를 재구성한 것입니다.

주요 대기업 적중 문제 TEST CHECK

언어 ▶ 빈칸 채우기

35 다음 중 빈칸에 들어갈 단어로 가장 적절한 것은?

> 할머니는 손자를 위해 식탁을 _____ 차렸다.

① 푸지게   ② 당차게

③ 가뜬하게   ④ 바특하게

⑤ 녹록하게

수리 ▶ 수추리

19

| 3 | 5 | 19 | 5 | 9 | ( ) | 7 | 11 | 71 |

① 39   ② 41

③ 43   ④ 45

⑤ 47

추리 ▶ 전개도

※ 다음 중 제시된 전개도를 접었을 때 나타나는 입체도형으로 적절한 것을 고르시오. [8~9]

08

①   ②

③   ④

⑤

삼성

수리 ▶ 자료해석

2023년 적중

06 다음은 지역별 내·외국인 거주자 현황을 나타내는 자료이다. 이에 대한 설명으로 옳은 것은?

〈지역별 내·외국인 거주자 현황〉

지역	2020년		2021년		2022년	
	거주자 (만 명)	외국인 비율 (%)	거주자 (만 명)	외국인 비율 (%)	거주자 (만 명)	외국인 비율 (%)
서울	1,822	8.2	2,102	9.2	1,928	9.4
인천	1,350	12.2	1,552	15.9	1,448	16.1
경기	990	14.6	1,122	14.4	1,190	15.7
강원	280	1.8	221	1.2	255	1
대전	135	4.5	102	3.1	142	3.5
세종	28	5.2	24	5.3	27	5.7
충청	688	1.2	559	0.5	602	0.7
경상	820	2.8	884	2.1	880	6
전라	741	2.1	668	1.9	708	1.7
대구	1,090	0.8	1,011	2.1	1,100	1.9

추리 ▶ 명제

2023년 적중

※ 제시된 명제가 참일 때, 빈칸에 들어갈 명제로 가장 적절한 것을 고르시오. [1~3]

01

전제1. 포유류는 새끼를 낳아 키운다.
전제2. 고양이는 포유류이다.
결론. _____

① 포유류는 고양이이다.
② 고양이는 새끼를 낳아 키운다.
③ 새끼를 낳아 키우는 것은 고양이이다.

추리 ▶ 진실게임

2023년 적중

Hard

05 하경이는 생일을 맞이하여 같은 반 친구들인 민지, 슬기, 경서, 성준, 민준을 생일 파티에 초대하였다. 하경이와 친구들이 함께 축하 파티를 하기 위해 간격이 일정한 원형 테이블에 다음 〈조건〉과 같이 앉았을 때, 항상 참이 되는 것은?

조건
• 하경이의 바로 옆 자리에는 성준이나 민준이가 앉지 않았다.
• 슬기는 성준이 또는 경서의 바로 옆 자리에 앉았다.
• 민지의 바로 왼쪽 자리에는 경서가 앉았다.
• 슬기와 민준이 사이에 한 명이 앉아 있다.

① 하경이는 민준이와 서로 마주보고 앉아 있다.
② 민지는 민준이 바로 옆 자리에 앉아 있다.
③ 경서는 하경이 바로 옆 자리에 앉아 있다.

주요 대기업 적중 문제 TEST CHECK

SK

언어이해 ▶ 비판 / 반박

Hard

15 다음 글의 주장에 대한 반박으로 가장 적절한 것은?

> 인간은 사회 속에서만 자신을 더 나은 존재로 느낄 수 있기 때문에 자신을 사회화하고자 한다. 인간은 사회 속에서만 자신의 자연적 소질을 실현할 수 있는 것이다. 그러나 인간은 자신을 개별화하거나 고립시키려는 성향도 강하다. 이는 자신의 의도에 따라서만 행위하려는 반사회적인 특성을 의미한다. 그리고 저항하려는 성향이 자신뿐만 아니라 다른 사람에게도 있다는 사실을 알기 때문에, 그 자신도 곳곳에서 저항에 부딪히게 되리라 예상한다.
>
> 이러한 저항을 통하여 인간은 모든 능력을 일깨우고, 나태해지려는 성향을 극복하며, 명예욕이나 지배욕, 소유욕 등에 따라 행동하게 된다. 그리하여 동시대인들 가운데에서 자신의 위치를 확보하게 된다. 이렇게 하여 인간은 야만의 상태에서 벗어나 문화를 이룩하기 위한 진정한 진보의 첫걸음을 내딛게 된다. 이때부터 모든 능력이 점차 계발되고 아름다움을 판정하는 능력도 형성된다. 나아가 자연적 소질에 의해 도덕성을 어렴풋하게 느끼기만 하던상 태에서 벗어나, 지속적인 계몽을 통하여 구체적인 실천 원리를 명료하게 인식할 수 있는 성숙한 단계로 접어든다. 그 결과 자연적인 감정을 기반으로 결합된 사회를 도덕적인 전체로 바꿀 수 있는 사유 방식이 확립된다.
>
> 인간에게 이러한 반사회성이 없다면, 인간의 모든 재능은 꽃피지 못하고 만족감과 사랑으로 가득 찬 목가적인 삶속에서 영원히 묻혀 버리고 말 것이다. 그리고 양처럼 선량한 기질의 사람들은 가축

언어추리 ▶ 조건추리

03 고등학교 동창인 A ~ F 여섯 명은 중국음식점에서 식사를 하기 위해 원형 테이블에 앉았다. 〈조건〉이 다음과 같을 때, 항상 옳은 것은?

> **조건**
> • E와 F는 서로 마주보고 앉아 있다.
> • C와 B는 붙어 있다.
> • A는 F와 한 칸 떨어져 앉아 있다.
> • D는 F의 바로 오른쪽에 앉아 있다.

① A와 B는 마주보고 있다.　　② A와 D는 붙어 있다.
③ B는 F와 붙어 있다.　　④ C는 F와 붙어 있다.
⑤ D는 C와 마주보고 있다.

창의수리 ▶ 방정식

☑ 제한시간 60초

09 S씨는 뒷산에 등산을 갔다. 오르막길 A는 1.5km/h로 이동하였고, 내리막길 B는 4km/h로 이동하였다. A로 올라갔다가 B로 내려오는 데 총 6시간 30분이 걸렸고, 정상에서 30분 동안 휴식을 하였다. 오르막길과 내리막길이 총 14km일 때, A의 거리는?

① 2km　　② 4km
③ 6km　　④ 8km
⑤ 10km

LG

언어추리 ▶ 참/거짓

Easy

11 A~E는 점심 식사 후 제비뽑기를 통해 '꽝'이 적힌 종이를 뽑은 한 명이 나머지 네 명의 아이스크림을 모두 사주기로 하였다. 다음의 대화에서 한 명이 거짓말을 한다고 할 때, 아이스크림을 사야 할 사람은 누구인가?

> A : D는 거짓말을 하고 있지 않아.
> B : '꽝'을 뽑은 사람은 C이다.
> C : B의 말이 사실이라면 D의 말은 거짓이야.
> D : E의 말이 사실이라면 '꽝'을 뽑은 사람은 A이다.
> E : C는 빈 종이를 뽑았어.

① A   ② B
③ C   ④ D
⑤ E

자료해석 ▶ 자료계산

05 다음은 소비자 동향을 조사한 자료이다. (A)+(B)+(C)−(D)의 값으로 알맞은 것은?

〈2022년 하반기 소비자 동향조사〉

[단위 : CSI(소비자 동향지수)]

구분	7월	8월	9월	10월	11월	12월	평균
생활형편전망	98	98	98	98	92	92	96
향후경기전망	80	85	83	80	64	(B)	76
가계수입전망	100	100	100	99	98	97	99
소비자지출전망	106	(A)	107	107	106	99	(C)
평균	96	97	97	96	90	(D)	−

① 176   ② 186
③ 196   ④ 206

창의수리 ▶ 경우의 수

14 L사의 마케팅부, 영업부, 영업지원부에서 2명씩 대표로 회의에 참석하기로 하였다. 자리배치는 원탁 테이블에 같은 부서 사람이 옆자리로 앉는다고 할 때, 6명이 앉을 수 있는 경우의 수는 몇 가지인가?

① 15가지   ② 16가지
③ 17가지   ④ 18가지
⑤ 20가지

도서 200% 활용하기 STRUCTURES

1 기출복원문제로 출제 경향 파악

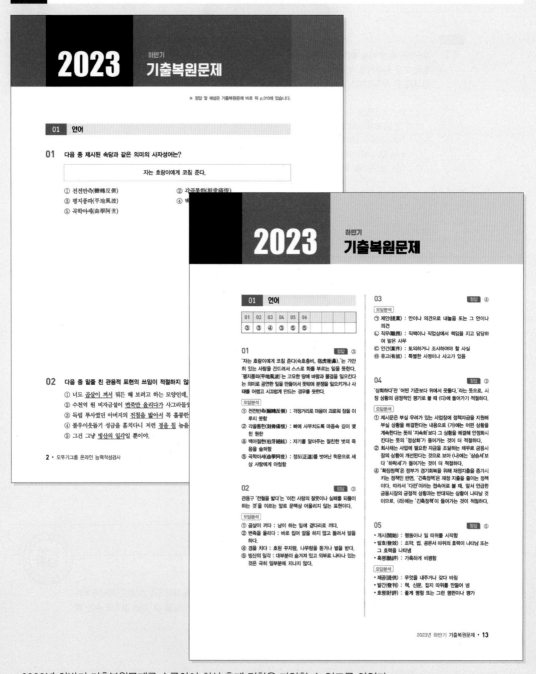

▶ 2023년 하반기 기출복원문제를 수록하여 최신 출제 경향을 파악할 수 있도록 하였다.
▶ 기출복원문제를 바탕으로 학습을 시작하기 전에 자신의 실력을 판단할 수 있도록 하였다.

2 이론점검, 출제유형분석, 실전예제로 영역별 단계적 학습

▶ 출제되는 영역에 대한 이론점검, 출제유형분석과 실전예제를 수록하였다.

▶ 최근 출제되는 유형을 체계적으로 학습하고 점검할 수 있도록 하였다.

도서 200% 활용하기 STRUCTURES

3 최종점검 모의고사 + 도서 동형 온라인 실전연습 서비스로 반복 학습

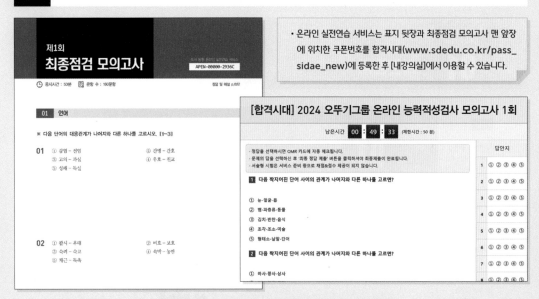

• 온라인 실전연습 서비스는 표지 뒷장과 최종점검 모의고사 맨 앞장에 위치한 쿠폰번호를 합격시대(www.sdedu.co.kr/pass_sidae_new)에 등록한 후 [내강의실]에서 이용할 수 있습니다.

▶ 실제 시험과 유사하게 구성된 최종점검 모의고사 2회분을 통해 마무리를 하도록 하였다.
▶ 이와 동일하게 구성된 온라인 실전연습 서비스로 실제 시험처럼 연습하도록 하였다.

4 인성검사부터 면접까지 한 권으로 최종 마무리

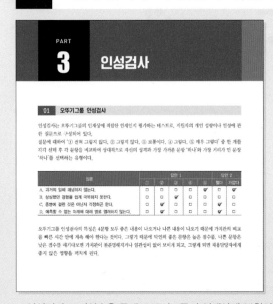

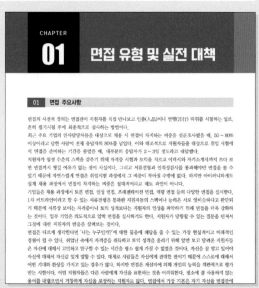

▶ 인성검사 모의연습을 통해 오뚜기그룹의 인재상에 부합하는지 판별할 수 있도록 하였다.
▶ 면접 기출 질문을 통해 실제 면접에서 나오는 질문에 미리 대비할 수 있도록 하였다.

5 Easy & Hard로 난이도별 시간 분배 연습

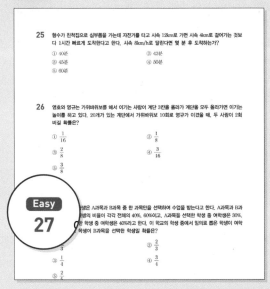

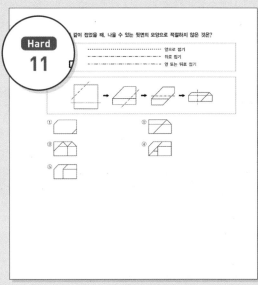

▶ Easy&Hard 표시로 문제별 난이도에 따라 시간을 적절하게 분배하여 풀이하는 연습이 가능하도록 하였다.

6 정답 및 오답분석으로 풀이까지 완벽 마무리

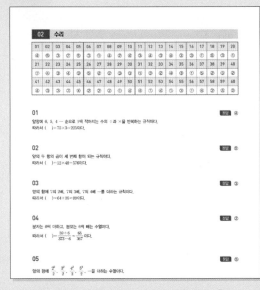

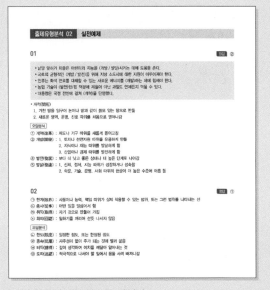

▶ 정답에 대한 상세한 해설과 오답분석을 통해 혼자서도 체계적인 학습이 가능하도록 하였다.

학습플랜 STUDY PLAN

1주 완성 학습플랜

본서에 수록된 전 영역을 단기간에 끝낼 수 있도록 구성한 학습플랜이다. 한 번에 전 영역을 공부하지 않고, 한 영역을 집중적으로 공부할 수 있도록 하였다. 인성검사 및 필기시험에 대한 기초 학습은 되어 있으나, 학습 계획 세우기에 자신이 없는 분들이나 미리 시험에 대비하지 못해 단시간에 많은 분량을 봐야 하는 수험생에게 추천한다.

ONE WEEK STUDY PLAN

	1일 차 ☐	2일 차 ☐	3일 차 ☐
Start!	____월____일	____월____일	____월____일

4일 차 ☐	5일 차 ☐	6일 차 ☐	7일 차 ☐
____월____일	____월____일	____월____일	____월____일

STUDY CHECK BOX

구분	1일 차	2일 차	3일 차	4일 차	5일 차	6일 차	7일 차
기출복원문제							
PART 1							
제1회 최종점검 모의고사							
제2회 최종점검 모의고사							
다회독 1회							
다회독 2회							
오답분석							

스터디 체크박스 활용법

1주 완성 학습플랜에서 계획한 학습량을 어느 정도 실천하였는지 표시하여 자신의 학습량을 효율적으로 관리할 수 있다.

구분	1일 차	2일 차	3일 차	4일 차	5일 차	6일 차	7일 차
기출복원문제	언어	X	X	완료			

이 책의 차례 CONTENTS

합격의 공식 SD에듀 www.sdedu.co.kr

Add+

2023년 하반기
기출복원문제

※ 기출복원문제는 수험생들의 후기를 통해 SD에듀에서 복원한 문제로 실제 문제와 다소 차이가 있을 수 있으며, 본 저작물의 무단전재 및 복제를 금합니다.

※ 정답 및 해설은 기출복원문제 바로 뒤 p.013에 있습니다.

01 언어

01 다음 중 제시된 속담과 같은 의미의 사자성어는?

> 자는 호랑이에게 코침 준다.

① 전전반측(輾轉反側)　　　　　② 각골통한(刻骨痛恨)
③ 평지풍파(平地風波)　　　　　④ 백아절현(伯牙絶絃)
⑤ 곡학아세(曲學阿世)

02 다음 중 밑줄 친 관용적 표현의 쓰임이 적절하지 않은 것은?

① 너도 곱살이 껴서 뭐든 해 보려고 하는 모양인데, 이번에는 제발 빠져 주라.
② 수천억 원 비자금설이 변죽만 울리다가 사그라들었다.
③ 독립 투사였던 아버지의 전철을 밟아서 꼭 훌륭한 사람이 되거라.
④ 불우이웃돕기 성금을 훔치다니 저런 경을 칠 놈을 보았나.
⑤ 그건 그냥 빙산의 일각일 뿐이야.

03 김대리는 사내 환경 개선 보고서를 작성하기 위해 아래와 같이 개요를 작성했다. 다음 중 밑줄 친 ㉠~㉤의 의미가 바르게 짝지어진 것은?

Ⅰ. 목적
　현재 직원들의 불만 사항을 파악하여 이에 대한 개선 방안을 ㉠ 제안한다.
Ⅱ. 직원들의 불만 사항
　• 과도한 ㉡ 직무로 인한 업무 해결 능률이 떨어진다.
　• 동일 주제에 대한 잦은 회의로 인해 개인 업무 시간이 부족하다.
　• 융통성 없는 근태 규정으로 인해 직원들의 사기가 떨어진다.
Ⅲ. 개선 방안
　• 월말 회의 ㉢ 안건으로 효율적인 업무 분담 방안을 상정한다.
　• 지난 회의의 결과를 ㉣ 원안별로 정리하여 열람할 수 있는 시스템을 구축한다.
　• ㉤ 유고한 결근의 경우 이에 대한 별도의 근태 규정을 신설한다.

---

① ㉠ : 특별한 사정이나 사고가 있음
② ㉡ : 토의하거나 조사하여야 할 사실
③ ㉢ : 안이나 의견으로 내놓음 또는 그 안이나 의견
④ ㉣ : 회의에 올려진 본디의 안
⑤ ㉤ : 직책이나 직업상에서 책임을 지고 담당하여 맡은 사무

04 다음 글을 읽고 밑줄 친 (가) ~ (마)의 문맥상 쓰임이 적절한 것을 고르면?

부실 우려가 있는 부동산 프로젝트파이낸싱 사업장의 (가) <u>지속화</u>를 위해 금융당국은 28조 4,000억 원 규모의 정책자금을 공급하기로 하였다.

현재 금융시장은 회사채, 단기금융시장은 지난해 하반기 경색 상황에서 차츰 벗어나 벗어나 개선세가 뚜렷해지고 있고, 회사채 가산금리도 지난해 말 이후 계속 (나) <u>상승세</u>를 보이고 있다. 또한 올해 1 ~ 2월 중 일반회사채는 만기도래액을 (다) <u>상회하는</u> 수준으로 발행되는 등 시장에서 발행수요가 순조롭게 이루어지고 있는 상황이다.

다만 미국의 (라) <u>확장정책</u>의 장기화가 예상되고, 러시아 – 우크라이나 전쟁 및 미국 – 중국 갈등 상황이 지속되고 있어 올해 역시 금융시장 내 기지수가 존재하는 상황이다.

이에 정부는 부동산PF의 불안 가능성에 대비해 선제적으로 정책대응수단을 마련했으며 이를 차질 없이 집행해 나가겠다고 밝혔다.

이를 위해 부동산의 대출현황, 사업진행상황 등을 통합 점검하고, 이상 징후에 대한 신속 보고체계를 구축해 해당 징후 발생 시 신속 및 맞춤 대응하겠다는 계획이다.

또한 금융당국은 민간 중심 사업재구조화 등을 통해 사업성 우려 사업장의 정상화를 유도하고, 부동산PF 리스크가 건설사·부동산신탁사로 파급되지 않도록 건설사 등에 대해 정책금융 공급규모를 28조 4,000억 원으로 확대해 부동산신탁사의 리스크 관리도 (마) <u>약화</u>하기로 하였다.

① (가)
② (나)
③ (다)
④ (라)
⑤ (마)

05 다음 문장의 빈칸 ㉠ ~ ㉢에 들어갈 어휘를 바르게 짝지은 것은?

> • 청문회는 내달 초쯤 ㉠ 제공 / 개시될 예정이다.
> • 새로운 법안이 ㉡ 발간 / 발효됨에 따라 그에 따른 처벌이 강화될 것으로 예상된다.
> • 냉정한 ㉢ 호평 / 혹평으로 인해 마음이 위축되었다.

	㉠	㉡	㉢
①	제공	발간	호평
②	제공	발간	혹평
③	개시	발간	혹평
④	개시	발효	호평
⑤	개시	발효	혹평

06 다음 중 밑줄 친 부분과 같은 의미로 쓰인 것은?

> 어릴 적 고향에서는 개천이나 논의 바닥을 손으로 <u>더듬어</u> 물고기를 잡곤 했다.

① 목격자의 기억을 <u>더듬어</u> 범인의 몽타주를 만들었다.
② 대강 <u>더듬어</u> 보니 계산이 잘못된 것 같았다.
③ 그는 말까지 <u>더듬으며</u> 긴장을 숨기지 못했다.
④ 스님은 산자락에 위치한 절을 찾아 산길을 <u>더듬어</u> 갔다.
⑤ 떨어진 귀걸이 한 짝을 찾기 위해 좌석 밑을 <u>더듬었다</u>.

01 O공장에서 제조하는 휴대전화 장식품은 원가가 700원이고 표시된 정가는 A원이다. 서울의 L매장에서 이 장식품을 표시된 정가에서 14% 할인하여 50개 팔았을 때의 이익과 M매장에서 20% 할인하여 80개 팔았을 때의 이익이 같다고 한다. 이때, A의 각 자리의 수를 모두 더한 값은?

① 1

② 2

③ 3

④ 4

⑤ 5

02 A회사에 근무하는 O씨는 오전에 B회사로 외근을 갔다. 일을 마치고 시속 3km로 걸어서 회사로 가는 반대 방향으로 1km 떨어진 우체국에 들렀다가 회사로 복귀하는 데 1시간 40분이 걸렸다. A회사부터 B회사까지의 거리는?

① 1km

② 2km

③ 3km

④ 4km

⑤ 5km

03 남자 5명과 여자 5명이 정오각형 모양의 탁자의 각 변에 2명씩 둘러앉으려고 한다. 이때 탁자의 각 변에 남자와 여자가 이웃하여 앉을 확률은?(단, 회전하여 일치하는 경우는 모두 같은 것으로 본다)

① $\dfrac{5}{63}$

② $\dfrac{8}{63}$

③ $\dfrac{10}{63}$

④ $\dfrac{13}{63}$

⑤ $\dfrac{17}{63}$

04 P나라에서는 K, L, M단위의 화폐를 사용하며, K는 100원의 2배, L은 100원의 3배, M은 100원의 7배인 값을 가지고 있다. K, L, M단위의 화폐를 활용하여 2,300원의 값을 만들었을 때, 다음 중 K+L+M의 값으로 가능한 것은?

① 8

② 9

③ 10

④ 11

⑤ 12

05 O사의 생산공장에 재직 중인 A와 B는 오후 1시부터 오후 6시까지 근무한다. A는 310개의 제품을 포장하는 데 1시간이 걸리고, B는 작업속도가 1시간마다 바로 전 시간의 2배가 된다. 두 사람이 받는 하루 임금이 같다고 할 때, B는 처음 시작하는 1시간 동안 몇 개의 제품을 포장하는가?(단, 일급은 그날 포장한 제품의 개수에 비례한다)

① 25개

② 50개

③ 75개

④ 100개

⑤ 125개

06 다음과 같이 일정한 규칙으로 수를 나열할 때, 빈칸에 들어갈 알맞은 수는?

4 10 17 25 34 ( )

① 42

② 43

③ 44

④ 45

⑤ 46

01 다음 제시된 도형의 규칙을 보고 ?에 들어갈 모양으로 적절한 것을 고르면?

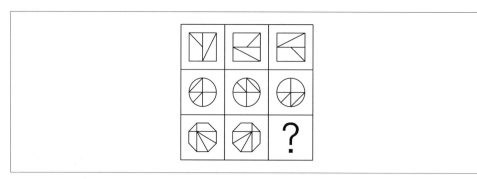

①

②

③

④

⑤

02 제시된 전개도를 접었을 때 나타나는 입체도형으로 적절한 것은?

①

②

③

④

⑤

03 다음과 같은 모양을 만드는 데 사용된 블록의 개수는?(단, 보이지 않는 곳의 블록은 있다고 가정한다)

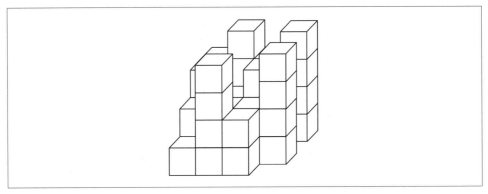

① 42개　　　　　　　　　　　② 41개

③ 40개　　　　　　　　　　　④ 39개

⑤ 38개

04 다음 중 제시된 도형과 같은 것은?(단, 제시된 도형은 회전이 가능하다)

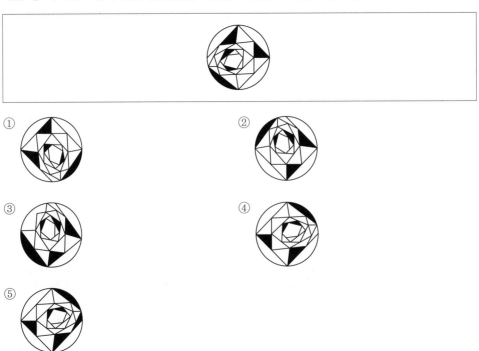

05 다음 중 제시된 도형과 다른 것은?

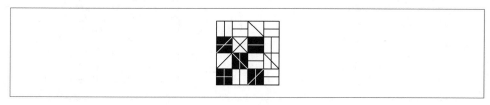

① 　　　　②

③ 　　　　④

⑤

06 다음 제시된 조각을 조합할 때 만들 수 없는 도형은?(단, 조각은 회전만 가능하다)

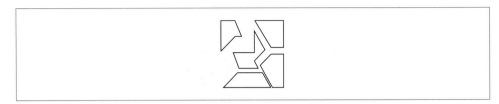

①

②

③

④

⑤

01　언어

01	02	03	04	05	06				
③	③	④	③	⑤	⑤				

01　　　정답　③

'자는 호랑이에게 코침 준다(숙호충비, 宿虎衝鼻).'는 가만히 있는 사람을 건드려서 스스로 화를 부르는 일을 뜻한다. '평지풍파(平地風波)'는 고요한 땅에 바람과 물결을 일으킨다는 의미로 공연한 일을 만들어서 뜻밖에 분쟁을 일으키거나 사태를 어렵고 시끄럽게 만드는 경우를 뜻한다.

오답분석

① 전전반측(輾轉反側) : 걱정거리로 마음이 괴로워 잠을 이루지 못함
② 각골통한(刻骨痛恨) : 뼈에 사무치도록 마음속 깊이 맺힌 원한
④ 백아절현(伯牙絕絃) : 자기를 알아주는 절친한 벗의 죽음을 슬퍼함
⑤ 곡학아세(曲學阿世) : 정도(正道)를 벗어난 학문으로 세상 사람에게 아첨함

02　　　정답　③

관용구 '전철을 밟다'는 '이전 사람의 잘못이나 실패를 되풀이하는 것'을 이르는 말로 문맥상 어울리지 않는 표현이다.

오답분석

① 곱살이 끼다 : 남이 하는 일에 곁다리로 끼다.
② 변죽을 울리다 : 바로 집어 말을 하지 않고 둘러서 말을 하다.
④ 경을 치다 : 호된 꾸지람, 나무람을 듣거나 벌을 받다.
⑤ 빙산의 일각 : 대부분이 숨겨져 있고 외부로 나타나 있는 것은 극히 일부분에 지나지 않다.

03　　　정답　④

오답분석

㉠ 제안(提案) : 안이나 의견으로 내놓음 또는 그 안이나 의견
㉡ 직무(職務) : 직책이나 직업상에서 책임을 지고 담당하여 맡은 사무
㉢ 안건(案件) : 토의하거나 조사하여야 할 사실
㉣ 유고(有故) : 특별한 사정이나 사고가 있음

04　　　정답　③

'상회하다'란 '어떤 기준보다 위에서 웃돌다.'라는 뜻으로, 시장 상황의 긍정적인 평가로 볼 때 (다)에 들어가기 적절하다.

오답분석

① 제시문은 부실 우려가 있는 사업장에 정책자금을 지원해 부실 상황을 해결한다는 내용으로 (가)에는 어떤 상황을 계속한다는 뜻의 '지속화'보다 그 상황을 해결해 안정화시킨다는 뜻의 '정상화'가 들어가는 것이 더 적절하다.
② 회사채는 사업에 필요한 자금을 조달하는 채무로 금융시장의 상황이 개선된다는 것으로 보아 (나)에는 '상승세'보다 '하락세'가 들어가는 것이 더 적절하다.
④ '확장정책'은 정부가 경기회복을 위해 재정지출을 증가시키는 정책인 반면, '긴축정책'은 재정 지출을 줄이는 정책이다. 따라서 '다만'이라는 접속어로 볼 때, 앞서 언급한 금융시장의 긍정적 상황과는 반대되는 상황이 나타날 것이므로, (라)에는 '긴축정책'이 들어가는 것이 적절하다.

05　　　정답　⑤

• 개시(開始) : 행동이나 일 따위를 시작함
• 발효(發效) : 조약, 법, 공문서 따위의 효력이 나타남 또는 그 효력을 나타냄
• 혹평(酷評) : 가혹하게 비평함

오답분석

• 제공(提供) : 무엇을 내주거나 갖다 바침
• 발간(發刊) : 책, 신문, 잡지 따위를 만들어 냄
• 호평(好評) : 좋게 평함 또는 그런 평판이나 평가

06

정답 ⑤

제시문의 '더듬다'는 '잘 보이지 않는 것을 손으로 이리저리 만져 보며 찾다.'의 의미로 쓰였으며, 이와 같이 사용된 것은 ⑤이다.

오답분석

① 어렴풋한 생각이나 기억을 마음으로 짐작하여 헤아리다.

② 대강 헤아려 셈하다.

③ 말을 하거나 글을 읽을 때 순조롭게 나오지 않고 자꾸 막히다.

④ 똑똑히 알지 못하는 것을 짐작하여 찾다.

---

02   수리

01	02	03	04	05	06				
①	③	②	①	②	③				

01

정답 ①

각 매장의 이익을 구하는 식은 다음과 같다.

(단위 : 원)

구분	L매장	M매장
판매가	$\left(1-\dfrac{14}{100}\right)A=\dfrac{86}{100}A$	$\left(1-\dfrac{20}{100}\right)A=\dfrac{80}{100}A$
총수입	$\dfrac{86}{100}A\times50=43A$	$\dfrac{80}{100}A\times80=64A$
이익	$43A-50\times700$ $=43A-35{,}000$	$64A-80\times700$ $=64A-56{,}000$

$43A-35{,}000=64A-56{,}000$

$\rightarrow 21A=21{,}000$

$\therefore A=1{,}000$원

따라서 각 자리의 수를 모두 더한 값은 1이다.

02

정답 ③

A회사에서 B회사까지의 거리를 $x$km라고 하면 다음과 같은 식이 성립한다.

$$\dfrac{1+1+x}{3}=\dfrac{5}{3}$$

$\rightarrow 1+1+x=5$

$\therefore x=3$

따라서 A회사에서 B회사까지의 거리는 3km이다.

03

정답 ②

10명을 일렬로 배열하는 경우의 수는 10!가지이고, 각각에 대하여 서로 같은 경우가 5가지씩 있으므로 10명이 정오각형 모양의 탁자에 둘러앉는 경우의 수는 $\dfrac{10!}{5}$가지이다.

탁자의 각 변에 남자와 여자가 이웃하여 앉는 경우의 수는 남자 5명을 테이블의 각 변에 1명씩 앉힌 후 여자 5명을 남은 자리에 앉히고, 각 변의 남녀가 서로 자리를 바꾸는 경우를 생각하면 되므로 $4!\times5!\times2^5$가지이다.

따라서 구하는 확률은 $\dfrac{4!\times5!\times2^5}{\dfrac{10!}{5}}=\dfrac{8}{63}$이다.

04

정답 ①

100원을 기준으로 화폐 단위의 값을 나타내면 K=200, L=300, M=700이다.
각각의 개수를 x, y, z 개라고 하면 다음과 같은 식이 성립한다.
$200x+300y+700z=2,300$
$\rightarrow 2x+3y+7z=23$
이 방정식을 만족하는 순서쌍 (x, y, z)은 (2, 4, 1), (5, 2, 1), (3, 1, 2)이다.
따라서 선택지 중 K+L+M의 값으로 가능한 것은 8이다.

05

정답 ②

A와 B의 일급이 같으므로 하루에 포장한 제품의 개수는 A의 작업량인 310×5=1,550개로 서로 같다.
B가 처음 시작하는 1시간 동안 x개의 제품을 포장한다고 하면 다음과 같은 식이 성립한다.
$x+2x+4x+8x+16x=1,550$
$\rightarrow 31x=1,550$
$\therefore x=50$
따라서 B가 처음 1시간 동안 포장하는 제품의 개수는 50개이다.

06

정답 ③

앞의 항에 6, 7, 8, …씩 더하는 수열이다.
따라서 (　)=34+10=44이다.

03 추리

01	02	03	04	05	06			
④	③	④	②	⑤	②			

01

정답 ④

규칙은 가로 방향으로 적용된다.
첫 번째 도형을 시계 방향으로 90° 회전시킨 것이 두 번째 도형, 두 번째 도형을 x축 대칭시킨 것이 세 번째 도형이다.

02

정답 ③

03

정답 ④

- 1층 : 4×4−2=14개
- 2층 : 16−3=13개
- 3층 : 16−8=8개
- 4층 : 16−12=4개
$\therefore$ 14+13+8+4=39개

04

정답 ②

제시된 도형을 시계 방향으로 90° 회전한 것이다.

05

정답 ⑤

06 　　　　　　　 정답 ②

오답분석

①

③

④

⑤

PART 1

출제유형분석

CHAPTER 01
언어

합격 CHEAT KEY

| 출제유형 |

오뚜기그룹 온라인 능력적성검사의 언어영역은 어휘의 의미를 정확하게 알고 있는지 평가하는 유형으로, 밑줄 친 어휘와 같은 의미로 쓰인 어휘를 찾는 문제, 주어진 문장 속에서 사용이 적절하지 않은 어휘를 찾는 문제, 주어진 여러 단어의 뜻을 포괄하는 어휘를 찾는 문제 등이 출제되고 있다. 이 외에도 명제 추론 문제가 출제되므로, 제시된 명제를 도식화하고 명제의 역·이·대우를 꼼꼼하게 정리하는 습관을 들이는 것이 중요하다.

▎ 학습전략 ▎

어휘력과 분석력을 평가하는 유형이다. 제시된 단어의 관계 찾기, 한자성어, 명제 추론 등의 문제가 출제된다. 언어영역의 주를 이루는 어휘 유형의 경우, 단기간의 공부로 성적을 올릴 수 있는 부분이 아니므로 평소에 꾸준히 연습해야 한다. 또한, 모르는 단어가 문제에 나왔을 때에는 고민하지 말고 아는 문제부터 푸는 습관을 들이는 것이 도움이 될 것이다. 명제 추론의 경우, 제시된 명제의 역·이·대우를 이용하여 문제를 풀어야 하므로, 각 명제의 관계는 필수적으로 학습해두어야 한다.

┤ 학습 포인트 ├

- 일상생활에서 잘 쓰지 않는 어휘가 자주 출제되므로 평소에 여러 분야의 도서나 신문 기사 등을 읽어둔다.
- 문제에서 제시된 단어의 뜻을 정확히 알지 못하는 경우에는 아는 단어부터 소거해가며 답을 추려낼 수 있도록 한다.
- 주어진 규칙과 조건을 파악한 후 이를 도식화(표, 기호 등으로 정리)하여 문제에 접근해야 한다.
- 조건에 사용된 조사의 의미와 제한사항 등을 제대로 이해해야 정답을 찾을 수 있으므로 문제를 꼼꼼하게 읽는 습관을 기른다.

CHAPTER 01 이론점검

01 어휘추리

1. 유의 관계

두 개 이상의 어휘가 서로 소리는 다르나 의미가 비슷한 경우를 유의 관계라고 하고, 유의 관계에 있는 어휘를 유의어(類義語)라고 한다. 유의 관계의 대부분은 개념적 의미의 동일성을 전제로 한다. 그렇다고 하여 유의 관계를 이루는 단어들을 어느 경우에나 서로 바꾸어 쓸 수 있는 것은 아니다. 따라서 언어 상황에 적합한 말을 찾아 쓰도록 노력하여야 한다.

(1) 원어의 차이

한국어는 크게 고유어, 한자어, 외래어로 구성되어 있다. 따라서 하나의 사물에 대해서 각각 부르는 일이 있을 경우 유의 관계가 발생하게 된다.

(2) 전문성의 차이

같은 사물에 대해서 일반적으로 부르는 이름과 전문적으로 부르는 이름이 다른 경우가 많다. 이런 경우에 전문적으로 부르는 이름과 일반적으로 부르는 이름 사이에 유의 관계가 발생한다.

(3) 내포의 차이

나타내는 의미가 완전히 일치하지는 않으나, 유사한 경우에 유의 관계가 발생한다.

(4) 완곡어법

문화적으로 금기시하는 표현을 둘러서 말하는 것을 완곡어법이라고 하며, 이러한 완곡어법 사용에 따라 유의 관계가 발생한다.

2. 반의 관계

(1) 개요

반의어(反意語)는 둘 이상의 단어에서 의미가 서로 짝을 이루어 대립하는 경우를 말한다.

즉, 반의어는 어휘의 의미가 서로 대립하는 단어를 말하며, 이러한 어휘들의 관계를 반의 관계라고 한다. 한 쌍의 단어가 반의어가 되려면, 두 어휘 사이에 공통적인 의미 요소가 있으면서도 동시에 서로 다른 하나의 의미 요소가 있어야 한다.

반의어는 반드시 한 쌍으로만 존재하는 것이 아니라, 다의어(多義語)이면 그에 따라 반의어가 여러 개로 달라질 수 있다. 즉, 하나의 단어에 대하여 여러 개의 반의어가 있을 수 있다.

(2) 반의어의 종류

반의어에는 상보 반의어와 정도 반의어, 관계 반의어, 방향 반의어가 있다.

① **상보 반의어** : 한쪽 말을 부정하면 다른 쪽 말이 되는 반의어이며, 중간항은 존재하지 않는다. '있다' 와 '없다'가 상보적 반의어이며, '있다'와 '없다' 사이의 중간 상태는 존재할 수 없다.

② **정도 반의어** : 한쪽 말을 부정하면 반드시 다른 쪽 말이 되는 것이 아니며, 중간항을 갖는 반의어이다. '크다'와 '작다'가 정도 반의어이며, 크지도 작지도 않은 중간이라는 중간항을 갖는다.

③ **관계 반의어** : 관계 반의어는 상대가 존재해야만 자신이 존재할 수 있는 반의어이다. '부모'와 '자식' 이 관계 반의어의 예이다.

④ **방향 반의어** : 맞선 방향을 전제로 하여 관계나 이동의 측면에서 대립을 이루는 단어 쌍이다. 방향 반의어는 공간적 대립, 인간관계 대립, 이동적 대립 등으로 나누어 볼 수 있다.

3. 상하 관계

상하 관계는 단어의 의미적 계층 구조에서 한쪽이 의미상 다른 쪽을 포함하거나 다른 쪽에 포섭되는 관계를 말한다. 상하 관계를 형성하는 단어들은 상위어(上位語)일수록 일반적이고 포괄적인 의미를 지니며, 하위어(下位語)일수록 개별적이고 한정적인 의미를 지닌다.

따라서 상위어는 하위어를 함의하게 된다. 즉, 하위어가 가지고 있는 의미 특성을 상위어가 자동적으로 가지게 된다.

4. 부분 관계

부분 관계는 한 단어가 다른 단어의 부분이 되는 관계를 말하며, 전체 – 부분 관계라고도 한다. 부분 관계에서 부분을 가리키는 단어를 부분어(部分語), 전체를 가리키는 단어를 전체어(全體語)라고 한다. 예를 들면, '머리, 팔, 몸통, 다리'는 '몸'의 부분어이며, 이러한 부분어들에 의해 이루어진 '몸'은 전체어이다.

1. 연역 추론

이미 알고 있는 판단(전제)을 근거로 새로운 판단(결론)을 유도하는 추론이다. 연역 추론은 진리일 가능성을 따지는 귀납 추론과는 달리, 명제 간의 관계와 논리적 타당성을 따진다. 즉, 연역 추론은 전제들로부터 절대적인 필연성을 가진 결론을 이끌어내는 추론이다.

(1) 직접 추론

한 개의 전제로부터 중간적 매개 없이 새로운 결론을 이끌어내는 추론이며, 대우 명제가 그 대표적인 예이다.

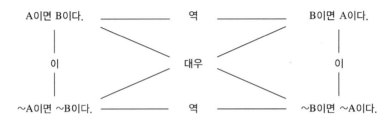

• 한국인은 모두 황인종이다.	(전제)
• 그러므로 황인종이 아닌 사람은 모두 한국인이 아니다.	(결론 1)
• 그러므로 황인종 중에는 한국인이 아닌 사람도 있다.	(결론 2)

(2) 간접 추론

둘 이상의 전제로부터 새로운 결론을 이끌어내는 추론이다. 삼단논법이 가장 대표적인 예이다.

① **정언 삼단논법** : 세 개의 정언명제로 구성된 간접추론 방식이다. 세 개의 명제 가운데 두 개의 명제는 전제이고, 나머지 한 개의 명제는 결론이다. 세 명제의 주어와 술어는 세 개의 서로 다른 개념을 표현한다.

② **가언 삼단논법** : 가언명제로 이루어진 삼단논법을 말한다. 가언명제란 두 개의 정언명제가 '만일 ~ 이라면'이라는 접속사에 의해 결합된 복합명제이다. 여기서 '만일'에 의해 이끌리는 명제를 전건이라고 하고, 그 뒤의 명제를 후건이라고 한다. 가언 삼단논법의 종류로는 혼합가언 삼단논법과 순수가언 삼단논법이 있다.

⊙ 혼합가언 삼단논법 : 대전제만 가언명제로 구성된 삼단논법이다. 긍정식과 부정식 두 가지가 있으며, 긍정식은 'A면 B이다. A이다. 그러므로 B이다.'이고, 부정식은 'A면 B이다. B가 아니다. 그러므로 A가 아니다.'이다.

- 만약 A라면 B이다.
- B가 아니다.
- 그러므로 A가 아니다.

⊙ 순수가언 삼단논법 : 대전제와 소전제 및 결론까지 모두 가언명제들로 구성된 삼단논법이다.

- 만약 A라면 B이다.
- 만약 B라면 C이다.
- 그러므로 만약 A라면 C이다.

③ 선언 삼단논법 : '~이거나 ~이다.'의 형식으로 표현되며 전제 속에 선언 명제를 포함하고 있는 삼단논법이다.

- 내일은 비가 오거나 눈이 온다(A 또는 B이다).
- 내일은 비가 오지 않는다(A가 아니다).
- 그러므로 내일은 눈이 온다(그러므로 B이다).

④ 딜레마 논법 : 대전제는 두 개의 가언명제로, 소전제는 하나의 선언명제로 이루어진 삼단논법으로, 양도추론이라고도 한다.

• 만일 네가 거짓말을 하면, 신이 미워할 것이다.	(대전제)
• 만일 네가 거짓말을 하지 않으면, 사람들이 미워할 것이다.	(대전제)
• 너는 거짓말을 하거나, 거짓말을 하지 않을 것이다.	(소전제)
• 그러므로 너는 미움을 받게 될 것이다.	(결론)

2. 귀납 추론

특수한 또는 개별적인 사실로부터 일반적인 결론을 이끌어 내는 추론을 말한다. 귀납 추론은 구체적 사실들을 기반으로 하여 결론을 이끌어 내기 때문에 필연성을 따지기보다는 개연성과 유관성, 표본성 등을 중시하게 된다. 여기서 개연성이란, 관찰된 어떤 사실이 같은 조건하에서 앞으로도 관찰될 수 있는가 하는 가능성을 말하고, 유관성은 추론에 사용된 자료가 관찰하려는 사실과 관련되어야 하는 것을 일컬으며, 표본성은 추론을 위한 자료의 표본 추출이 공정하게 이루어져야 하는 것을 가리킨다. 이러한 귀납 추론은 일상생활 속에서 많이 사용하고, 우리가 알고 있는 과학적 사실도 이와 같은 방법으로 밝혀졌다.

그러나 전제들이 참이어도 결론이 항상 참인 것은 아니다. 단 하나의 예외로 인하여 결론이 거짓이 될 수 있다.

> • 성냥불은 뜨겁다.
> • 연탄불도 뜨겁다.
> • 그러므로 모든 불은 뜨겁다.

위 예문에서 '성냥불이나 연탄불이 뜨거우므로 모든 불은 뜨겁다.'라는 결론이 나왔는데, 반딧불은 뜨겁지 않으므로 '모든 불이 뜨겁다.'라는 결론은 거짓이 된다.

(1) 완전 귀납 추론

관찰하고자 하는 집합의 전체를 다 검증함으로써 대상의 공통 특질을 밝혀내는 방법이다. 이는 예외 없는 진실을 발견할 수 있다는 장점은 있으나, 집합의 규모가 크고 속성의 변화가 다양할 경우에는 적용하기 어려운 단점이 있다.

예 1부터 10까지의 수를 다 더하여 그 합이 55임을 밝혀내는 방법

(2) 통계적 귀납 추론

통계적 귀납 추론은 관찰하고자 하는 집합의 일부에서 발견한 몇 가지 사실을 열거함으로써 그 공통점을 결론으로 이끌어 내려는 방식을 가리킨다. 관찰하려는 집합의 규모가 클 때 그 일부를 표본으로 추출하여 조사하는 방식이 이에 해당하며, 표본 추출의 기준이 얼마나 적합하고 공정한가에 따라 그 결과에 대한 신뢰도가 달라진다는 단점이 있다.

예 여론조사에서 일부의 국민에 대한 설문 내용을 바탕으로, 이를 전체 국민의 여론으로 제시하는 것

(3) 인과적 귀납 추론

관찰하고자 하는 집합의 일부 원소들이 지닌 인과 관계를 인식하여 그 원인이나 결과를 이끌어 내려는 방식을 말한다.

① 일치법 : 공통적인 현상을 지닌 몇 가지 사실 중에서 각기 지닌 요소 중 어느 한 가지만 일치한다면 이 요소가 공통 현상의 원인이라고 판단

② **차이법** : 어떤 현상이 나타나는 경우와 나타나지 않은 경우를 놓고 보았을 때, 각 경우의 여러 조건 중 단 하나만이 차이를 보인다면 그 차이를 보이는 조건이 원인이 된다고 판단

　　예 현수와 승재는 둘 다 지능이나 학습 시간, 학습 환경 등이 비슷한데 공부하는 태도에는 약간의 차이가 있다. 따라서 두 사람이 성적이 차이를 보이는 것은 학습 태도의 차이 때문으로 생각된다.

③ **일치·차이 병용법** : 몇 개의 공통 현상이 나타나는 경우와 몇 개의 그렇지 않은 경우를 놓고 일치법과 차이법을 병용하여 적용함으로써 그 원인을 판단

　　예 학업 능력 정도가 비슷한 두 아동 집단에 대해 처음에는 같은 분량의 과제를 부여하고 나중에는 각기 다른 분량의 과제를 부여한 결과, 많이 부여한 집단의 성적이 훨씬 높게 나타났다. 이로 보아, 과제를 많이 부여하는 것이 적게 부여하는 것보다 학생의 학업 성적 향상에 도움이 된다고 판단할 수 있다.

④ **공변법** : 관찰하는 어떤 사실의 변화에 따라 현상의 변화가 일어날 때 그 변화의 원인이 무엇인지 판단

　　예 담배를 피우는 양이 각기 다른 사람들의 집단을 조사한 결과, 담배를 많이 피울수록 폐암에 걸릴 확률이 높다는 사실이 발견되었다.

⑤ **잉여법** : 앞의 몇 가지 현상이 뒤의 몇 가지 현상의 원인이며, 선행 현상의 일부분이 후행 현상의 일부분이라면, 선행 현상의 나머지 부분이 후행 현상의 나머지 부분의 원인임을 판단

　　예 어젯밤 일어난 사건의 혐의자는 정은이와 규민이 두 사람인데, 정은이는 알리바이가 성립되어 혐의 사실이 없는 것으로 밝혀졌다. 따라서 그 사건의 범인은 규민이일 가능성이 높다.

3. 유비 추론

두 개의 대상 사이에 일련의 속성이 동일하다는 사실에 근거하여 그것들의 나머지 속성도 동일하리라는 결론을 이끌어내는 추론, 즉 이미 알고 있는 것에서 다른 유사한 점을 찾아내는 추론을 말한다. 그렇기 때문에 유비 추론은 잣대(기준)가 되는 사물이나 현상이 있어야 한다. 유비 추론은 가설을 세우는 데 유용하다. 이미 알고 있는 사례로부터 아직 알지 못하는 것을 생각해 봄으로써 쉽게 가설을 세울 수 있다. 이때 유의할 점은 이미 알고 있는 사례와 이제 알고자 하는 사례가 매우 유사하다는 확신과 증거가 있어야 한다. 그렇지 않은 상태에서 유비 추론에 의해 결론을 이끌어 내면, 그것은 개연성이 거의 없고 잘못된 결론이 될 수도 있다.

- 지구에는 공기, 물, 흙, 햇빛이 있다(A는 a, b, c, d의 속성을 가지고 있다).
- 화성에는 공기, 물, 흙, 햇빛이 있다(B는 a, b, c, d의 속성을 가지고 있다).
- 지구에 생물이 살고 있다(A는 e의 속성을 가지고 있다).
- 그러므로 화성에도 생물이 살고 있을 것이다(그러므로 B도 e의 속성을 가지고 있을 것이다).

---

01 같은 의미 찾기

| 유형분석 |

- 어휘가 가진 다양한 의미를 묻는 문제가 주로 출제되므로 어휘의 의미를 정확하게 알고 있어야 한다.
- 다의어의 경우 문장 속에서 어떤 의미로 활용되는지 파악하는 것이 중요하므로 예문과 함께 학습하도록 한다.

다음 중 밑줄 친 단어와 같은 의미로 쓰인 것은?

이번 기회에 꼭 합격하기로 마음을 <u>먹었다</u>.

① 상대의 반칙에 앙금을 <u>먹고</u> 복수하였다.
② 실수로 연탄가스를 <u>마셨다</u>.
③ 상대방의 공격에 겁을 <u>먹어</u> 움직일 수가 없었다.
④ 주어진 시험에서 1등을 <u>먹었다</u>.
⑤ 강력한 슈팅에 한 골 <u>먹었다</u>.

정답 ①

밑줄 친 '먹었다'는 '어떤 마음이나 감정을 품다.'라는 의미로 사용되었다. 이와 같은 의미로 사용된 것은 ①이다.

오답분석

② 연기나 가스 따위를 들이마시다.
③ 겁, 충격 따위를 느끼게 되다.
④ 어떤 등급을 차지하거나 점수를 따다.
⑤ 구기 경기에서 점수를 잃다.

※ 다음 중 밑줄 친 단어와 같은 의미로 쓰인 것을 고르시오. [1~3]

01

> 구석에 숨어 찾아 그곳에서 일어나는 상황을 <u>엿볼</u> 수 있었다.

① 너무 궁금해서 쥐구멍을 통해 <u>엿보았다</u>.
② 좁은 문틈으로 무엇을 하고 있는지 <u>엿보았다</u>.
③ 골목 뒤에서 기회를 <u>엿보다가</u> 친구를 놀래켜 주었다.
④ 이번에 고백할 여인의 마음을 <u>엿보고</u> 싶다.
⑤ 라이벌의 생각을 <u>엿보고</u> 반격할 기회를 살피고 있다.

02

> 훈련을 통해 체력을 <u>기르다</u>.

① 까치 새끼를 <u>기르다</u>.
② 아이를 잘 <u>기른다</u>.
③ 좋은 버릇을 <u>길러라</u>.
④ 수양을 통해 정신을 <u>길렀다</u>.
⑤ 길게 수염을 <u>기르다</u>.

Hard
03

> 이번 달만 <u>넘어서면</u> 전화위복이 될 것이다.

① 언덕을 <u>넘어서</u> 드디어 산 정상에 올랐다.
② 국경을 <u>넘어서</u> 난민들이 탈출하였다.
③ 이번 일은 내 능력을 <u>넘어서는</u> 일이다.
④ 문화재청은 어려운 현실을 <u>넘어서</u> 발굴에 성공하였다.
⑤ 오랜 시간 끝에 상대가 우리 편으로 <u>넘어섰다</u>.

| 유형분석 |

- 글의 맥락을 파악하여 빈칸에 들어갈 적절한 단어를 찾을 수 있는지 평가하는 유형이다.
- 적절한 어휘를 찾는 것은 물론, 정확한 독해력을 요구하므로 문장의 흐름에 유의하도록 한다.

다음 중 빈칸 ㉠ ~ ㉢에 들어갈 단어를 바르게 연결한 것은?

- 얼마 전 비자를 ___㉠___ 하라는 연락을 받았다.
- 앞으로는 ___㉡___ 사소한 일에 신경 쓰지 않겠다.
- 창의적인 사고 ___㉢___ 을 통해 다양한 문제 해결 방법을 찾아야 한다.

	㉠	㉡	㉢
①	경신	일절	개발
②	경신	일절	계발
③	갱신	일절	계발
④	갱신	일체	개발
⑤	갱신	일체	계발

정답 ③

- 갱신(更新) : 법률관계의 존속 기간이 끝났을 때 그 기간을 연장하는 일
- 일절(一切) : 아주, 전혀, 절대로의 뜻으로 부인하거나 금지할 때 쓰는 말
- 계발(啓發) : 슬기나 재능, 사상 따위를 일깨워 줌

오답분석

- 경신(更新) : 종전의 기록을 깨뜨림
- 일체(一切) : 모든 것, 전부를 나타내는 말
- 개발(開發) : 지식이나 재능 따위를 발달하게 함

01 다음 중 제시된 문장 안에서 사용되지 않은 단어는?

> • 낱말 맞히기 퍼즐은 어린이의 지능을 _____시키는 데에 도움을 준다.
> • 국토의 균형적인 _____을 위해 지방 소도시에 대한 지원이 이루어져야 한다.
> • 인류는 화석 연료를 대체할 수 있는 새로운 에너지를 _____하는 데에 힘써야 한다.
> • 농업 기술이 _____한/된 덕분에 제철이 아닌 과일도 언제든지 먹을 수 있다.
> • 대통령은 국정 전반에 걸쳐 _____을 단행했다.

① 개혁　　　　　　　　　　② 개척
③ 개발　　　　　　　　　　④ 발전
⑤ 발달

02 다음 글의 빈칸에 들어갈 단어를 〈보기〉에서 알맞게 짝지은 것은?

> 한국계 이민 사회에서 자영업의 비중이 상대적으로 높은 것에 대해서는 여러 가지 이유를 찾을 수 있다. 일반적으로 영어 능력의 ___⑦___에서 그 이유를 찾는다. 그런데 이민 1세대 한국계 자영업자들의 영어 능력과 교육 수준이 사기업에 ___⑭___하는 한국계 임금 노동자보다 더 높다는 조사 결과도 있다. 그럼에도 불구하고 자영업자들의 영어 능력이 주류 사회의 직장에 취업할 정도에 이른다고 하기는 어렵고, 비록 대학 졸업자의 비중이 높다고 하나 한국에서 이들이 ___⑮___한 학력이나 자격증은 자신들이 원하는 직업을 구하는 과정에서 거의 인정받지 못했다는 것도 사실이다. 이렇게 주류 사회의 선호 직업에 접근하기 어려운 사람들이 쉽게 가질 수 있는 직업은 주류 사회 사람들과의 직접적인 경쟁을 피할 수 있는 직업이다. 이는 주류 사회의 사람들이 더 이상 이익을 기대할 수 없어 ___⑯___하거나 떠나 버린 분야이다. 대표적으로 소수 민족 소비자를 상대하는 사업이나 노동 집약적 사업 등이 있다. 이런 성격의 자영업이 한국계 미국인들의 사업상의 특징을 이룬다.

> **보기**
>
> ㉠ 한계　　　　㉡ 한도　　　　㉢ 종사　　　　㉣ 종속
> ㉤ 취득　　　　㉥ 터득　　　　㉦ 회피　　　　㉧ 도피

	㉮	㉯	㉰	㉱
①	㉠	㉢	㉤	㉦
②	㉠	㉣	㉤	㉧
③	㉡	㉢	㉥	㉦
④	㉡	㉢	㉥	㉧
⑤	㉢	㉣	㉤	㉦

03 포괄하는 단어 찾기

| 유형분석 |

- 제시된 모든 단어의 뜻을 포괄할 수 있는 단어를 찾을 수 있는지 평가하는 유형이다.
- 다의어의 경우 제시된 다른 단어와 함께 쓰일 수 있는 뜻을 찾아낼 수 있도록 한다.
- 모든 단어를 포괄할 수 있는 단어를 선택해야 하므로 제시된 단어를 꼼꼼하게 파악할 수 있도록 한다.

다음 중 〈보기〉의 단어를 모두 포괄할 수 있는 단어는?

> **보기**
>
> 억누르다   승리하다   반죽하다   이기다   극복하다

① 억누르다   ② 승리하다

③ 반죽하다   ④ 이기다

⑤ 극복하다

정답 ④

오답분석

① 유혹을 이기지(억누르지) 못하다.
② 우리나라는 축구 결승전에서 중국에 이기고(승리하고) 우승을 차지했다.
③ 흙을 물과 잘 이겨서(반죽해서) 벽에 발랐다.
⑤ 그는 온갖 역경을 이기고(극복하고) 마침내 성공했다.

※ 다음 중 〈보기〉의 단어를 모두 포괄할 수 있는 단어를 고르시오. [1~3]

01

> **보기**
>
> 빠지다   떨어지다   함락되다   하달되다   뒤처지다

① 빠지다   ② 떨어지다
③ 함락되다   ④ 하달되다
⑤ 뒤처지다

02

> **보기**
>
> 기억되다   떨어지다   남다   잔류하다   남아나다

① 기억되다   ② 떨어지다
③ 남다   ④ 잔류하다
⑤ 남아나다

03

> **보기**
>
> 쓰이다   배다   들다   속하다   담기다

① 쓰이다   ② 배다
③ 들다   ④ 속하다
⑤ 담기다

04 유의어 · 반의어

| 유형분석 |

• 주어진 단어의 의미를 정확히 알고 있는지를 평가하는 유형이다.

01 다음 중 제시된 단어와 유사한 의미를 가진 것은?

여우잠

① 쪽잠   ② 괭이잠

③ 나비잠   ④ 새우잠

⑤ 도둑잠

02 다음 중 제시된 단어와 반대되는 의미를 가진 것은?

진출

① 진압   ② 차출

③ 누락   ④ 철수

⑤ 정착

01

정답 ②

- 여우잠 : 깊이 들지 않은 잠을 의미하는 '겉잠'의 북한어
- 괭이잠 : 깊이 들지 못하고 자주 깨면서 자는 잠

오답분석
① 쪽잠 : 짧은 틈을 타서 불편하게 자는 잠
③ 나비잠 : 갓난아이가 두 팔을 머리 위로 벌리고 자는 잠
④ 새우잠 : 새우처럼 등을 구부리고 자는 잠. 주로 모로 누워 불편하게 자는 잠
⑤ 도둑잠 : 자야 할 시간이 아닌 때에 남의 눈에 띄지 않도록 몰래 자는 잠

02

정답 ④

- 진출 : 어떤 방면으로 활동 범위나 세력을 넓혀 나아감
- 철수 : 진출하였던 곳에서 시설이나 장비 따위를 거두어 가지고 물러남

오답분석
① 진압 : 강압적인 힘으로 억눌러 진정시킴
② 차출 : 어떤 일을 시키기 위하여 인원을 선발하여 냄
③ 누락 : 기입되어야 할 것이 기록에서 빠짐
⑤ 정착 : 일정한 곳에 자리를 잡아 붙박이로 있거나 머물러 삶

01 다음 밑줄 친 단어 중 의미가 서로 비슷한 것을 모두 고르면?

> ㉠ 세상이 무너지는 슬픔을 뒤로하고, 그는 종교에 의지하며 살았다.
> ㉡ 경서는 일주일 내내 야근했더니, 침대에 눕자마자 몸이 무너져 내리는 듯한 피로감을 느꼈다.
> ㉢ 이 제품은 구조가 간단하여 기계를 잘 모르는 나도 쉽게 조립할 수 있었다.
> ㉣ 사태를 해결하기 위해 늦은 시간까지 대응책을 구상했지만, 도무지 해결방안이 떠오르지 않았다.
> ㉤ 회사는 이번 공채부터 신입사원들을 위한 새로운 제도를 입안했다.
> ㉥ 20살 때부터 내가 하고 싶은 일부터, 해야 하는 일까지 내 스스로 설계했다.

① ㉠, ㉢, ㉣
② ㉡, ㉢, ㉤
③ ㉢, ㉣, ㉤
④ ㉢, ㉤, ㉥
⑤ ㉣, ㉤, ㉥

02 다음 밑줄 친 단어를 바꾸어 사용할 수 없는 것은?

> • 그가 하는 이야기는 ㉠ 당착이 심하여 도무지 이해할 수가 없었다.
> • 용하다고 소문난 점쟁이는 눈빛부터 ㉡ 용인과 달랐다.
> • 마산만은 숱한 ㉢ 매립으로 인해 대부분의 해변이 사라졌다.
> • 앞으로 국내에 6개월 이상 ㉣ 체류하는 외국인은 건강보험에 가입해야 한다.
> • 공정경제 문화 정착을 위해 공공기관부터 공정경제의 ㉤ 모범이 되어야 한다.

① ㉠ – 모순
② ㉡ – 범인
③ ㉢ – 굴착
④ ㉣ – 체재
⑤ ㉤ – 귀감

03 다음 짝지어진 단어 중 반의 관계가 아닌 것은?

① 소멸 – 생성
② 반제 – 차용
③ 쇄국 – 개국
④ 수척 – 초췌
⑤ 달성 – 실패

04 다음 제시된 단어와 반대되는 의미를 가진 것은?

사임

① 퇴임(退任)
② 퇴진(退陣)
③ 취임(就任)
④ 사직(辭職)
⑤ 퇴각(退却)

05 맞춤법

| 유형분석 |

- 어법에 맞게 맞춤법을 잘 사용할 수 있는지 평가하는 유형이다.
- 한 단어가 지니는 다양한 의미와 각각의 쓰임새에 대해 숙지하는 것은 물론, 높임법이나 로마자 표기법 등 맞춤법과 관련된 다양한 문제들이 출제된다.

01 다음 중 밑줄 친 부분의 맞춤법이 잘못된 것은?

① 그 일꾼은 땅딸보지만 능력만큼은 <u>일당백</u>이었다.

② 비가 쏟아지는 <u>그날밤</u>에 사건이 일어났다.

③ 교통사고를 낸 상대방이 <u>되레</u> 큰소리를 냈다.

④ 지속적인 <u>시청률</u> 하락으로 그 드라마는 조기종영을 하였다.

⑤ 두 사람은 <u>오랜만</u>에 만났지만, 서로를 알아볼 수 있었다.

02 다음 중 밑줄 친 부분의 띄어쓰기가 잘못된 것은?

① 날이 흐리니 비가 <u>올 듯하다</u>.

② 발표일이 다가오니 심장이 <u>터질듯하다</u>.

③ 떠난 그가 <u>돌아올 듯하다</u>.

④ 일이 그럭저럭 <u>되어 가는듯하다</u>.

⑤ 네 말을 들어보니 그럴 <u>듯도 하다</u>.

01

정답 ②

'앞', '뒤', '전', '후', '옆', '안', '밖', '속', '위', '밑', '끝', '날', '땅', '때', '떼', '막', '맛', '면', '밤', '변', '빛', '탓' 등의 명사와 결합한 단어는 복합 명사로 보기 어려우므로 앞 명사와 띄어 써야 한다. 한편, '이', '그', '저' 등이 지시대명사로 쓰일 때에는 뒤 말과 붙여 쓴다. 따라서 '비가 쏟아지는 그날 밤에 사건이 일어났다.'가 옳은 표기이다.

02

정답 ④

보조 용언이 거듭 나타나는 경우 앞의 보조 용언만을 붙여 쓸 수 있다. 즉, '가다'와 '듯하다'는 본용언 '되다'의 보조 용언이므로 앞의 보조 용언인 '가다'만 본용언과 붙여 쓸 수 있다. 따라서 '일이 그럭저럭 되어가는 듯하다.'가 옳은 표기이다.

오답분석

①·② 보조 용언은 띄어 씀을 원칙으로 하되, 경우에 따라 붙여 씀도 허용한다. 따라서 보조 용언인 '듯하다'는 ①과 같이 앞말과 띄어 쓰는 것이 원칙이나, ②와 같이 붙여 쓰는 것도 허용한다.

③ '돌아오다'는 합성 용언으로 앞말이 합성 용언인 경우 보조 용언 '듯하다'는 띄어 써야 한다.

⑤ 의존명사 '듯' 뒤에 보조사 '도'가 쓰이면 '듯도 하다'와 같이 띄어 쓴다.

Easy

01 다음 중 밑줄 친 부분의 맞춤법이 잘못된 것은?

① 바리스타<u>로서</u> 자부심을 가지고 커피를 내렸다.

② 어제는 <u>왠지</u> 피곤한 하루였다.

③ 용감한 시민의 제보로 진실이 <u>드러났다</u>.

④ 점심을 먹은 뒤 바로 <u>설겆이</u>를 했다.

⑤ 그 나무는 <u>밑동</u>만 남아 있었다.

02 다음 중 띄어쓰기가 잘못된 문장은?

① 내가 사랑하는 사람은 너뿐이야.

② 너만큼 나도 강해졌어.

③ 나 이곳에 자주 올 거야.

④ 공부밖에 재미있는 것이 없어.

⑤ 집에 가서 밥 먹어야할 텐데.

03 다음 밑줄 친 단어 중 잘못된 것은?

H공사는 전력에 ㉠ <u>특화</u>되고, '혁신기술로 고도화'된 사람을 ㉡ <u>포용</u>하는 전력서비스 제공을 지원하고 있습니다. 주요 사업으로는 전력정보시스템사업, 전력정보통신사업, 전력계통ICT사업, 미래성장동력사업이 있으며, 매출액은 6,256억 원을 ㉢ <u>달성</u>하였습니다. 또한 동반성장형 R&D 사업화로는 전력 빅데이터 및 지중 전력구 상태진단, 원격검침용 차세대 DCU, 배전자동화 단말장치 및 마이크로그리드 에너지관리시스템 등 총 35과제로 700억 원의 사업화를 달성하였습니다. ㉣ <u>더불어</u> 정전예방설비 ㉤ <u>장애률</u>은 전년대비 14.5% 감소된 1.496%를 달성하였습니다.

① ㉠

② ㉡

③ ㉢

④ ㉣

⑤ ㉤

04 다음 중 고칠 부분이 없는 문장은?

① 단편 소설은 길이가 짧은 대신, 장편 소설이 제공할 수 없는 강한 인상이다.

② 모든 청소년은 자연을 사랑하고 그 속에서 심신을 수련해야 한다.

③ 신문은 우리 주변의 모든 일이 기사 대상이다.

④ 거칠은 솜씨로 정교한 작품을 만들기는 어렵다.

⑤ 이번에 아주 비싼 대가를 치루었다.

06 관용적 표현

| 유형분석 |

- 주어진 글을 읽고 맥락과 일치하는 표현을 사용할 수 있는지 평가하는 유형이다.
- 사자성어와 속담은 물론 단어에 내포된 관용적 의미를 묻는 문제들이 출제되기도 한다.

다음 글의 내용에 가장 적절한 사자성어는?

> 어느 고을에 김사또와 최진사가 있었다. 김사또는 자신에게 항상 옳은 말만 하고 사람들이 입을 모아 칭찬하는 최진사를 싫어했다. 어느 날, 최진사의 아들이 실수로 돈 없이 식사하다 관아에 잡혀 오게 되었다. 이를 기회로 삼은 김사또는 아들의 죗값은 잘못 가르친 아버지가 함께 받아야 한다며, 최진사를 감옥에 가두었다. 그러던 어느 날, 김사또의 아들이 길거리에서 싸움하다가 상대방을 죽였다. 이 소식을 들은 김사또는 뒤늦게 땅을 치고 후회했지만 자신이 만든 법에 따라 관직에서 쫓겨나 감옥에 갇히는 신세가 되었다.

① 망운지정(望雲之情) ② 이심전심(以心傳心)
③ 자중지란(自中之亂) ④ 자가당착(自家撞着)
⑤ 자승자박(自繩自縛)

정답 ⑤
- 자승자박(自繩自縛) : 자기가 한 말과 행동에 자기 자신이 옭혀 곤란하게 됨

오답분석
① 망운지정(望雲之情) : 자식이 객지에서 고향에 계신 어버이를 생각하는 마음
② 이심전심(以心傳心) : 마음에서 마음으로 뜻이 전해짐. 또는 내가 생각한 것과 상대방이 생각하는 것이 같음
③ 자중지란(自中之亂) : 같은 편 안에서 일어나는 혼란이나 난리
④ 자가당착(自家撞着) : 자기의 언행이 앞뒤가 서로 맞지 않음

Easy

01 다음 속담의 풀이로 가장 적절한 것은?

> 산에 가야 범을 잡고, 물에 가야 고기를 잡는다.

① 일을 처리함에 있어 아무런 원칙이 없다.
② 무슨 일이든지 순서에 맞게 처리해야 한다.
③ 선천적 재능과 후천적 노력이 모두 중요하다.
④ 어떤 일을 성공하려면 가만히 앉아 있지 않고 직접 나서야 한다.
⑤ 어떠한 일은 결국 필요한 사람이 일을 하게 마련이다.

02 다음 글의 주제로 가장 적절한 한자성어는?

> 미국 메릴랜드대학 의학센터에서는 흥미로운 실험 하나가 진행됐다. 지원자 20명에게 웃음을 유발하는 코미디 영화와 긴장감을 조성하는 전쟁 영화를 차례로 보여주고 혈류량을 측정했다. 그 결과 코미디 영화를 볼 때는 대부분 지원자의 혈류량이 평균 22% 증가했지만, 전쟁 영화를 볼 때는 혈류량이 34% 감소했다. 이는 웃을 때 분비되는 엔도르핀이라는 호르몬이 혈관을 이완시켜 혈류량을 증가시켰기 때문이었다. 웃음 초기에는 맥박과 혈압이 증가하지만, 나중에는 동맥이 이완되면서 맥박과 혈압이 감소한다. 이러한 작용은 내부 장기를 마사지하는 효과가 있어서 혈액 순환 및 소화를 촉진하고 산소의 농도를 증가시키기 때문에 긴장을 완화한다. 또한 스트레스는 면역반응을 억제하는데 웃을 때 분비되는 엔도르핀은 T−림프구의 효과를 증가시켜서 감기에서 암에 이르는 질병에 대항할 면역계의 능력을 강화한다. 이러한 점들 때문에 최근 많은 암 병원에서는 전문 웃음치료사를 통한 웃음치료를 진행하고 있다. 암 환자들은 암과 같은 치명적인 질병 앞에서 분노와 두려움의 반응을 보일 수 밖에 없는데, 이때 웃음은 환자들의 부정적인 감정을 조절하는 역할을 한다.

① 망운지정(望雲之情) ② 소문만복래(掃門萬福來)
③ 출필고반필면(出必告反必面) ④ 맹모삼천지교(孟母三遷之敎)
⑤ 일소일소 일노일노(一笑一少 一怒一老)

03 다음 중 제시된 관용어의 뜻을 잘못 설명한 것은?

① 먹물을 먹다 : 책을 읽고 공부를 하다.
② 손사래를 치다 : 거절하거나 부인하다.
③ 머리가 깨다 : 골치 아픈 일로 속을 썩다.
④ 잔뼈가 굵다 : 오래 일하여 익숙해지다.
⑤ 가슴에 못을 박다 : 마음속 깊이 원통한 생각이 맺히게 하다.

| 유형분석 |

- '$p \rightarrow q$, $q \rightarrow r$이면 $p \rightarrow r$이다.' 형식의 삼단논법과 명제의 대우를 활용하여 푸는 유형이다.
- 전제를 추리하거나 결론을 추리하는 유형이 출제된다.
- 'A○ → B×' 또는 '$p \rightarrow \sim q$'와 같이 명제를 단순화하여 정리하면서 풀어야 한다.

제시된 명제가 모두 참일 때, 다음 중 빈칸에 들어갈 명제로 가장 적절한 것은?

전제1. 공부를 하지 않으면 시험을 못 본다.
전제2. _____
결론. 공부를 하지 않으면 성적이 나쁘게 나온다.

① 공부를 한다면 시험을 잘 본다.
② 시험을 잘 본다면 공부를 한 것이다.
③ 성적이 좋다면 공부를 한 것이다.
④ 시험을 잘 본다면 성적이 좋은 것이다.
⑤ 성적이 좋다면 시험을 잘 본 것이다.

정답 ⑤

'공부를 함'을 p, '시험을 잘 봄'을 q, '성적이 좋게 나옴'을 'r'이라 하면 첫 번째 명제는 $\sim p \rightarrow \sim q$, 마지막 명제는 $\sim p \rightarrow \sim r$이다. 따라서 $\sim q \rightarrow \sim r$이 빈칸에 들어가야 $\sim p \rightarrow \sim q \rightarrow \sim r$이 되어 $\sim p \rightarrow \sim r$이 성립한다. 참인 명제의 대우도 역시 참이므로 $\sim q \rightarrow \sim r$의 대우인 '성적이 좋다면 시험을 잘 본 것이다.'가 답이 된다.

30초 컷 풀이 Tip

전제 추리 방법	결론 추리 방법
전제1이 $p \rightarrow q$일 때, 결론이 $p \rightarrow r$이라면 각 명제의 앞부분이 같으므로 뒷부분을 $q \rightarrow r$로 이어준다. 만일 형태가 이와 맞지 않는다면 대우명제를 이용한다.	대우명제를 활용하여 전제1과 전제2가 $p \rightarrow q$, $q \rightarrow r$의 형태로 만들어진다면 결론은 $p \rightarrow r$이다.

※ 제시된 명제가 모두 참일 때, 다음 중 빈칸에 들어갈 명제로 가장 적절한 것을 고르시오. [1~3]

01

> • 낡은 것을 버려야 새로운 것을 채울 수 있다.
> • _____
> • 새로운 것을 채우지 않는다면 더 많은 세계를 경험할 수 없다.

① 새로운 것을 채운다면 낡은 것을 버릴 수 있다.
② 낡은 것을 버리지 않는다면 새로운 것을 채울 수 없다.
③ 새로운 것을 채운다면 더 많은 세계를 경험할 수 있다.
④ 낡은 것을 버리지 않는다면 더 많은 세계를 경험할 수 없다.
⑤ 더 많은 세계를 경험하지 못한다면 새로운 것을 채울 수 없다.

02

> • 음악을 좋아하는 사람은 상상력이 풍부하다.
> • 음악을 좋아하지 않는 사람은 노란색을 좋아하지 않는다.
> • _____

① 노란색을 좋아하지 않는 사람은 음악을 좋아한다.
② 음악을 좋아하지 않는 사람은 상상력이 풍부하지 않다.
③ 상상력이 풍부한 사람은 노란색을 좋아하지 않는다.
④ 노란색을 좋아하는 사람은 상상력이 풍부하다.
⑤ 상상력이 풍부하지 않은 사람은 음악을 좋아한다.

03

> • A세포가 있는 동물은 물체의 상을 감지할 수 없다.
> • B세포가 없는 동물은 물체의 상을 감지할 수 있다.
> • _____
> • A세포가 있는 동물은 빛의 유무를 감지할 수 있다.

① 빛의 유무를 감지할 수 있는 동물은 B세포가 있다.
② B세포가 없는 동물은 빛의 유무를 감지할 수 없다.
③ B세포가 있는 동물은 빛의 유무를 감지할 수 있다.
④ 물체의 상을 감지할 수 있는 동물은 빛의 유무를 감지할 수 있다.
⑤ 빛의 유무를 감지할 수 없는 동물은 물체의 상을 감지할 수 없다.

08 벤다이어그램

| 유형분석 |

- '어떤', '모든' 등 일부 또는 전체를 나타내는 명제 유형이다.
- 전제를 추리하거나 결론을 추리하는 유형이 출제된다.
- 벤다이어그램으로 나타내어 접근한다.

제시된 명제가 모두 참일 때, 다음 중 빈칸에 들어갈 명제로 가장 적절한 것은?

전제1. 어떤 키가 작은 사람은 농구를 잘한다.
전제2. _____
결론. 어떤 순발력이 좋은 사람은 농구를 잘한다.

① 어떤 키가 작은 사람은 순발력이 좋다.
② 농구를 잘하는 어떤 사람은 키가 작다.
③ 순발력이 좋은 사람은 모두 키가 작다.
④ 키가 작은 사람은 모두 순발력이 좋다.
⑤ 어떤 키가 작은 사람은 농구를 잘하지 못한다.

정답 ④

'키가 작은 사람'을 A, '농구를 잘하는 사람'을 B, '순발력이 좋은 사람'을 C라고 하면, 전제1과 결론은 다음과 같은 벤다이어그램으로 나타낼 수 있다.

1) 전제1

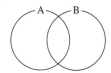

2) 결론

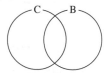

결론이 참이 되기 위해서는 B와 공통되는 부분의 A와 C가 연결되어야 하므로 A를 C에 모두 포함시켜야 한다. 즉, 다음과 같은 벤다이어그램이 성립할 때 마지막 명제가 참이 될 수 있으므로 빈칸에 들어갈 명제는 '키가 작은 사람은 모두 순발력이 좋다.'의 ④이다.

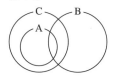

오답분석

① 다음과 같은 경우 성립하지 않는다.

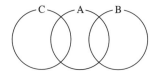

③ 다음과 같은 경우 성립하지 않는다.

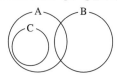

30초 컷 풀이 Tip

다음은 출제 가능성이 높은 명제 유형을 정리한 표이다. 이를 응용한 다양한 유형의 문제가 출제될 수 있으므로 대표적인 유형을 학습해두어야 한다.

명제 유형		전제1	전제2	결론
유형 1	명제	어떤 A는 B이다.	모든 A는 C이다.	어떤 C는 B이다. (=어떤 B는 C이다.)
	벤다이어그램			
유형 2	명제	모든 A는 B이다.	모든 A는 C이다.	어떤 C는 B이다. (=어떤 B는 C이다.)
	벤다이어그램			

※ 제시된 명제가 모두 참일 때, 다음 중 빈칸에 들어갈 명제로 가장 적절한 것을 고르시오. **[1~4]**

Easy

01

> 전제1. 야근을 하는 모든 사람은 X분야의 업무를 한다.
> 전제2. 야근을 하는 모든 사람은 Y분야의 업무를 한다.
> 결론. _____

① X분야의 업무를 하는 모든 사람은 야근을 한다.

② Y분야의 업무를 하는 어떤 사람은 X분야의 업무를 한다.

③ Y분야의 업무를 하는 모든 사람은 야근을 한다.

④ X분야의 업무를 하는 모든 사람은 Y분야의 업무를 한다.

⑤ 야근을 하는 어떤 사람은 X분야의 업무를 하지 않는다.

02

> 전제1. 어떤 경위는 파출소장이다.
> 전제2. _____
> 결론. 30대 중 파출소장이 아닌 사람이 있다.

① 어떤 경위는 30대이다.

② 어떤 경위는 30대가 아니다.

③ 30대는 모두 경위이다.

④ 모든 경위는 파출소장이 아니다.

⑤ 모든 경위는 30대이다.

03

전제1. 모든 과일은 맛이 있다.
전제2. 맛이 있는 어떤 것은 가격이 비싸다.
결론. _____

① 과일은 맛도 있고 가격도 비싸다.
② 맛이 있으면 과일이다.
③ 과일은 가격이 비쌀 수도 있고, 비싸지 않을 수도 있다.
④ 맛이 있는 과일은 가격이 비싸다.
⑤ 가격이 비싸면 과일이다.

PART 1

04

전제1. 인형을 좋아하는 어떤 아이는 동물을 좋아한다.
전제2. _____
결론. 인형을 좋아하는 어떤 아이는 친구를 좋아한다.

① 친구를 좋아하는 어떤 아이는 동물을 좋아한다.
② 친구를 좋아하는 아이는 동물을 좋아한다.
③ 동물을 좋아하는 어떤 아이는 친구를 좋아한다.
④ 동물을 좋아하는 아이는 친구를 좋아한다.
⑤ 동물을 좋아하지 않는 아이는 친구를 좋아하지 않는다.

CHAPTER 02
수리

| 출제유형 |

오뚜기그룹 온라인 능력적성검사의 수리영역은 수의 관계에 대해 알고 있는지 평가하는 유형이다. 일정한 규칙에 따라 나열된 숫자열이나 숫자의 집합으로부터 규칙 및 관계의 특성을 추론하는 능력을 알아보기 위한 수열과 일상생활에서 발생하는 문제를 해결하기 위해서 수학의 기본 원리와 방정식, 함수 등을 활용하여 문제에 접근하는 능력을 측정하는 응용수리 문제가 출제된다.

| 학습전략 |

응용수리는 수의 관계에 대해 알고 그것을 응용하여 계산할 수 있는지, 미지수를 구하기 위해 필요한 계산식을 세울 수 있는지를 평가하는 유형이다. 거리·속력·시간, 농도, 일의 양, 정가·원가 등의 문제가 출제된다. 한편, 수추리는 나열된 수열을 보고 규칙을 찾아서 빈칸에 들어갈 알맞은 숫자를 고르는 유형이다. 간단해 보이지만 숫자와 함께 문자가 섞여 문제가 출제되기도 하므로 문자를 수치화하여 꼼꼼하게 규칙을 찾는 훈련이 필수적이다.

┤ 학습 포인트 ├
- 정확하게 답을 구하지 못하면 답을 맞출 수 없게 출제되고 있어 정확하게 계산하는 연습이 필요하다.
- 정형화된 여러 유형을 풀어보고 숙지하여 기본기를 갖추도록 한다.
- 눈으로만 규칙을 찾고자 할 경우 변화된 값을 모두 외우기 어려우므로 나열된 수의 변화 값을 적어 규칙 파악에 어려움이 없도록 한다.
- 규칙이 발견되지 않는 경우에는 홀수 항과 짝수 항을 분리하여 파악하거나 군수열을 생각해 본다.

---

(1) **등차수열** : 앞의 항에 일정한 수를 더해 이루어지는 수열

예 1   3   5   7   9   11   13   15
　　 $\underset{+2}{\smile}$ $\underset{+2}{\smile}$ $\underset{+2}{\smile}$ $\underset{+2}{\smile}$ $\underset{+2}{\smile}$ $\underset{+2}{\smile}$ $\underset{+2}{\smile}$

(2) **등비수열** : 앞의 항에 일정한 수를 곱해 이루어지는 수열

예 1   2   4   8   16   32   64   128
　　 $\underset{\times2}{\smile}$ $\underset{\times2}{\smile}$ $\underset{\times2}{\smile}$ $\underset{\times2}{\smile}$ $\underset{\times2}{\smile}$ $\underset{\times2}{\smile}$ $\underset{\times2}{\smile}$

(3) **계차수열** : 앞의 항과의 차가 일정하게 증가하는 수열

예 1   2   4   7   11   16   22   29
　　 $\underset{+1}{\smile}$ $\underset{+2}{\smile}$ $\underset{+3}{\smile}$ $\underset{+4}{\smile}$ $\underset{+5}{\smile}$ $\underset{+6}{\smile}$ $\underset{+7}{\smile}$
　　　 $\underset{+1}{\smile}$ $\underset{+1}{\smile}$ $\underset{+1}{\smile}$ $\underset{+1}{\smile}$ $\underset{+1}{\smile}$ $\underset{+1}{\smile}$

(4) **피보나치수열** : 앞의 두 항의 합이 그 다음 항의 수가 되는 수열

$$a_n = a_{n-1} + a_{n-2}\ (n \geq 3,\ a_n = 1,\ a_2 = 1)$$

예 1   1 $\underset{1+1}{2}$ $\underset{1+2}{3}$ $\underset{2+3}{5}$ $\underset{3+5}{8}$ $\underset{5+8}{13}$ $\underset{8+13}{21}$

(5) **건너뛰기 수열** : 두 개 이상의 수열이 일정한 간격을 두고 번갈아가며 나타나는 수열

예 1   1   3   7   5   13   7   19
　 • 홀수항 : 1　 3　 5　 7
　　　　　　 $\underset{+2}{\smile}$ $\underset{+2}{\smile}$ $\underset{+2}{\smile}$
　 • 짝수항 : 1　 7　 13　 19
　　　　　　 $\underset{+6}{\smile}$ $\underset{+6}{\smile}$ $\underset{+6}{\smile}$

(6) **군수열** : 일정한 규칙성으로 몇 항씩 묶어 나눈 수열

예 • 1   1   2   1   2   3   1   2   3   4
　 ⇒ $\underline{1}$　$\underline{1\ \ 2}$　$\underline{1\ \ 2\ \ 3}$　$\underline{1\ \ 2\ \ 3\ \ 4}$
　 • 1   3   4   6   5   11   2   6   8   9   3   12
　 ⇒ $\underset{1+3=4}{\underline{1\ \ 3\ \ 4}}$　$\underset{6+5=11}{\underline{6\ \ 5\ \ 11}}$　$\underset{2+6=8}{\underline{2\ \ 6\ \ 8}}$　$\underset{9+3=12}{\underline{9\ \ 3\ \ 12}}$
　 • 1   3   3   2   4   8   5   6   30   7   2   14
　 ⇒ $\underset{1\times3=3}{\underline{1\ \ 3\ \ 3}}$　$\underset{2\times4=8}{\underline{2\ \ 4\ \ 8}}$　$\underset{5\times6=30}{\underline{5\ \ 6\ \ 30}}$　$\underset{7\times2=14}{\underline{7\ \ 2\ \ 14}}$

1. 수의 관계

(1) 약수와 배수

a가 b로 나누어떨어질 때, a는 b의 배수, b는 a의 약수

(2) 소수

1과 자기 자신만을 약수로 갖는 수. 즉, 약수의 개수가 2개인 수

(3) 합성수

1과 자신 이외의 수를 약수로 갖는 수. 즉, 소수가 아닌 수 또는 약수의 개수가 3개 이상인 수

(4) 최대공약수

2개 이상의 자연수의 공통된 약수 중에서 가장 큰 수

(5) 최소공배수

2개 이상의 자연수의 공통된 배수 중에서 가장 작은 수

(6) 서로소

1 이외에 공약수를 갖지 않는 두 자연수. 즉, 최대공약수가 1인 두 자연수

(7) 소인수분해

주어진 합성수를 소수의 거듭제곱의 형태로 나타내는 것

(8) 약수의 개수

자연수 $N = a^m \times b^n$에 대하여, N의 약수의 개수는 $(m+1) \times (n+1)$개

(9) 최대공약수와 최소공배수의 관계

두 자연수 A, B에 대하여, 최소공배수와 최대공약수를 각각 L, G라고 하면 A×B＝L×G가 성립한다.

2. 방정식의 활용

(1) 날짜 · 요일 · 시계

① 날짜 · 요일

㉠ 1일=24시간=1,440분=86,400초

㉡ 날짜 · 요일 관련 문제는 대부분 나머지를 이용해 계산한다.

② 시계

㉠ 시침이 1시간 동안 이동하는 각도 : 30°

㉡ 시침이 1분 동안 이동하는 각도 : 0.5°

㉢ 분침이 1분 동안 이동하는 각도 : 6°

(2) 거리 · 속력 · 시간

① (거리)=(속력)×(시간)

㉠ 기차가 터널을 통과하거나 다리를 지나가는 경우

- (기차가 움직인 거리)=(기차의 길이)+(터널 또는 다리의 길이)

㉡ 두 사람이 반대 방향 또는 같은 방향으로 움직이는 경우

- (두 사람 사이의 거리)=(두 사람이 움직인 거리의 합 또는 차)

② (속력)=$\dfrac{(거리)}{(시간)}$

㉠ 흐르는 물에서 배를 타는 경우

- (하류로 내려갈 때의 속력)=(배 자체의 속력)+(물의 속력)

- (상류로 올라갈 때의 속력)=(배 자체의 속력)−(물의 속력)

③ (시간)=$\dfrac{(거리)}{(속력)}$

(3) 나이 · 인원 · 개수

구하고자 하는 것을 미지수로 놓고 식을 세운다. 동물의 경우 다리의 개수에 유의해야 한다.

(4) 원가 · 정가

① (정가)=(원가)+(이익), (이익)=(정가)−(원가)

② (a원에서 $b\%$ 할인한 가격)=$a \times \left(1-\dfrac{b}{100}\right)$원

(5) 일률 · 톱니바퀴

① 일률

전체 일의 양을 1로 놓고, 시간 동안 한 일의 양을 미지수로 놓고 식을 세운다.

• (일률)$=\dfrac{(작업량)}{(작업기간)}$

• (작업기간)$=\dfrac{(작업량)}{(일률)}$

• (작업량)$=$(일률)$\times$(작업기간)

② 톱니바퀴

(톱니 수)$\times$(회전수)$=$(총 맞물린 톱니 수)

즉, A, B 두 톱니에 대하여, (A의 톱니 수)$\times$(A의 회전수)$=$(B의 톱니 수)$\times$(B의 회전수)가 성립한다.

(6) 농도

① (농도)$=\dfrac{(용질의 양)}{(용액의 양)}\times100$

② (용질의 양)$=\dfrac{(농도)}{100}\times$(용액의 양)

(7) 수 I

① 연속하는 세 자연수 : $x-1$, x, $x+1$
② 연속하는 세 짝수(홀수) : $x-2$, x, $x+2$

(8) 수 II

① 십의 자릿수가 x, 일의 자릿수가 y인 두 자리 자연수 : $10x+y$
  이 수에 대해, 십의 자리와 일의 자리를 바꾼 수 : $10y+x$
② 백의 자릿수가 x, 십의 자릿수가 y, 일의 자릿수가 z인 세 자리 자연수 : $100x+10y+z$

(9) 증가 · 감소

① x가 $a\%$ 증가 : $\left(1+\dfrac{a}{100}\right)x$

② y가 $b\%$ 감소 : $\left(1-\dfrac{b}{100}\right)y$

3. 경우의 수 · 확률

(1) 경우의 수

① 경우의 수 : 어떤 사건이 일어날 수 있는 모든 가짓수

② 합의 법칙

　　㉠ 두 사건 A, B가 동시에 일어나지 않을 때, A가 일어나는 경우의 수를 m, B가 일어나는 경우의 수를 n이라고 하면, 사건 A 또는 B가 일어나는 경우의 수는 $m+n$이다.

　　㉡ '또는', '~이거나'라는 말이 나오면 합의 법칙을 사용한다.

③ 곱의 법칙

　　㉠ A가 일어나는 경우의 수를 m, B가 일어나는 경우의 수를 n이라고 하면, 사건A와 B가 동시에 일어나는 경우의 수는 $m \times n$이다.

　　㉡ '그리고', '동시에'라는 말이 나오면 곱의 법칙을 사용한다.

④ 여러 가지 경우의 수

　　㉠ 동전 n개를 던졌을 때, 경우의 수 : 2^n

　　㉡ 주사위 m개를 던졌을 때, 경우의 수 : 6^m

　　㉢ 동전 n개와 주사위 m개를 던졌을 때, 경우의 수 : $2^n \times 6^m$

　　㉣ n명을 한 줄로 세우는 경우의 수 : $n! = n \times (n-1) \times (n-2) \times \cdots \times 2 \times 1$

　　㉤ n명 중, m명을 뽑아 한 줄로 세우는 경우의 수 : ${}_n\mathrm{P}_m = n \times (n-1) \times \cdots \times (n-m+1)$

　　㉥ n명을 한 줄로 세울 때, m명을 이웃하여 세우는 경우의 수 : $(n-m+1)! \times m!$

　　㉦ 0이 아닌 서로 다른 한 자리 숫자가 적힌 n장의 카드에서, m장을 뽑아 만들 수 있는 m자리 정수의 개수 : ${}_n\mathrm{P}_m$

　　㉧ 0을 포함한 서로 다른 한 자리 숫자가 적힌 n장의 카드에서, m장을 뽑아 만들 수 있는 m자리 정수의 개수 : $(n-1) \times {}_{n-1}\mathrm{P}_{m-1}$

　　㉨ n명 중, 자격이 다른 m명을 뽑는 경우의 수 : ${}_n\mathrm{P}_m$

　　㉩ n명 중, 자격이 같은 m명을 뽑는 경우의 수 : ${}_n\mathrm{C}_m = \dfrac{{}_n\mathrm{P}_m}{m!}$

　　㉪ 원형 모양의 탁자에 n명을 앉히는 경우의 수 : $(n-1)!$

⑤ **최단거리 문제** : A에서 B 사이에 P가 주어져 있다면, A와 P의 최단거리, B와 P의 최단거리를 각각 구하여 곱한다.

(2) 확률

① (사건 A가 일어날 확률)$=\dfrac{(\text{사건 A가 일어나는 경우의 수})}{(\text{모든 경우의 수})}$

② 여사건의 확률

 ㉠ 사건 A가 일어날 확률이 p일 때, 사건 A가 일어나지 않을 확률은 $(1-p)$이다.

 ㉡ '적어도'라는 말이 나오면 주로 사용한다.

③ 확률의 계산

 ㉠ 확률의 덧셈

  두 사건 A, B가 동시에 일어나지 않을 때, A가 일어날 확률을 p, B가 일어날 확률을 q라고 하면, 사건 A 또는 B가 일어날 확률은 $p+q$이다.

 ㉡ 확률의 곱셈

  A가 일어날 확률을 p, B가 일어날 확률을 q라고 하면, 사건 A와 B가 동시에 일어날 확률은 $p \times q$이다.

④ 여러 가지 확률

 ㉠ 연속하여 뽑을 때, 꺼낸 것을 다시 넣고 뽑는 경우 : 처음과 나중의 모든 경우의 수는 같다.

 ㉡ 연속하여 뽑을 때, 꺼낸 것을 다시 넣지 않고 뽑는 경우 : 나중의 모든 경우의 수는 처음의 모든 경우의 수보다 1만큼 작다.

 ㉢ (도형에서의 확률)$=\dfrac{(\text{해당하는 부분의 넓이})}{(\text{전체 넓이})}$

PART 1

01 수추리

| 유형분석 |

- 나열된 수를 분석하여 그 안의 규칙을 찾고 적용할 수 있는지를 평가하는 유형이다.
- 규칙에 분수나 소수가 나오면 어려운 문제인 것처럼 보이지만 오히려 규칙은 단순한 경우가 많다.

※ 다음과 같이 일정한 규칙으로 숫자나 문자를 나열할 때, 빈칸에 들어갈 알맞은 것을 고르시오. [1~2]

01

| 2 8 14 20 ( ) 32 38 |

① 20
② 22
③ 24
④ 26
⑤ 28

02

| B X D L H F P ( ) |

① W
② X
③ Z
④ C
⑤ E

01

정답 ④

앞의 항에 6씩 더하는 수열이다.
따라서 ( )=20+6=26이다.

02

정답 ④

홀수 항은 2씩 곱하고, 짝수 항은 2씩 나누는 수열이다.

B	X	D	L	H	F	P	(C)
2	24	4	12	8	6	16	3

※ 다음과 같이 일정한 규칙으로 숫자나 문자를 나열할 때, 빈칸에 들어갈 알맞은 것을 고르시오. [1~4]

01

| 14 15 13 22 18 43 37 86 ( ) |

① 22
② 70
③ 78
④ 94
⑤ 150

Hard
02

| 1 1 7 31 109 349 ( ) |

① 567
② 746
③ 888
④ 948
⑤ 1,075

03

| 2 4 20 3 5 34 4 5 41 5 6 ( ) |

① 41
② 50
③ 52
④ 61
⑤ 63

04

| 3 E 8 L 17 ( ) 30 |

① V
② W
③ X
④ Y
⑤ Z

02 거리 · 속력 · 시간

| 유형분석 |

- 일반적인 방정식 문제이지만, 미지수를 3 ~ 4개 이상으로 출제한다.
- 농도, 인원수, 거리·속력·시간 등과 같은 빈출유형에 난이도가 높아진 유형으로 볼 수 있다.
- 일반적인 응용수리 공식이 적용되므로 기본에 충실하게 풀이한다.

민솔이가 박물관에 가는데 자전거로 시속 12km로 가면 2시 50분에 도착하고, 시속 6km로 걸어가면 3시 20분에 도착한다고 한다. 민솔이가 박물관에 정각 3시에 도착하기 위한 속력은?

① 7.8km/h

② 8.5km/h

③ 9km/h

④ 9.5km/h

⑤ 10km/h

정답 ③

박물관까지의 거리를 x km라 두면, 자전거로 갈 때와 시속 6km로 걸어갈 때의 시간차가 30분이므로

$$\frac{x}{12} = \frac{x}{6} - \frac{1}{2} \ \rightarrow \ x = 60$$이다.

박물관에 3시에 도착하기 위한 속력을 시속 v km라 하면,

자전거로 시속 12km로 갈 때, 6km 떨어진 박물관에 도착한 시간이 2시 50분이며 이는 3시와 10분= $\frac{1}{6}$ 시간 차이가 나므로

$$\frac{6}{12} = \frac{6}{v} - \frac{1}{6} \ \rightarrow \ v = 9$$이다.

따라서 민솔이가 9km/h의 속도로 박물관으로 향하면 3시에 도착하게 된다.

30초 컷 풀이 Tip

- 미지수가 3개 이상인 연립방정식을 풀이할 때, 연립을 해서 미지수의 값을 각각 구하는 것보다 선택지의 값을 대입해서 풀이하는 경우가 더 빠를 수 있다.
- 거리·속력·시간 유형의 문제를 풀 때 가장 중요하고 빠르게 계산하는 방법은 먼저 단위를 통일시키는 것이다.

01 자전거 사이클 경주에 참여한 현수, 세현이는 출발 20분 후에 시속 24km로 달리던 세현이가 현수보다 4km를 앞섰고, 그 지점부터 세현이는 시속 12km로 달렸고 현수는 더 빠르게 달렸다. 다시 20분이 지난 후에는 현수와 세현이가 나란히 달렸다. 현수의 처음 20분 동안의 속력은 나중 속력의 $\frac{1}{2}$배였을 때, 현수의 처음 속력을 구하면?

① 12km/h

② 13km/h

③ 14km/h

④ 15km/h

⑤ 16km/h

02 A ~ C사원이 P지점을 동시에 출발하여 Q지점을 지나 R지점까지 가려고 한다. A사원은 P지점에서 R지점까지 4km/h의 속도로 걷고, B사원이 P지점에서 Q지점까지는 5km/h, Q지점에서 R지점까지는 3km/h의 속도로 걸으면 A사원보다 12분 늦게 R지점에 도착한다. C사원이 P지점에서 Q지점까지는 2km/h, Q지점에서 R지점까지는 5km/h의 속도로 걸을 때 도착 시간을 A와 바르게 비교한 것은?(단, P지점에서 R지점까지의 거리는 4km이다)

① A사원보다 3분 늦게 도착한다.

② A사원보다 3분 빠르게 도착한다.

③ A사원보다 5분 빠르게 도착한다.

④ A사원보다 6분 늦게 도착한다.

⑤ A사원보다 6분 빠르게 도착한다.

Hard

03 우람이는 자전거로 집에서 출발하여 도서관에 들렀다가 우체국에 가야 한다. 도서관은 우람이네 집을 기준으로 서쪽에 있고, 우체국은 집을 기준으로 동쪽에 있다. 집에서 도서관까지는 시속 5km로 이동하고, 도서관에서 집을 거쳐 우체국까지는 시속 3km로 이동한다. 집에서 우체국까지의 거리가 10km이고, 도서관에 갔다가 우체국에 갈 때까지 걸리는 시간이 4시간 이내라면 도서관은 집에서 최대 몇 km 떨어진 지점 내에 있어야 하는가?

① 1km

② $\frac{5}{4}$ km

③ 2km

④ $\frac{5}{2}$ km

⑤ 3km

| 유형분석 |

- (농도)$=\dfrac{(용질의 양)}{(용액의 양)}\times100$ 공식을 활용한 문제이다.
- (소금물의 양)=(물의 양)+(소금의 양)이라는 것에 유의하고, 더해지거나 없어진 것을 미지수로 두고 풀이한다.

소금물 500g이 있다. 이 소금물에 농도가 3%인 소금물 200g을 온전히 섞었더니 소금물의 농도는 7%가 되었다. 500g의 소금물에 녹아 있던 소금의 양은?

① 31g

② 37g

③ 43g

④ 49g

⑤ 55g

정답 ③

문제에서 구하고자 하는 500g의 소금물에 녹아 있던 소금의 양을 미지수로 놓는다.

500g의 소금물에 녹아 있던 소금의 양을 xg이라고 하자.

소금물 500g에 농도 3%인 소금물 200g을 섞었을 때 소금물의 농도가 주어졌으므로 농도를 기준으로 식을 세우면 다음과 같다.

$\dfrac{x+6}{500+200}\times100=7$

→ $(x+6)\times100=7\times(500+200)$

→ $(x+6)\times100=4,900$

→ $100x+600=4,900$

→ $100x=4,300$

∴ $x=43$

따라서 500g의 소금물에 녹아 있던 소금의 양은 43g이다.

30초 컷 풀이 Tip

간소화

숫자의 크기를 최대한 간소화해야 한다. 특히, 농도의 경우 분수와 정수가 같이 제시되고, 최근에는 비율을 활용한 문제가 많이 출제되고 있으므로 통분이나 약분을 통해 수를 간소화시켜 계산 실수를 줄일 수 있도록 한다.

주의사항

항상 미지수를 구해서 그 값을 계산하여 풀이해야 하는 것은 아니다. 문제에서 원하는 값은 정확한 미지수를 구하지 않아도 풀이과정에서 답이 제시되는 경우가 있으므로 문제에서 묻는 것을 명확히 해야 한다.

01 12%의 소금물 600g에 물을 넣어 4% 이하의 소금물을 만들고자 한다. 부어야 하는 물은 최소 몇 g인가?

① 1,150g   ② 1,200g

③ 1,250g   ④ 1,300g

⑤ 1,350g

02 설탕물 200g이 들어있는 비커에서 물 50g를 증발시킨 후 설탕 5g를 더 녹였더니 농도가 처음의 3배가 되었다. 처음 설탕물의 농도는?(단, 비율은 소수점 둘째자리에서 반올림한다)

① 약 0.5%   ② 약 1.2%

③ 약 1.9%   ④ 약 2.6%

⑤ 약 3.3%

03 6%의 A소금물과 8%의 B소금물이 각각 300g 있다. A소금물에서 100g을 B소금물로 덜어낸 후 골고루 섞어 다시 80g를 옮겼다. 이때 A소금물의 농도는?(단, 비율은 소수점 둘째 자리에서 반올림한다)

① 약 5.3%   ② 약 5.9%

③ 약 6.2%   ④ 약 6.4%

⑤ 약 6.8%

04 일률

| 유형분석 |

- 전체 일의 양을 1로 두고 풀이하는 유형이다.
- 분이나 초 단위 계산이 가장 어려운 유형으로 출제되고 있다.
- (일률)$=\dfrac{(작업량)}{(작업기간)}$, (작업기간)$=\dfrac{(작업량)}{(일률)}$, (작업량)$=$(일률)$\times$(작업기간)

한 공장에서는 기계 2대를 운용하고 있다. 이 공장의 전체 작업을 수행할 때 A기계로는 12시간이 걸리며, B기계로는 18시간이 걸린다. 이미 절반의 작업이 수행된 상태에서, A기계로 4시간 동안 작업하다가 이후로는 A, B 두 기계를 모두 동원해 작업을 수행했다면 남은 작업을 완료하는 데 소요되는 총시간은?

① 1시간
② 1시간 12분
③ 1시간 20분
④ 1시간 30분
⑤ 1시간 40분

정답 ②

전체 일의 양을 1이라고 하자. A기계가 한 시간 동안 작업할 수 있는 일의 양은 $\dfrac{1}{12}$이고, B기계가 한 시간 동안 작업할 수 있는 일의 양은 $\dfrac{1}{18}$이다.

이미 절반의 작업이 진행되었으므로 남은 일의 양은 $1-\dfrac{1}{2}=\dfrac{1}{2}$이다. 이 중 A기계로 4시간 동안 작업을 진행했으므로 A기계와 B기계가 함께 작업해야 하는 일의 양은 $\dfrac{1}{2}-\left(\dfrac{1}{12}\times4\right)=\dfrac{1}{6}$이다.

따라서 남은 $\dfrac{1}{6}$을 수행하는 데 걸리는 시간은 $\dfrac{\dfrac{1}{6}}{\left(\dfrac{1}{12}+\dfrac{1}{18}\right)}=\dfrac{\dfrac{1}{6}}{\dfrac{5}{36}}=\dfrac{6}{5}$시간, 즉 1시간 12분이 걸린다.

30초 컷 풀이 Tip

1. 전체의 값을 모르는 상태에서 비율을 묻는 문제의 경우 전체를 1이라고 하면 쉽게 풀이할 수 있다.

   예 O가 1개의 빵을 만드는 데 3시간이 걸린다. 1개의 빵을 만드는 일의 양을 1이라고 하면 O는 한 시간에 $\dfrac{1}{3}$만큼의 빵을 만든다.

2. 난이도가 있는 일의 양 문제를 접근할 때 전체 일의 양을 막대 그림으로 표현하면서 풀이하면 한눈에 파악할 수 있다.

   예

$\dfrac{1}{2}$ 수행됨	A기계로 4시간 동안 작업	A, B 두 기계를 모두 동원해 작업

01 화물 운송 트럭 A ～ C는 하루 2회 운행하며 192톤을 옮겨야 한다. A트럭만 운행하였을 때 12일이 걸렸고, A트럭과 B트럭을 동시에 운행하였을 때 8일이 걸렸으며, B트럭과 C트럭을 동시에 운행하였을 때 16일이 걸렸다. 이때 C트럭의 적재량은?

① 1톤   ② 2톤

③ 3톤   ④ 4톤

⑤ 5톤

`Easy`

02 O빌딩 시설관리팀에서 건물 화단 보수를 위해 두 팀으로 나누었다. 한 팀은 작업 하나를 마치는데 15분이 걸리지만 작업을 마치면 도구 교체를 위해 5분이 걸리고 다른 한 팀은 작업 하나를 마치는데 30분이 걸리지만 한 작업을 마치면 도구 교체 없이 바로 다른 작업을 시작한다고 한다. 오후 1시부터 두 팀이 쉬지 않고 작업한다고 할 때, 두 팀이 세 번째로 동시에 작업을 시작하는 시각은?

① 오후 3시 30분   ② 오후 4시

③ 오후 4시 30분   ④ 오후 5시

⑤ 오후 5시 30분

03 O회사에는 속도가 다른 승강기 A, B가 있다. A승강기는 1초에 1층씩 움직이며, B승강기는 1초에 2층씩 움직인다. 1층에서 A승강기를 타고 올라간 사람과 15층에서 B승강기를 타고 내려가는 사람이 동시에 엘리베이터에 탔다면 두 사람은 몇 층에서 같은 층이 되는가?

① 4층   ② 5층

③ 6층   ④ 8층

⑤ 10층

| 유형분석 |

- 미지수의 값이 계산에 의해 정확하게 구해지는 것이 아니라 가능한 경우의 수를 찾아서 조건에 맞는 적절한 값을 고르는 유형이다.
- 주로 인원수나 개수를 구하는 유형으로 출제된다.
- 사람이나 물건의 개수라면 0과 자연수만 가능한 것처럼 문제에 경우의 수를 구하는 조건이 주어지므로 유의한다.

구슬 여러 개를 갖고 있는 A는 네 명의 친구 B ~ E에게 구슬을 남김없이 나누어 주고자 한다. B에게 전체의 $\frac{1}{2}$, C에게 전체의 $\frac{1}{3}$, D에게 남은 구슬의 $\frac{1}{4}$을 나누어 주었더니 E에게 줄 수 있는 구슬이 18개였다. 처음에 A가 갖고 있던 구슬의 개수는?

① 132개
② 144개
③ 156개
④ 168개
⑤ 180개

정답 ②

처음에 A가 갖고 있는 구슬의 수를 x개라 하면 다음과 같은 방정식이 성립한다.

$$x = \frac{1}{2}x + \frac{1}{3}x + \{1 - (\frac{1}{2} + \frac{1}{3})\} \times \frac{1}{4}x + 18$$

$$\rightarrow x = \frac{5}{6}x + \frac{1}{24}x + 18$$

$$\rightarrow \frac{1}{8}x = 18$$

$$\therefore x = 144$$

따라서 처음에 A가 갖고 있던 구슬의 개수는 144개이다.

30초 컷 풀이 Tip

미지수의 값을 추론하는 문제의 경우 구하는 해당하는 값이 지나치게 큰 문제를 출제하지 않으므로 지나치게 큰 값이 나온다면 가장 마지막에 계산하는 것이 좋다.

01 A수건공장은 판매하고 남은 재고를 담은 선물세트를 만들고자 포장을 하기로 하였다. 4개씩 포장하면 1개가 남고, 5개씩 포장하면 4개가 남고, 7개를 포장하면 1개가 남고, 8개를 포장하면 1개가 남는다고 한다. 다음 중 가능한 재고량의 최솟값은?

① 166개   ② 167개
③ 168개   ④ 169개
⑤ 170개

02 A산악회는 이번 주말에 일정 수의 인원으로 조를 짜서 등산을 하려고 한다. 12명씩 조를 구성할 경우 4명이 남고, 10명씩 조를 구상할 경우 6명이 남는다면 A산악회 회원은 최소 몇 명인가?(단, A산악회 회원 수는 20명 이상이다)

① 68명   ② 76명
③ 96명   ④ 126명
⑤ 132명

03 어느 회사에 입사하는 사원의 수를 조사하니 올해 남사원의 수는 작년에 비하여 8% 증가하고 여사원의 수는 10% 감소했다. 작년의 전체 사원은 820명이고, 올해는 작년에 비하여 10명이 감소하였다고 할 때, 올해의 여사원수는?

① 378명   ② 379명
③ 380명   ④ 381명
⑤ 382명

06 금액

| 유형분석 |

- 원가, 정가, 할인가, 판매가 등의 개념을 명확히 한다.
  (정가)=(원가)+(이익)
  (이익)=(정가)-(원가)
  a원에서 $b\%$ 할인한 가격$=a\times\left(1-\dfrac{b}{100}\right)$원
- 난이도가 어려운 편은 아니지만 비율을 활용한 계산 문제이기 때문에 실수하기 쉽다.
- 최근에는 경우의 수와 결합하여 출제되기도 했다.

세희네 가족의 올해의 여름휴가 비용은 작년 대비 교통비는 15%, 숙박비는 24% 증가하여 전체 휴가 비용이 20% 증가하였다. 작년 전체 휴가 비용이 36만 원일 때, 올해 숙박비는?(단, 전체 휴가 비용은 교통비와 숙박비의 합이다)

① 160,000원
② 184,000원
③ 200,000원
④ 248,000원
⑤ 268,000원

정답 ④

작년 교통비를 x원, 숙박비를 y원이라 하자.
$1.15x+1.24y=1.2(x+y)\cdots$ ㉠
$x+y=36\cdots$ ㉡
㉠과 ㉡을 연립하면 $x=16$, $y=20$이다.
따라서 올해 숙박비는 $20\times1.24=24.8$만 원이다.

30초 컷 풀이 Tip

전체의 값을 모르는 상태에서 이에 대한 비율을 묻는 문제의 경우 전체를 1이라고 하면 쉽게 풀이할 수 있다.
예 경서가 1개의 빵을 만드는 데 3시간이 걸린다. 1개의 빵을 만드는 일의 양을 1이라고 하면 경서는 한 시간에 1/3만큼의 빵을 만든다.

01 민솔이네 가족은 A통신사를 이용하며 민솔이는 79분을 사용하여 20,950원, 아빠는 90분을 사용하여 21,390원의 요금을 청구받았다. A통신사의 요금 부과 규칙이 다음과 같을 때, 101분을 사용한 엄마의 통화 요금은?

> • 60분 이하 사용 시 기본요금 x원이 부과됩니다. ⋯ (1)
> • 60분 초과 사용 시 (1)요금에 초과한 시간에 대한 1분당 y원이 추가로 부과됩니다. ⋯ (2)
> • 100분 초과 시 (2)요금에 초과한 시간에 대한 1분당 $2y$원이 추가로 부과됩니다.

① 21,830원
② 21,870원
③ 21,900원
④ 21,930원
⑤ 21,960원

02 X커피 300g은 A원두와 B원두의 양을 1 : 2 비율로 배합하여 만들고, Y커피 300g은 A원두와 B원두의 양을 2 : 1 비율로 배합하여 만든다. 두 커피 300g의 판매 가격이 각각 3,000원, 2,850원일 때, B원두의 100g당 원가는?(단, 판매가격은 원가의 합의 1.5배이다)

① 500원
② 600원
③ 700원
④ 800원
⑤ 1,000원

Hard

03 100만 원짜리 냉장고를 판매하는 A사는 여름철을 맞이하여 7월 초에 일시불로 구입하면 할인해주는 행사를 진행한다. 7월 초에 20만 원은 우선 지불하고, 나머지는 12개월 할부로 7월 말부터 내년 6월 말까지 매월 말에 8만 원씩 상환하게 할 때 일시불로 구입한 사람이 할부로 구입한 사람보다 이익이 되려면 7월 초에 얼마나 할인해야 하는가?(단, 할인은 정수 단위로 할인하며 $1.04^{12} \fallingdotseq$ 1.6이고, 월이율 4%의 복리로 계산한다)

① 5%
② 6%
③ 7%
④ 8%
⑤ 9%

07 경우의 수

| 유형분석 |

- 순열(P)과 조합(C)을 활용한 문제이다.

  $$_n\mathrm{P}_m = n \times (n-1) \times \cdots \times (n-m+1)$$

  $$_n\mathrm{C}_m = \frac{_n\mathrm{P}_m}{m!} = \frac{n \times (n-1) \times \cdots \times (n-m+1)}{m!}$$

- 벤다이어그램을 활용한 문제가 출제되기도 한다.

0에서 9까지의 수가 각각 적힌 10장의 카드에서 두 장을 뽑아 두 자리 정수를 만들 때, 3의 배수가 되는 경우의 수는?

① 23가지

② 25가지

③ 27가지

④ 29가지

⑤ 31가지

정답 ③

두 자리 정수 중 3의 배수는 다음과 같다.

- 1□인 경우 : 12, 15, 18의 3개
- 2□인 경우 : 21, 24, 27의 3개
- 3□인 경우 : 30, 36, 39의 3개
- 4□인 경우 : 42, 45, 48의 3개
- 5□인 경우 : 51, 54, 57의 3개
- 6□인 경우 : 60, 63, 69의 3개
- 7□인 경우 : 72, 75, 78의 3개
- 8□인 경우 : 81, 84, 87의 3개
- 9□인 경우 : 90, 93, 96의 3개

따라서 두 자리 정수 중 3의 배수는 27개이다.

30초 컷 풀이 Tip

경우의 수의 합의 법칙과 곱의 법칙 등에 관해 명확히 한다.

합의 법칙

㉠ 두 사건 A, B가 동시에 일어나지 않을 때, A가 일어나는 경우의 수를 m, B가 일어나는 경우의 수를 n이라고 하면, 사건 A 또는 B가 일어나는 경우의 수는 $(m+n)$가지이다.

㉡ '또는', '~이거나'라는 말이 나오면 합의 법칙을 사용한다.

곱의 법칙

㉠ A가 일어나는 경우의 수를 m, B가 일어나는 경우의 수를 n이라고 하면, 사건 A와 B가 동시에 일어나는 경우의 수는 $(m \times n)$가지이다.

㉡ '그리고', '동시에'라는 말이 나오면 곱의 법칙을 사용한다.

01　서울지역 어느 중학교 학생 10명의 혈액형을 조사하였더니 A형, B형, O형인 학생이 각각 2명, 3명, 5명이었다. 이 10명의 학생 중에서 임의로 2명을 뽑을 때, 혈액형이 서로 다를 경우의 수는?

① 19가지　　　　　　　　　　　　　② 23가지

③ 27가지　　　　　　　　　　　　　④ 31가지

⑤ 35가지

02　어느 회사 서버 비밀번호는 0에서 9까지 10개의 숫자를 사용하여 4자리로 설정할 수 있다. 동일 숫자를 2번 중복 사용하여 설정할 수 있는 비밀번호의 경우의 수는?

① 3,260가지　　　　　　　　　　　② 3,680가지

③ 4,590가지　　　　　　　　　　　④ 4,620가지

⑤ 4,820가지

Hard

03　서로 다른 주사위 3개를 동시에 던질 때, 적어도 주사위 1개가 홀수의 눈이 나오는 모든 경우의 수는?

① 181가지　　　　　　　　　　　　② 183가지

③ 185가지　　　　　　　　　　　　④ 187가지

⑤ 189가지

08 확률

| 유형분석 |

- 순열(P)과 조합(C)을 활용하여 가능한 경우의 수를 구하는 유형이다.
- 합의 법칙과 곱의 법칙을 정확히 이해하고 있어야 한다.
- 벤다이어그램을 활용하는 문제가 자주 출제되고 있다.
- 원순열이나 중복순열의 경우 빈출유형이므로 이에 대한 개념과 공식을 알고 있어야 한다.

A사원은 콘퍼런스에 참석하기로 했다. 공항버스, 비행기, 시외버스를 모두 이용하여 간다고 할 때, A사원이 콘퍼런스에 제시간에 도착하지 못할 확률은?(단, 확률은 소수점 이하는 버림한다)

- 공항버스를 타고 제시간에 □□공항에 도착할 확률은 95%이다.
- □□공항에서 비행기를 타고 제시간에 ○○공항에 도착할 확률은 88%이다.
- ○○공항에서 시외버스를 타고 제시간에 콘퍼런스에 도착할 확률은 92%이다.

① 20%
② 23%
③ 25%
④ 28%
⑤ 30%

정답 ②

A사원이 콘퍼런스에 제시간에 도착하지 못할 확률은 공항버스를 못타거나 비행기를 놓치거나 시외버스를 못 탔을 때의 확률을 모두 더한 값으로, 여사건을 이용하여 풀면 전체에서 A사원이 콘퍼런스에 제시간에 도착할 확률을 빼준다.
따라서 A사원이 콘퍼런스에 제시간에 도착하지 못할 확률은 $\{1-(0.95\times0.88\times0.92)\}\times100=23.088\%$, 즉 23%($\because$ 소수점 이하 버림)이다.

30초 컷 풀이 Tip

- 직관적으로 문제에서 가장 최소한의 계산 과정을 사용하는 조건을 기준으로 삼고, 경우의 수를 구한다.
- 여사건을 이용할 때와 아닐 때의 경우의 수(확률)를 따져보고 좀 더 쉽게 계산할 수 있는 편을 선택한다.

01 서로 다른 2개의 주사위를 동시에 던질 때, 나오는 눈의 수의 곱이 4의 배수일 확률은?

① $\dfrac{1}{6}$

② $\dfrac{2}{9}$

③ $\dfrac{5}{18}$

④ $\dfrac{1}{3}$

⑤ $\dfrac{5}{12}$

Hard

02 스페이드, 하트, 다이아몬드 무늬의 카드가 각각 4장, 3장, 5장 들어 있는 상자에서 동시에 3장의 카드를 꺼낼 때, 두 가지 이상의 무늬의 카드가 나올 확률은?

① $\dfrac{37}{44}$

② $\dfrac{19}{22}$

③ $\dfrac{39}{44}$

④ $\dfrac{10}{11}$

⑤ $\dfrac{41}{44}$

03 어느 학생이 두 문제 A, B를 푸는데 문제 A를 맞히지 못할 확률은 60%, 두 문제를 모두 맞힐 확률은 24%일 때, 이 학생이 문제 A는 맞히고, 문제 B는 맞히지 못할 확률은?

① 36%

② 30%

③ 28%

④ 24%

⑤ 16%

CHAPTER 03
추리

| 출제유형 |

오뚜기그룹 온라인 능력적성검사의 추리영역은 지원자의 형태지각 능력 및 공간지각 능력을 평가한다. 도형의 변화를 보고 적용된 규칙을 유추하여 빈칸을 채우는 유형과 여러 가지 규칙이 적용된 결과물을 찾는 유형이 주로 출제된다. 도형추리 문제에서는 제시된 도형의 단계적 변화 속에서 변화의 규칙을 찾아내야 하며, 도식추리 문제에서는 문자의 변화 과정에 숨어있는 규칙을 읽어야 한다.

| 학습전략 |

도형추리는 주어진 도형의 배열로부터 규칙성을 발견해내거나 도형의 변화 관계를 파악하여 문제에 제시된 도형이 어떻게 변화하는지 신속하고 정확하게 유추하는 유형으로 실제 시험에서는 문제를 풀기 전 예제 문제를 통해 유형을 파악할 시간이 주어진다. 다양한 도형추리 문제를 풀어보면서 일정한 규칙을 파악하고 빠른 시간 내에 규칙을 인지, 정답을 찾는 연습을 통해 실제 연습에서 효과적으로 대처할 수 있다.

도식추리는 주어진 자료의 변화 관계를 통해 기호가 의미하는 변환 규칙을 추론하고, 문제에 제시된 도형에 추론한 변환 규칙과 비교 규칙을 적용하여 도식에 따라 해결하는 유형이다. 낯선 도형과 알아볼 수 없는 기호에 당황하지 말고, 도형추리 연습과 마찬가지로 다양한 문제를 통해 변화유형을 파악, 빠른 시간 내에 규칙을 인지하고 정답을 찾는 연습이 필요하다.

| 학습 포인트 |

- x축·y축·원점 대칭, 시계 방향·시계 반대 방향 회전, 색 반전 등 도형 변화의 기본 규칙을 숙지하고, 두 가지 규칙이 동시에 적용되었을 때의 모습도 추론할 수 있는 훈련이 필요하다.
- 가로 행 또는 세로 열을 기준으로 도형의 변화를 살핀 후 대각선, 시계 방향·시계 반대 방향, 건너뛰기 등 다양한 가능성을 염두에 두고 규칙을 적용해 본다.
- 규칙을 추론하는 정해진 방법은 없다. 따라서 많은 문제를 풀고 접해보면서 감을 익히는 수밖에 없다.
- 규칙을 추론해야 한다는 사실에 겁부터 먹는 지원자들이 있는데, 사실 규칙의 대부분이 문자의 배열을 서로 바꾸거나 일정한 앞 또는 뒤의 문자로 치환하는 정도이므로 그리 복잡하지 않다. 또한 거치는 과정도 생각보다 많지 않으므로, 기본 논리 구조를 이해하고 연습한다면 실전에서 어렵지 않게 문제를 풀어낼 수 있을 것이다.

1. 회전 모양

(1) 180° 회전한 도형은 좌우가 상하가 모두 대칭이 된 모양이 된다.

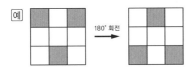

(2) 시계 방향으로 90° 회전한 도형은 시계 반대 방향으로 270° 회전한 도형과 같다.

(3) 좌우 반전 → 좌우 반전, 상하 반전 → 상하 반전은 같은 도형이 된다.

(4) 도형을 거울에 비친 모습은 방향에 따라 좌우 또는 상하로 대칭된 모습이 나타난다.

2. 회전 각도

도형의 회전 각도는 도형의 모양으로 유추할 수 있다.

(1) 회전한 모양이 회전하기 전의 모양과 같은 경우

도형	가능한 회전 각도
	$\cdots,\ -240°,\ -120°,\ +120°,\ +240°,\ \cdots$
	$\cdots,\ -180°,\ -90°,\ +90°,\ +180°,\ \cdots$
	$\cdots,\ -144°,\ -72°,\ +72°,\ +144°,\ \cdots$

(2) 회전한 모양이 회전하기 전의 모양과 다른 경우

회전 전 모양	회전 후 모양	회전한 각도

01 도형추리

| 유형분석 |

- 3×3의 칸에 나열된 각 도형 사이의 규칙을 찾아 물음표에 들어갈 알맞은 도형을 찾는 유형이다.
- 이때 규칙은 가로 또는 세로로 적용되며, 회전, 색 반전, 대칭, 겹치는 부분 지우기 / 남기기 / 색 반전 등 다양한 규칙이 적용된다.

다음 제시된 도형의 규칙을 보고 ?에 들어갈 알맞은 도형을 고르면?

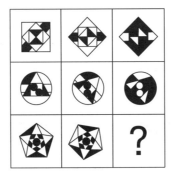

①

②

③

④

⑤

정답 ④

규칙은 가로 방향으로 적용된다.

첫 번째 도형을 시계 방향으로 45° 회전한 것이 두 번째 도형, 이를 색 반전한 것이 세 번째 도형이다.

30초 컷 풀이 Tip

1. 규칙 방향 파악

    규칙이 적용되는 방향이 가로인지 세로인지부터 파악한다. 해당 문제처럼 세 도형이 서로 다른 모양일 때에는 쉽게 파악할 수 있지만 아닌 경우도 많다. 모양이 비슷한 경우에는 가로와 세로 모두 확인하여 규칙이 적용된 방향을 유추해야 한다.

2. 규칙 유추

    규칙을 유추하기 쉬운 도형을 기준으로 규칙을 파악한다. 나머지 도형을 통해 유추한 규칙이 맞는지 확인한다.

주요 규칙

규칙		예시
회전	45° 회전	 시계 방향
	60° 회전	 시계 반대 방향
	90° 회전	 시계 반대 방향
	120° 회전	 시계 반대 방향
	180° 회전	
색 반전		
대칭	x축 대칭	
	y축 대칭	

※ 다음 제시된 도형의 규칙을 보고 ?에 들어갈 알맞은 도형을 고르시오. [1~2]

01

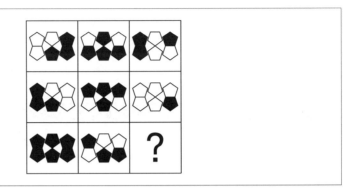

① 　　　　　②

③ 　　　　　④

⑤

02

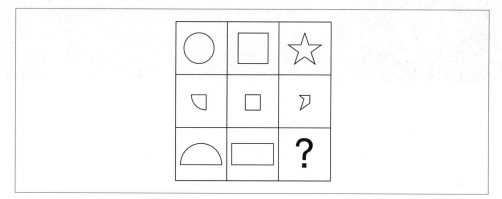

①

②

③

④

⑤

| 유형분석 |

- 전개도로 입체도형을 만드는 유형이다.
- 모든 선택지의 면을 하나하나 확인해야 해서 난이도가 높은 편이므로 자신만의 풀이 방법을 찾는 것이 중요하다.

주어진 전개도로 정육면체를 만들 때 만들어질 수 없는 것은?

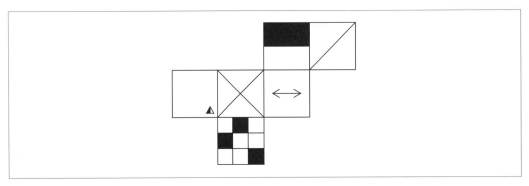

①

②

③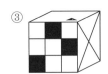

④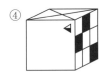

⑤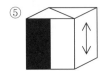

30초 컷 풀이 Tip

1. 선택지 ①~⑤ 사이에 중복되는 면이 존재하는지 확인한다.
   - ①, ⑤는 세 면, ②, ③, ④도 세 면씩 서로 중복된다.
2. 중복되는 면이 존재하는 경우 해당 면을 기준으로 인접하는 면을 비교하며 오답을 제거한다.
   - ①의 윗면을 정면으로 놓으면 ⑤와 같아지므로 ①, ⑤는 답에서 제외한다.
   - ②의 윗면을 정면으로 놓으면 ③과 윗면의 모양이 달라지지만, ③의 윗면을 정면으로 놓으면 ④와 같아진다.
3. 나머지 선택지의 정면, 측면, 윗면의 그림과 방향을 전개도와 비교한다.
   - ②의 옆면에 위치한 삼각형의 방향이 시계 반대 방향으로 90° 회전되어야 옳다.

30초 컷 풀이 Tip

1. 선택지를 보고 필요한 세 면을 전개도에서 찾는다.

선택지	전개도
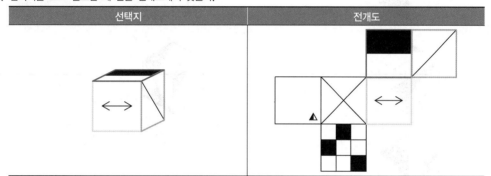	

2. 전개도에서 찾은 세 면을 [위/앞/옆] 형태로 만든 후 선택지와 각 면의 모양을 비교한다.

선택지	전개도
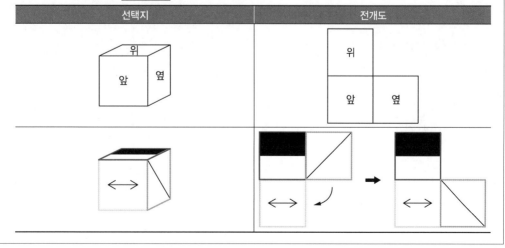	

01 제시된 전개도를 접었을 때 나타나는 입체도형으로 적절한 것은?

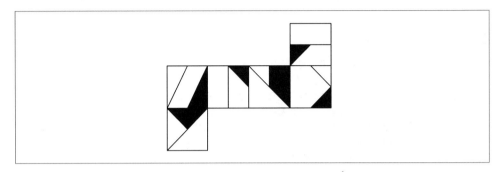

①

②

③

④

⑤

02 주어진 전개도로 정육면체를 만들 때, 만들어질 수 없는 것은?

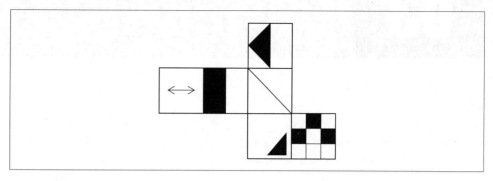

①

②

③

④

⑤

03 단면도

| 유형분석 |

- 입체도형을 세 방향에서 봤을 때의 단면의 모양으로 입체도형을 유추하는 유형이다.
- 어느 시점에서 바라보았는지부터 찾는 것이 중요하다.

다음 제시된 단면과 일치하는 입체도형은?

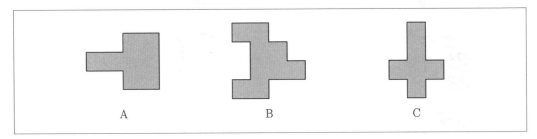

A   B   C

①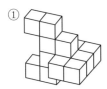

②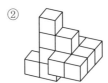

③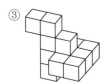

④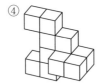

⑤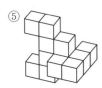

정답 ①

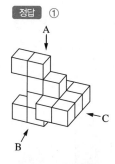

A

C

B

30초 컷 풀이 Tip

1. 제시된 단면도와 선택지를 비교하여 각각의 단면도가 어느 시점에서 바라본 모습인지 파악한다.
2. 각각의 선택지를 비교하면서 서로 다른 부분을 표시한다.
3. 표시한 부분을 단면도와 비교하여 오답을 지워나간다.

※ 다음 제시된 단면과 일치하는 입체도형을 고르시오. [1~2]

01

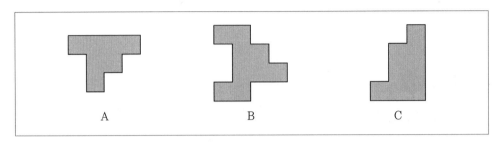

A   B   C

①   ②

③ 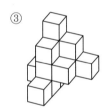   ④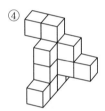

⑤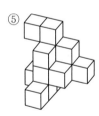

02

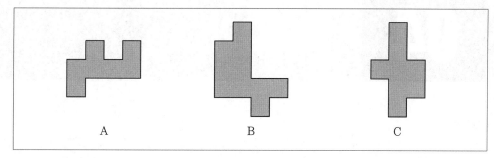

A   B   C

①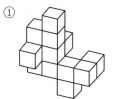

②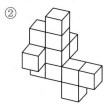

③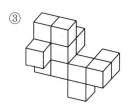

④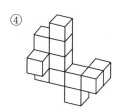

⑤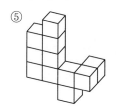

04 종이접기

| 유형분석 |

- 종이를 접었을 때 나올 수 있는 모양을 유추하는 유형이다.
- 앞면을 접는 과정을 보며 뒷면의 모양을 유추해야 한다.

다음 그림과 같이 접었을 때 나올 수 있는 뒷면의 모양으로 적절한 것은?

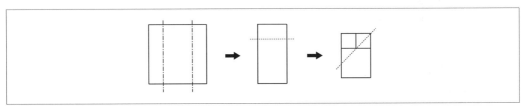

정답 ①

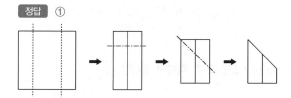

30초 컷 풀이 Tip

1. 앞면을 접는 과정을 보면서 뒷면의 접힌 모양을 유추하여 그리되 단계마다 새로 그릴 필요 없이 처음 그린 정사각형 모양 위에 접힌 부분의 선을 그리면서 앞이나 뒤로 접힌 부분을 음영으로 구분한다.

2. 앞면의 접힌 모양을 보면서 뒷면의 접힌 모양을 유추할 때 접는 방향에 따라 앞면의 모양을 상하나 좌우로 반전하여 유추하면 쉽다.

01 다음 그림과 같이 접었을 때 나올 수 있는 뒷면의 모양으로 적절한 것은?

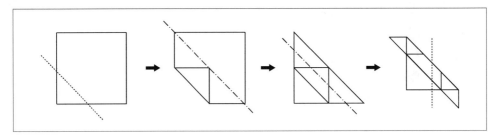

①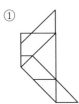

②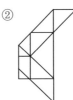

③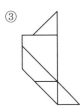

④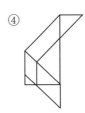

⑤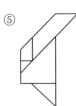

02 다음 그림과 같이 화살표 방향으로 종이를 접은 후, 펀치로 구멍을 뚫어 다시 펼쳤을 때의 그림으로 옳은 것은?

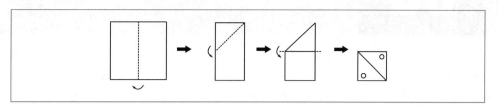

①

②

③

④

⑤

| 유형분석 |

- 문자를 바꾸는 규칙을 파악한 후, 제시된 규칙이 적용되었을 때 물음표에 들어갈 적절한 문자를 고르는 유형이다.
- 규칙들이 2개 이상 한꺼번에 적용되어 제시되기 때문에 각각의 예시만 봐서는 규칙을 파악하기 어렵다. 공통되는 규칙이 있는 예시를 찾아 서로 비교하여 각 문자열의 위치가 바뀌었는지 / 숫자의 변화가 있었는지 등을 확인하며 규칙을 찾아야 한다.

다음 도식에서 기호들은 일정한 규칙에 따라 문자를 변화시킨다. ?에 들어갈 적절한 문자는?(단, 규칙은 가로와 세로 중 한 방향으로만 적용된다)

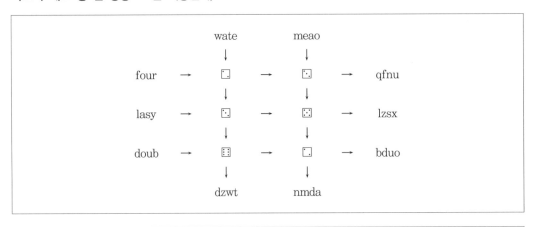

ㄱㅊㄷㅈ → ▢ → ▢ → ?

① ㅈㄱㅊㄷ
② ㄴㅈㅊㄷ
③ ㄴㅈㅊㄱ
④ ㅇㄱㅈㄷ
⑤ ㄱㅊㄴㅈ

PART 1

정답 ④

1. 규칙 파악할 순서 찾기

   ▦ → ▦ and ▦ → ▦

2. 규칙 파악

1	2	3	4	5	6	7	8	9	10	11	12	13	14	15	16	17	18	19	20	21	22	23	24	25	26
A	B	C	D	E	F	G	H	I	J	K	L	M	N	O	P	Q	R	S	T	U	V	W	X	Y	Z
ㄱ	ㄴ	ㄷ	ㄹ	ㅁ	ㅂ	ㅅ	ㅇ	ㅈ	ㅊ	ㅋ	ㅌ	ㅍ	ㅎ	ㄱ	ㄴ	ㄷ	ㄹ	ㅁ	ㅂ	ㅅ	ㅇ	ㅈ	ㅊ	ㅋ	ㅌ

- ▦ : 가로 두 번째 도식과 세로 두 번째 도식에서 ▦ → ▦ 규칙이 겹치므로 이를 이용하면 ▦의 규칙이 1234 → 4123임을 알 수 있다.
- ▦ and ▦ : ▦의 규칙을 찾았으므로 가로 첫 번째 도식에서 ▦의 규칙이 각 자릿수 −1, 0, −1, 0임을 알 수 있다. 같은 방법으로 가로 세 번째 도식에서 ▦의 규칙이 1234 → 1324임을 알 수 있다.
- ▦ : ▦의 규칙을 찾았으므로 가로 두 번째 도식에서 ▦의 규칙이 각 자릿수 +1, −1, +1, −1임을 알 수 있다.

따라서 정리하면 다음과 같다.

▦ : 1234 → 4123

▦ : 각 자릿수 −1, 0, −1, 0

▦ : 1234 → 1324

▦ : 각 자릿수 +1, −1, +1, −1

ㄱㅊㄷㅈ → ㅈㄱㅊㄷ → ㅇㄱㅈㄷ
　　　　 ▦　　　　 ▦

30초 컷 풀이 Tip

문자 순서 표기
문제를 보고 규칙을 찾기 전에 문제에서 사용한 문자를 순서대로 적어놓아야 빠르게 풀이할 수 있다.

묶음 규칙 이용
규칙을 한 번에 파악할 수 없을 때 두 가지 이상의 규칙을 한 묶음으로 생각하여 접근한다.

[예]

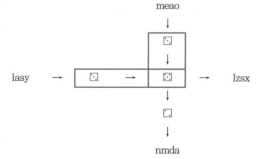

가로 도식에서 ▦ → ▦ 규칙을 한 묶음으로 생각하면 last → ▦ → ▦ → lzss이므로 ▦ → ▦는 각 자릿수 0, −1, 0, −1의 규칙을 갖는다.

세로 도식에서 meao은 ▦ → ▦의 규칙이 적용되면 mdan이 되므로 mdan → ▦ → nmda이다. 따라서 ▦의 규칙은 1234 → 41230이다.

규칙 정리
유추한 규칙을 알아볼 수 있도록 정리해둔다.

기출 규칙

규칙	예시
순서 교체	1234 → 4321
각 자릿수 + 또는 −	+1, −1, +1, −1

※ 다음 도식에서 기호들은 일정한 규칙에 따라 문자를 변화시킨다. ?에 들어갈 알맞은 문자를 고르시오 (단, 규칙은 가로와 세로 중 한 방향으로만 적용된다). **[1~4]**

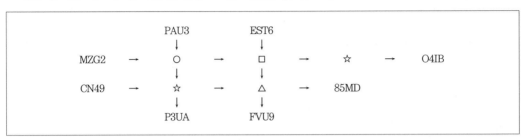

01

$$JLMP \rightarrow \bigcirc \rightarrow \square \rightarrow ?$$

① NORL   ② LNOK

③ RONL   ④ MPQM

⑤ ONKK

02

$$DRFT \rightarrow \square \rightarrow \stackrel{.}{\bowtie} \rightarrow ?$$

① THVF   ② EUGW

③ SGQE   ④ VHTF

⑤ DTFR

03

$$8TK1 \rightarrow \triangle \rightarrow \bigcirc \rightarrow ?$$

① 81KT   ② 9WL4

③ UJ27   ④ KT81

⑤ 0LS9

04

$$F752 \rightarrow \star \rightarrow \square \rightarrow \triangle \rightarrow ?$$

① 348E   ② 57F2

③ 974H   ④ 388I

⑤ 663E

합격의 공식
SD에듀
SDEDU

배우기만 하고 생각하지 않으면 얻는 것이 없고, 생각만 하고 배우지 않으면 위태롭다.

- 공자 -

PART 2

최종점검 모의고사

제1회
최종점검 모의고사

도서 동형 온라인 실전연습 서비스
APEN-00000-2936C

🕐 응시시간 : 50분　📋 문항 수 : 160문항　　　　　　　정답 및 해설 p.022

01　언어

※ 다음 단어의 대응관계가 나머지와 다른 하나를 고르시오. [1~3]

01　① 감염 – 전염　　　　　② 간병 – 간호
　　　③ 고의 – 과실　　　　　④ 우호 – 친교
　　　⑤ 성패 – 득실

02　① 괄시 – 후대　　　　　② 비호 – 보호
　　　③ 숙려 – 숙고　　　　　④ 속박 – 농반
　　　⑤ 채근 – 독촉

03　① 송죽(松竹) – 초목(草木) – 이목(耳目)
　　　② 수목(樹木) – 해양(海洋) – 지식(知識)
　　　③ 천고(天高) – 수심(水深) – 인조(人造)
　　　④ 좌우(左右) – 동서(東西) – 심신(心身)
　　　⑤ 미녀(美女) – 우천(雨天) – 공헌(貢獻)

04 다음 중 밑줄 친 어휘의 관계와 같은 것은?

> 민주주의의 핵심인 선거에서 사람의 신원을 확인하지 않는 것이 가능한가? 그 나라 국민들이 직접 대표를 뽑는 것이 선거의 맹점인데, 신원 확인을 하지 않고서 무결한 선거가 가능하다는 말인가?

① 기계를 다루기 전에는 반드시 사용상의 유의 사항을 확인하고, 항상 안전 수칙을 유념해야 합니다.
② 불공정한 계약 내용을 수정하지 않을 경우 법적 조치를 취할 예정이라고 하니, 이에 대한 대처 방안을 마련해야 합니다.
③ 얼마 전 미인대회에서 여러 후보를 제치고 선발된 그녀는 이번에 새로 출시된 화장품의 광고 모델로 발탁되었다.
④ 이번 출장지는 홍콩으로 기정되었으며, 자세한 일정은 미정이므로 추후 안내하겠습니다.
⑤ 지난달 과소비로 인해 당분간 긴축 생활을 해야 할 필요가 있으므로 불필요한 돈부터 절약해 보자.

※ 다음 중 제시문의 밑줄 친 부분과 같은 의미로 쓰인 것을 고르시오. [5~9]

Easy

05

> 한국토지주택공사는 지하철 5호선과 6호선이 만나는 공덕역 5분 거리에 위치한 주상복합 분양주택을 공급할 예정이다.

① 그는 마침내 그녀를 만나 새로운 가족을 이루었다.
② 재호는 친구를 만나기 위해 이른 아침부터 서둘러 준비했다.
③ 갑작스러운 소나기를 만나 옷이 홀딱 젖고 말았다.
④ 전시회를 통해 조명받지 못한 여성 독립 운동가들의 삶을 만날 수 있었다.
⑤ 두물머리는 남한강과 북한강이 만나 합쳐지는 곳으로 한강의 시작을 알리는 곳이다.

06

> 아무래도 말을 꺼내기가 조심스럽다.

① 아이가 말을 배우기 시작했다.
② 빈칸에 들어갈 적절한 말을 찾으시오.
③ 민지와 슬기는 서로 말을 놓기로 하였다.
④ 주영이가 떠난다는 말이 퍼지기 시작했다.
⑤ 경서는 무료해 보이는 연주에게 말을 건넸다.

07

청소를 하고 나니 등이 땀에 축축하게 <u>절었다</u>.

① 차 수리를 하고 나니 연료가 세는지 작업복이 연료에 <u>절어</u> 있었다.
② 오늘 저녁에 올라온 고등어는 양념에 잘 <u>절여져서</u> 맛있었다.
③ 그는 새벽까지 마신 술에 <u>절어</u> 집에 들어가지 못했다.
④ 김장이 잘되려면 배추를 미리 소금에 <u>절여야</u> 한다.
⑤ 사고가 났는지 다리를 <u>절면서</u> 걸어가는 사람을 보았다.

08

오랜만에 그도 숙면을 <u>취했다</u>.

① 아버지는 나의 직업 선택에 대하여 관망하는 듯한 태도를 <u>취하고</u> 계셨다.
② 수술 후 어머니는 조금씩 음식을 <u>취하기</u> 시작하셨다.
③ 그는 엉덩이를 의자에 반만 붙인 채 당장에라도 일어설 자세를 <u>취하고</u> 있었다.
④ 동생으로부터 몇 가지 필요한 물건들을 <u>취한</u> 대가로 여자 친구를 소개시켜 주기로 했다.
⑤ 나는 방 안 가득 퍼진 꽃향기에 <u>취해</u> 정신이 아찔해졌다.

Hard
09

나이스비트가 우리에게 던진 보다 큰 충격은 우리가 수치스럽게만 생각했던 삼풍 사건 속에서 한국의 몰락이 아니라 오히려 아직도 한국에 남아 있는 소중한 정신적 가치를 발견하고 지키려 한 그의 지성이다. 더 직설적으로 <u>말하면</u> 나이스비트가 들을 수 있었던 것을 왜 우리는 들을 수 없었는가 하는 충격이다. 그의 눈에는 크게 보이는 것이 어째서 우리 눈에는 그처럼 하찮게 비쳤는가 하는 충격이다. 우리에게는 절망으로만 보이는 암흑이, 어떻게 해서 그에게는 전 세계를 점화하는 희망의 불꽃으로 보이는가 하는 충격이다.

① 그는 아무리 <u>말해도</u> 시키는 대로 하지 않았다.
② 그 사람을 좋게 <u>말하지</u> 않는 사람을 보지 못했다.
③ 그에게 여러 번 <u>말해</u> 보았지만 끝내 들어주지 않았어.
④ 그렇게 빙빙 돌리지 말고 좀 더 쉽고 분명하게 <u>말해</u> 줘.
⑤ 동생에게 남의 물건을 훔치지 말라고 아무리 <u>말해도</u> 듣지를 않는다.

10 다음 중 밑줄 친 부분의 의미가 다른 것은?

① 고혈압 환자는 우유나 곡류, 야채류 등으로 식단을 <u>짜는</u> 것이 좋다.

② 외삼촌은 학교에서 책상 <u>짜는</u> 법을 배웠다고 한다.

③ 친구들이 여행 계획을 <u>짜는</u> 동안 나는 장을 보러 갔다.

④ 그는 이번 사업에서 예산을 <u>짜는</u> 등 자금 관리를 맡고 있다.

⑤ 감독은 대표팀을 우승으로 이끌기 위해 새로운 전략을 <u>짰다</u>.

11 다음 중 제시문의 밑줄 친 부분과 가장 가까운 의미로 쓰인 것은?

> 이 연구는 일반적으로 유권자들의 투표 성향, 즉 투표 참여 태도나 동기 등을 조사하여 이것이 투표 결과와 어떤 상관관계가 있는가를 <u>밝혔다</u>.

① 그는 돈과 지위를 지나치게 <u>밝힌다</u>.

② 그녀는 경찰에게 이름과 신분을 <u>밝혔다</u>.

③ 동생이 불을 <u>밝혔는지</u> 장지문이 환해졌다.

④ 학계에서는 사태의 진상을 <u>밝히기</u> 위해 애썼다.

⑤ 할머니를 간호하느라 가족 모두 뜬눈으로 밤을 <u>밝혔다</u>.

12 다음 밑줄 친 단어와 바꾸어 사용할 수 없는 것은?

> 흑사병은 페스트균에 의해 발생하는 급성 열성 감염병으로, 쥐에 기생하는 벼룩에 의해 사람에게 <u>전파된다</u>. 국가위생건강위원회의 자료에 따르면 중국에서는 최근에도 간헐적으로 흑사병 확진 판정이 나온 바 있다. 지난 2014년에는 중국 북서부에서 38살의 남성이 흑사병으로 목숨을 잃었으며, 2016년과 2017년에도 각각 1건씩 발병 사례가 확인됐다.

① 퍼지다 ② 옮기다

③ 전포되다 ④ 파급되다

⑤ 퍼뜨려지다

13 다음 중 제시된 단어와 유사한 의미를 가진 것은?

한둔

① 하숙   ② 숙박

③ 투숙   ④ 노숙

⑤ 야영

※ 다음 중 제시된 단어와 반대되는 의미를 가진 것을 고르시오. [14~15]

14

꿉꿉하다

① 강샘하다   ② 꽁꽁하다

③ 강마르다   ④ 눅눅하다

⑤ 끌탕하다

15

손방

① 손바람   ② 난든집

③ 잡을손   ④ 매무시

⑤ 너울가지

16 다음 중 제시된 단어들의 의미를 모두 포함하는 단어로 가장 적절한 것은?

경칩(驚蟄), 하지(夏至), 처서(處暑), 대한(大寒)

① 계절   ② 철기

③ 사시   ④ 절기

⑤ 시절

※ 다음 중 〈보기〉의 단어를 모두 포괄할 수 있는 단어를 고르시오. [17~18]

17

보기

차지하다   훔치다   닦다   더듬다   뜯다

① 차지하다   ② 훔치다

③ 닦다   ④ 더듬다

⑤ 뜯다

18

보기

뛰다   오르다   흩어지다   넘기다   달아나다

① 뛰다   ② 오르다

③ 흩어지다   ④ 넘기다

⑤ 달아나다

19 다음 중 밑줄 친 부분의 띄어쓰기가 올바른 것은?

① 어찌나 금방 품절되던지 나도 <u>열 번만에</u> 겨우 주문했어.

② 둘째 아들이 벌써 <u>아빠 만큼</u> 자랐구나.

③ 이번 일은 직접 나서는 <u>수밖에</u> 없다.

④ <u>너 뿐만</u> 아니라 우리 모두 노력해야 한다.

⑤ <u>달라는대로</u> 다 주었는데 무엇을 더 줘야 하니?

20 다음 중 밑줄 친 부분의 띄어쓰기가 잘못된 것은?

① 가방 안에 옷, 신발, <u>화장품 들을</u> 넣었다.

② 모두 쳐다만 <u>볼 뿐</u> 누구 하나 나서는 사람이 없었다.

③ 소득 하위 10%가 소득 상위 <u>10%만큼</u> 벌려면 300배 더 많은 시간을 일해야 한다.

④ 영호가 단 <u>한 번만에</u> 시험에 합격했다는 소문이 들렸다.

⑤ 1시간 이내에 불길이 잡힐 <u>듯하다는</u> 소식이 들렸다.

21 다음 밑줄 친 ㉠~㉤의 수정 방안으로 옳은 것은?

• 빨리 도착하려면 저 산을 ㉠ <u>넘어야</u> 한다.

• 장터는 저 산 ㉡ <u>넘어</u>에 있소.

• 나는 대장간 일을 ㉢ <u>어깨너머로</u> 배웠다.

• 자동차는 수많은 작은 부품들로 ㉣ <u>나뉜다</u>.

• 나는 일이 바빠 쉴 ㉤ <u>새</u>가 없었다.

---

① ㉠ : 목적지에 대해 설명하고 있으므로 '너머'로 수정한다.

② ㉡ : 산으로 가로막힌 반대쪽 장소를 의미하기 때문에 '너머'로 수정한다.

③ ㉢ : 남몰래 보고 배운 것을 뜻하므로 '어깨넘어'로 수정한다.

④ ㉣ : 피동 표현을 사용해야 하므로 '나뉘어진다'로 수정한다.

⑤ ㉤ : '세'로 수정한다.

22 다음 밑줄 친 한자어의 순우리말로 가장 적절한 것은?

전쟁 직후 국가가 나아갈 방향에 대해 다양한 사상과 이념이 <u>각축</u>하고 있었다.

① 얽히다　　　　　　　　　　② 대들다
③ 붐비다　　　　　　　　　　④ 베풀다
⑤ 겨루다

23 다음 중 관용적 표현의 의미를 잘못 설명한 것은?

① 금을 맞추다 – 같은 종류의 물건 값을 보아서 그 물건의 값을 정하다.
② 흘게가 빠지다 – 정신이 똑똑하지 못하고 흐릿하거나 느릿느릿하다.
③ 코가 솟다 – 남의 말을 잘 듣지 않고 고집이 세다.
④ 미립이 트다 – 경험에 의하여 묘한 이치를 깨닫다.
⑤ 속이 살다 – 겉으로는 수그러진 듯하나 속에는 반항하는 마음이 있다.

Hard
24 다음 기사문의 빈칸에 들어갈 사자성어로 가장 적절한 것은?

바람 잘 날 없는 (주)쾌속유통이 이번에는 '내홍(內訌)'으로 큰 곤란을 겪고 있다. (주)쾌속유통 유쾌속 사장은 '수뢰설'로 일어난 내홍의 관련자 양쪽 모두를 해고하며 위기를 정면 돌파하려 하고 있다. 유쾌속 사장은 회사의 존망을 좌우하는 구조조정을 위해서는 회사 내부 단결이 가장 중요하다고 보고, _____의 결단을 내렸다. 뇌물을 주고받은 것으로 알려진 김 모 부장과 강 모 차장을 경질한 것은 물론, 이들의 비리를 알고도 묵인한 윤 모 전무를 보직 해임하며 기강 확립에 나섰다. 특히, 윤 모 전무는 유사장의 최측근이며, 김 모 부장 또한 유사장의 '오른팔'로 잘 알려져 있다.

① 일패도지(一敗塗地)　　　　② 읍참마속(泣斬馬謖)
③ 도청도설(道聽塗說)　　　　④ 원교근공(遠交近攻)
⑤ 피발영관(被髮纓冠)

※ 다음 글의 내용에 가장 적절한 사자성어를 고르시오. [25~26]

Hard

25

> 부채위기를 해결하겠다고 나선 유럽 국가들의 움직임이 당장 눈앞에 닥친 위기 상황을 모면하려는 미봉책이라서 안타깝다. 이것은 유럽중앙은행(ECB)의 대차대조표에서 명백한 정황이 드러난다. ECB에 따르면 지난해 말 대차대조표가 2조 730억 유로를 기록해 사상 최고치를 기록했다. 3개월 전에 비해 5,530억 유로 늘어난 수치다. 문제는 ECB의 장부가 대폭 부풀어 오른 배경이다. 유로존 주변국의 중앙은행은 채권을 발행해 이를 담보로 ECB에서 자금을 조달한다. 이렇게 ECB의 자금을 손에 넣은 중앙은행은 정부가 발행한 국채를 사들인다. 금융시장에서 '팔기 힘든' 국채를 소화하기 위한 임기응변인 셈이다.

① 피발영관(被髮纓冠)   ② 탄주지어(呑舟之魚)
③ 양상군자(梁上君子)   ④ 하석상대(下石上臺)
⑤ 배반낭자(杯盤狼藉)

26

> A씨는 업무를 정리하다가 올해 초 진행한 프로젝트에 자신의 실수가 있었음을 알게 되었다. 하지만 자신의 실수를 드러내고 싶지 않았고, 그리 큰 문제라고 생각하지 않은 A씨는 이를 무시하였다. 이후 다른 프로젝트를 진행하면서 지난번 실수와 동일한 실수를 다시 저지르면서 프로젝트에 큰 피해를 입혔다.

① 유비무환(有備無患)   ② 유유상종(類類相從)
③ 회자정리(會者定離)   ④ 개과불린(改過不吝)
⑤ 개세지재(蓋世之才)

27 다음 중 제시된 속담과 같은 의미의 사자성어는?

> 소 잃고 외양간 고친다.

① 망양보뢰(亡羊補牢)   ② 당랑거철(螳螂拒轍)
③ 오비이락(烏飛梨落)   ④ 주마간산(走馬看山)
⑤ 안거위사(安居危思)

28 예로부터 사용해 온 날씨에 관한 예측 표현들 중 나머지 넷과 다른 날씨에 관련된 것은?

① 청개구리가 운다.
② 제비가 낮게 난다.
③ 아침 거미줄에 이슬이 맺힌다.
④ 달무리가 진다.
⑤ 마파람이 분다.

Easy

29 다음 주어진 내용에 해당하는 속담은?

> 어떤 일에 곁따라 다른 일이 쉽게 이루어지거나 또는 다른 일을 해냄

① 대추나무에 연 걸리듯 하다.
② 말 타면 종 두고 싶다.
③ 바늘 도둑이 소도둑 된다.
④ 군불에 밥 짓기
⑤ 자라 보고 놀란 가슴 솥뚜껑 보고 놀란다.

Easy

30 다음 중 빈칸 ㉠ ~ ㉢에 들어갈 단어를 바르게 연결한 것은?

> • 요즘 옷은 남녀의 ㉠ (구별 / 차별)이 없는 경우가 많다.
> • 많은 생산품 중에서 최상의 것만을 ㉡ (변별 / 식별)해서 시장에 내놓았다.
> • 필적을 ㉢ (분별 / 감별)한 결과 본인의 것이 아님이 판명되었다.

	㉠	㉡	㉢
①	구별	식별	분별
②	구별	변별	분별
③	구별	변별	감별
④	차별	변별	감별
⑤	차별	식별	감별

31 다음 글을 읽고 빈칸 ㉠ ~ ㉤에 들어갈 내용으로 적절한 것을 고르면?

지난 9일은 장기기증의 날이었다. 한 명의 장기 기증으로 9명의 생명을 살릴 수 있다는 의미로 사랑의장기기증운동본부가 매년 9월 9일을 기념하고 있다. 하지만 장기기증의 필요성에 비해 제도적 지원은 여전히 미흡한 실정이다. 특히 국내 장기기증의 상당수를 차지하는 ___㉠___ 공여자에 대한 지원이 절실하다는 지적이 나온다.

2020년 질병관리청이 공개한 연구 결과에 따르면 신장이나 간을 기증한 공여자에게서 만성 신·간부전의 위험이 확인됐다. 그러나 관련 지원은 여전히 부족한 실정이다. 기증 후 1년간 정기 검진 진료비를 지원하는 제도가 있긴 하지만 ___㉡___ 이 있는 데다 가족 등에 의한 기증은 여기에서도 제외된다. 아무 조건 없이 ___㉢___ 에게 기증하는 '순수 기증'만 해당되는데, 정작 국내 순수 기증은 2019년 1건을 마지막으로 맥이 끊긴 상태다.

장기를 이식받은 환자와 공여자를 아우르는 통합적 정신건강 관리가 필요하다는 목소리도 꾸준히 나온다. 기증 전 단계의 고민은 물론이고 막상 기증한 뒤에 ___㉣___ 와 관계가 소원해지거나 우울감에 빠질 수 있기 때문이다.

공여자들은 해마다 늘어 가는 장기 이식 대기 문제를 해결하기 위해선 제도적 개선이 필요하다고 입을 모은다. 뇌사·사후 기증만으로는 당장 ___㉤___ 을(를) 감당할 수 없다는 것이다. 한국장기조직기증원이 뇌사 기증을 전담 관리하듯 생체 공여도 별도 기관을 통해 심도있게 관리·지원해야 한다는 목소리도 나온다.

① ㉠ : 사체
② ㉡ : 하한액
③ ㉢ : 특정인
④ ㉣ : 수혜자
⑤ ㉤ : 공급

32 다음 중 밑줄 친 단어의 한자가 바르게 연결된 것은?

현행 수입화물의 프로세스는 <u>적하목록</u> 제출, 입항, 하선, 보세운송, 보세구역 반입, 수입신고, 수입신고 수리, 반출의 절차를 이행하고 있다. 입항 전 수입신고는 5% 내외에 머무르고, 대부분의 수입신고가 보세구역 반입 후에 행해짐에 따라 보세운송 절차와 보세구역 반입 절차가 반드시 수반되어야 했다. 하지만 새로운 제도가 도입되면 해상화물의 적하목록 제출시기가 적재 24시간 전(근거리 출항 전)으로 앞당겨져 입항 전 수입신고가 일반화될 수 있는 여건이 <u>조성</u>될 것이다. 따라서 수입화물 프로세스가 적하목록 제출, 수입신고, 수입신고 수리, 입항, 반출의 절차를 거침에 따라 화물반출을 위한 세관 절차가 입항 전에 종료되므로 보세운송, 보세구역 반입이 생략되어 수입화물을 신속하게 화주에게 인도할 수 있게 된다.

① 積下 – 調聲
② 積下 – 組成
③ 積荷 – 潮聲
④ 積荷 – 造成
⑤ 責任 – 造成

※ 다음 중 제시된 문장 안에서 사용되지 않는 단어를 고르시오. [33~34]

33

- 현 총리의 능력을 인정하여 회의에서 총리직을 _____하기로 결정하였다.
- 그는 남다른 _____가 있어 다른 사람들이 좋아한다.
- 그는 증거물을 _____한 죄로 징역형에 처해졌다.
- 그녀는 회사의 돈을 훔쳐 사용하여 _____ 및 횡령죄로 체포되었다.

① 배포　　　　　　　　② 배상
③ 배임　　　　　　　　④ 유임
⑤ 유기

34

- 그녀는 _____에 대항해 힘껏 싸웠다.
- 그는 딸의 죽음을 _____으로 받아들였다.
- 각자 맡은 바 _____을 다하다.
- 그분의 _____은 나도 들은 바 있소.

① 임명　　　　　　　　② 사명
③ 운명　　　　　　　　④ 고명
⑤ 숙명

35 다음 중 빈칸에 들어갈 단어로 가장 적절한 것은?

> 할머니는 손자를 위해 식탁을 _____ 차렸다.

① 푸지게　　　　　　　② 당차게
③ 가뜬하게　　　　　　④ 바특하게
⑤ 녹록하게

※ 제시된 명제가 모두 참일 때, 다음 중 빈칸에 들어갈 명제로 가장 적절한 것을 고르시오. [36~38]

36

- 포유류는 새끼를 낳아 키운다.
- 고양이는 포유류이다.
- _____

① 포유류는 고양이이다.
② 고양이는 새끼를 낳아 키운다.
③ 새끼를 낳아 키우는 것은 고양이이다.
④ 새끼를 낳아 키우는 것은 포유류가 아니다.
⑤ 고양이가 아니면 포유류가 아니다.

37

- 광물은 매우 규칙적인 원자 배열을 가지고 있다.
- 다이아몬드는 광물이다.
- _____

① 다이아몬드는 매우 규칙적인 원자 배열을 가지고 있다.
② 광물이 아니면 규칙적인 원자 배열을 가지고 있지 않다.
③ 다이아몬드가 아니면 광물이 아니다.
④ 광물은 다이아몬드이다.
⑤ 광물이 아니면 다이아몬드이다.

38

- 홍보실은 워크숍에 간다.
- _____
- 출장을 가지 않으면 워크숍에 간다.

① 홍보실이 아니면 워크숍에 가지 않는다.
② 출장을 가면 워크숍에 가지 않는다.
③ 출장을 가면 홍보실이 아니다.
④ 워크숍에 가지 않으면 출장을 가지 않는다.
⑤ 홍보실이 아니면 출장을 간다.

39 제시된 명제가 모두 참일 때, 반드시 참인 명제는?

> • 속도에 관심 없는 사람은 디자인에도 관심이 없다.
> • 연비를 중시하는 사람은 내구성도 따진다.
> • 내구성을 따지지 않는 사람은 속도에도 관심이 없다.

① 연비를 중시하지 않는 사람도 내구성은 따진다.
② 디자인에 관심 없는 사람도 내구성은 따진다.
③ 연비를 중시하는 사람은 디자인에는 관심이 없다.
④ 내구성을 따지지 않는 사람은 디자인에도 관심이 없다.
⑤ 속도에 관심이 있는 사람은 연비를 중시하지 않는다.

40 제시된 내용을 바탕으로 내린 A, B의 결론에 대한 판단으로 항상 옳은 것은?

> • 휴가는 2박 3일이다.
> • 혜진이는 수연이보다 하루 일찍 휴가를 간다.
> • 지연이는 수연이보다 이틀 늦게 휴가를 간다.
> • 태현이는 지연이보다 하루 일찍 휴가를 간다.
> • 수연이는 화요일에 휴가를 간다.

> A : 수요일에 휴가 중인 사람의 수와 목요일의 휴가 중인 사람의 수는 같다.
> B : 태현이는 금요일까지 휴가이다.

① A만 옳다.
② B만 옳다.
③ A, B 모두 옳다.
④ A, B 모두 틀리다.
⑤ A, B 모두 옳은지 틀린지 판단할 수 없다.

※ 다음과 같이 일정한 규칙으로 숫자나 문자를 나열할 때, 빈칸에 들어갈 알맞은 것을 고르시오. [1~20]

01

| 360 60 300 75 ( ) |

① 160　　　　　　　　　② 185
③ 200　　　　　　　　　④ 225
⑤ 240

02

| 3　4　12　48　( ) |

① 56　　　　　　　　　② 96
③ 124　　　　　　　　　④ 256
⑤ 576

03

| 1　15　36　64　( ) |

① 76　　　　　　　　　② 84
③ 99　　　　　　　　　④ 105
⑤ 112

04

| $\frac{41}{391}$　$\frac{47}{385}$　$\frac{53}{379}$　$\frac{59}{373}$　( )　$\frac{71}{361}$ |

① $\frac{61}{367}$　　　　　　　　② $\frac{65}{367}$

③ $\frac{61}{369}$　　　　　　　　④ $\frac{65}{369}$

⑤ $\frac{68}{368}$

05

| | | −1 | 1 | 5.5 | 13.5 | 26 | 44 | ( ) | 100.5 | |

① 55.5   ② 59.5

③ 62.5   ④ 65.5

⑤ 68.5

Hard

06

| | | $\frac{3}{35}$ | $\frac{15}{63}$ | $\frac{35}{99}$ | ( ) | $\frac{99}{195}$ | $\frac{143}{255}$ | |

① $\frac{63}{147}$ ② $\frac{67}{147}$

③ $\frac{63}{143}$ ④ $\frac{66}{143}$

⑤ $\frac{67}{143}$

07

| | | 84 | 21 | 38 | 9.5 | 15 | 3.75 | ( ) | |

① 3.5   ② 4.5

③ 5.5   ④ 6.5

⑤ 7.5

08

| | | a | 2 | c | 5 | h | 13 | ( ) | 34 | |

① k   ② n

③ q   ④ u

⑤ r

09

| C H D F E D F ( ) |

① A   ② B
③ G   ④ I
⑤ L

10

| A B D H P ( ) |

① O   ② Y
③ E   ④ F
⑤ G

11

| ㅇ ㄴ ㅋ ㅜ ㅕ ( ) |

① ㄹ   ② ㅁ
③ ㅑ   ④ ㅗ
⑤ ㅣ

12

| ㅗ ㅕ ㅜ ㅛ ㅡ ( ) |

① ㅏ   ② ㅓ
③ ㅗ   ④ ㅠ
⑤ ㅣ

13

A ㅡ ㅓ H P ( )

① ㅍ 　　　　　　② J

③ F 　　　　　　④ 三

⑤ ㅗ

Easy

14

五 ㅛ G ㅇ ㅡ ( )

① B 　　　　　　② K

③ U 　　　　　　④ J

⑤ W

15

6 10 37　　14 27 12　　20 ( ) 7　　43 1 9

① 20 　　　　　② 23

③ 26 　　　　　④ 29

⑤ 32

16

2 2 8　　−1 3 4　　2 3 10　　2 4 ( )

① 10 　　　　　② 11

③ 12 　　　　　④ 13

⑤ 14

17

$$11 \quad 19 \quad 8 \qquad -14 \quad (\ \ ) \quad 16 \qquad -3 \quad 8 \quad 11$$

① 2   ② 8
③ 12   ④ 18
⑤ 20

Hard

18

$$4 \quad 25 \quad 11 \qquad 6 \quad 49 \quad 29 \qquad 8 \quad 81 \quad (\ \ )$$

① 35   ② 43
③ 47   ④ 51
⑤ 55

19

$$3 \quad 5 \quad 19 \qquad 5 \quad 9 \quad (\ \ ) \qquad 7 \quad 11 \quad 71$$

① 39   ② 41
③ 43   ④ 45
⑤ 47

20

$$8 \quad 2 \quad 4 \quad 1 \qquad 3 \quad 3 \quad 2 \quad 1 \qquad 2 \quad 6 \quad 2 \quad (\ \ )$$

① 2   ② 4
③ 6   ④ 8
⑤ 10

21 도희네 가족은 내일 A놀이동산에 방문하려고 한다. 다음 〈조건〉에 따라 운전할 때, 시속 90km로 달린 거리는?

> **조건**
> • 집에서 A놀이동산까지의 거리는 200km이다.
> • 집에서 출발할 때에는 시속 60km로 달린다.
> • 어느 지점부터 시속 90km로 달린다.
> • 놀이동산에 도착하기까지 3시간이 걸려야 한다.

① 60km   ② 70km

③ 80km   ④ 90km

⑤ 100km

22 O씨는 오전 9시까지 출근해야 한다. 집에서 오전 8시 30분에 출발하여 분속 60m로 걷다가 늦을 것 같아 도중에 분속 150m으로 달렸더니 늦지 않고 회사에 오전 9시 정각에 도착하였다. O씨 집과 회사 사이의 거리가 2.1km일 때, O씨가 걸은 거리는?

① 1km   ② 1.2km

③ 1.4km   ④ 1.6km

⑤ 1.8km

23 영채는 배를 타고 길이가 30km인 강을 배를 타고 이동하고자 한다. 강을 거슬러 올라가는 데 걸린 시간이 5시간이고 강물의 흐르는 방향과 같은 방향으로 내려가는데 걸린 시간이 3시간일 때, 흐르지 않는 물에서의 배의 속력은?(단, 배와 강물의 속력은 일정하다)

① 5km/h   ② 6.5km/h

③ 8km/h   ④ 10km/h

⑤ 12km/h

24 서울과 부산을 잇는 KTX는 총 490km인 거리를 이동한다. 곡선 구간 거리는 90km이고, 직선 구간에서 시속 200km로 운행한다. 대전역, 울산역, 광명역 세 군데서 5분씩 정차하고 총 3시간이 걸렸을 때, 곡선 구간에서의 속력은?

① 80km/h   ② 90km/h

③ 100km/h   ④ 120km/h

⑤ 130km/h

25 형수가 친척집으로 심부름을 가는데 자전거를 타고 시속 12km로 가면 시속 4km로 걸어가는 것보다 1시간 빠르게 도착한다고 한다. 시속 8km/h로 달린다면 몇 분 후 도착하는가?

① 40분　　　　　　　　　　② 42분

③ 45분　　　　　　　　　　④ 50분

⑤ 60분

26 영호와 영규는 가위바위보를 해서 이기는 사람이 계단 3칸을 올라가 계단을 모두 올라가면 이기는 놀이를 하고 있다. 20개가 있는 계단에서 가위바위보 10회로 영규가 이겼을 때, 두 사람이 2회 비길 확률은?

① $\dfrac{1}{16}$　　　　　　　　② $\dfrac{1}{8}$

③ $\dfrac{2}{8}$　　　　　　　　④ $\dfrac{3}{16}$

⑤ $\dfrac{3}{8}$

Easy

27 어느 학교의 학생은 A과목과 B과목 중 한 과목만을 선택하여 수업을 받는다고 한다. A과목과 B과목을 선택한 학생의 비율이 각각 전체의 40%, 60%이고, A과목을 선택한 학생 중 여학생은 30%, B과목을 선택한 학생 중 여학생은 40%라고 한다. 이 학교의 학생 중에서 임의로 뽑은 학생이 여학생일 때, 그 학생이 B과목을 선택한 학생일 확률은?

① $\dfrac{1}{3}$　　　　　　　　② $\dfrac{2}{3}$

③ $\dfrac{1}{4}$　　　　　　　　④ $\dfrac{3}{4}$

⑤ $\dfrac{2}{5}$

28 O사의 마케팅부, 영업부, 영업지원부에서 2명씩 대표로 회의에 참석하기로 하였다. 자리배치는 원탁 테이블에 같은 부서 사람이 옆자리로 앉는다고 할 때, 6명이 앉을 수 있는 경우의 수는?

① 15가지　　　　　　　　　② 16가지

③ 17가지　　　　　　　　　④ 18가지

⑤ 20가지

29 O사는 하반기 공채에서 9명의 신입사원을 채용하였고, 신입사원 교육을 위해 A ~ C 세 개의 조로 나누기로 하였다. 신입사원들을 한 조에 3명씩 배정한다고 할 때, 3개의 조로 나누는 경우의 수는?

① 1,240가지
② 1,460가지
③ 1,680가지
④ 1,800가지
⑤ 1,930가지

Hard

30 O사의 친목회에서 임원진(회장, 부회장, 총무)을 새롭게 선출하려고 한다. 친목회 전체 인원이 17명일 때, 회장, 부회장, 총무를 각 1명씩 뽑는 경우의 수는?(단, 작년에 임원진이었던 3명은 연임하지 못한다)

① 4,080가지
② 2,730가지
③ 2,184가지
④ 1,360가지
⑤ 728가지

31 다음은 어느 유료 주차장의 요금이다. O씨가 이 주차장에 주차를 하고 5,000원 이하의 주차 요금을 지불하려고 할 때, 가능한 최대 주차시간은?

• 30분 이내인 경우에는 기본요금 1,500원을 낸다.
• 30분을 초과한 경우에는 10분마다 500원이 추가 된다.

---

① 100분
② 110분
③ 120분
④ 130분
⑤ 140분

32 O역에서는 서울로 가는 열차가 20분마다 출발하고, 부산으로 가는 열차는 28분, 대전으로 가는 열차는 12분마다 출발한다. 이 세 개의 열차가 동시에 출발했을 때, 다시 동시에 출발하는 시간은 몇 분 후인가?

① 400분 후
② 410분 후
③ 420분 후
④ 430분 후
⑤ 440분 후

33 A와 B가 운동장을 돌고 있다. 둘 다 시작점에서 동시에 출발하여 같은 방향으로 돌고 있으며, A는 14분에 한 바퀴, B는 21분에 한 바퀴씩 돈다. A와 B가 시작점에서 다시 만나는 시간은 동시에 출발한 때부터 최소 몇 분 후인가?

① 41분   ② 42분

③ 43분   ④ 44분

⑤ 45분

34 올해 시행한 어느 자격증 시험에서 80점 이상을 얻어야 합격을 한다고 한다. 이 시험에 응시한 30명 중 합격자는 10명이고 합격한 사람의 평균 점수는 불합격한 사람의 평균 점수의 2배보다 33점이 낮다. 불합격한 사람의 평균 점수는 응시자 전체의 평균 점수보다 9점이 낮을 때, 응시자 전체의 평균 점수는?

① 60점   ② 63점

③ 66점   ④ 69점

⑤ 72점

35 학생 40명이 시험을 보았는데 그 중에서 10명이 불합격이라고 한다. 합격 점수는 전체 학생의 평균보다 4점이 높고, 불합격자의 평균 점수의 2배이다. 그리고 합격자의 평균 점수가 합격 점수보다 5점이 높을 때, 합격 점수는?

① 60점   ② 61점

③ 62점   ④ 63점

⑤ 64점

36 O사에 입사시험을 본 A~D 네 사람의 시험 점수는 다음과 같았다. A, C, D 세 명의 평균은 75점이고, A, B, D 세 명의 평균은 81점, B, C 두 사람의 평균은 85점이었다. 이때, A~D 네 사람의 평균 점수는?

① 79.75점   ② 79.85점

③ 79.95점   ④ 80.05점

⑤ 80.15점

37 높이가 각각 8cm, 10cm, 6cm인 벽돌 3종류가 있다. 되도록 적은 벽돌을 사용하여 같은 종류의 벽돌끼리 쌓아 올리고자 한다. 이때 필요한 벽돌의 개수는?(단, 쌓아 올린 높이는 모두 같다)

① 31개
② 35개
③ 39개
④ 43개
⑤ 47개

38 가로가 54m이고 세로가 42m인 직사각형 모양의 밭 둘레에 일정한 간격으로 나무를 최대한 적게 심고자 한다. 이때 필요한 나무의 수는?(단, 네 모퉁이에는 반드시 나무를 심는다)

① 27그루
② 32그루
③ 41그루
④ 54그루
⑤ 57그루

Easy
39 어느 날 민수가 사탕 바구니에 있는 사탕의 $\frac{1}{3}$을 먹었다. 그다음 날 남은 사탕의 $\frac{1}{2}$을 먹고 또 그다음 날 남은 사탕의 $\frac{1}{4}$을 먹었다. 남은 사탕의 개수가 18개일 때 처음 사탕 바구니에 들어있는 사탕의 개수는?

① 48개
② 60개
③ 72개
④ 84개
⑤ 96개

40 어느 동아리의 작년 남성 회원 수와 여성 회원 수의 비는 4 : 3이고 전체 회원 수는 60명 미만이다. 올해 새로 가입한 남성 회원 수와 여성 회원의 수는 같고 전체 남성 회원 수와 전체 여성 회원 수의 비는 5 : 4가 되었으며 전체 회원 수가 60명을 넘었다고 한다. 올해의 동아리 전체 회원의 최소 인원은 m, 최대 인원을 M이라고 할 때, $M+m$의 값은?

① 127
② 135
③ 143
④ 151
⑤ 159

41 오렌지 주스 40개와 탄산음료 70개를 똑같이 나누어 주되 최대한 많은 학생에게 나누어 주었다. 결과적으로 오렌지 주스는 4개가 남고, 탄산음료는 2개가 모자랐다면 학생 수는?

① 30명   ② 32명

③ 34명   ④ 36명

⑤ 38명

42 톱니가 각각 24개, 60개인 두 톱니바퀴 A, B가 서로 맞물려 회전하고 있다. 이 두 톱니바퀴가 한 번 맞물린 후 같은 톱니에서 처음으로 다시 맞물리려면 A톱니바퀴는 최소한 몇 바퀴 회전해야 하는가?

① 2바퀴   ② 3바퀴

③ 5바퀴   ④ 6바퀴

⑤ 8바퀴

43 4개의 바퀴 A ~ D가 서로 맞물려 돌고 있다. A바퀴가 1분에 10회전할 때 D바퀴는 1분에 몇 회전 하는가?(단, 각 바퀴의 반지름은 A=24cm, B=20cm, C=10cm, D=12cm이다)

① 14회   ② 17회

③ 20회   ④ 23회

⑤ 26회

44 같은 헤어숍에 다니고 있는 A와 B는 일요일에 헤어숍에서 마주쳤다. 서로 마주친 이후 A는 10일 간격으로 헤어숍에 방문했고, B는 16일마다 헤어숍에 방문했다. 두 사람이 다시 헤어숍에서 만났 을 때의 요일은?

① 월요일   ② 화요일

③ 수요일   ④ 목요일

⑤ 금요일

45 O농부는 자신의 논을 모두 경작하는 데 8일이 걸린다. 경작을 시작한 첫날부터 마지막 날까지 항상 전날의 2배 넓이를 경작한다고 할 때, 논 전체의 $\frac{1}{4}$ 을 완료한 날은 경작을 시작한 지 며칠째 되는 날인가?

① 3일 ② 4일
③ 5일 ④ 6일
⑤ 7일

46 A사원이 혼자서 작업을 하면 24일이 걸리는 업무가 있다. 반면 해당 업무를 B사원이 혼자서 작업을 진행하면 120일이 걸리며, C사원이 혼자서 작업을 진행하면 20일이 걸린다. 세 사람이 함께 업무를 진행할 때 작업에 소요되는 기간은?

① 6일 ② 10일
③ 12일 ④ 20일
⑤ 25일

Hard
47 A, B 두 종류의 경기를 하여 각각에 대하여 상을 주는데 상을 받은 사람은 모두 30명이다. A종목은 50,000원을 받고 B종목은 30,000원을 받으며, A, B 두 종목 모두에서 상을 받은 사람은 10명이다. 또, A종목에서 상을 받은 사람은 B종목에서 상을 받은 사람보다 8명 많다. 이때 A종목에서 상을 받은 사람들이 받은 상금의 총액은?

① 1,100,000원 ② 1,200,000원
③ 1,300,000원 ④ 1,400,000원
⑤ 1,500,000원

48 O씨는 저가항공을 이용하여 비수기에 제주도 출장을 가려고 한다. 1인 기준으로 작년에 비해 비행기 왕복 요금은 20% 내렸고, 1박 숙박비는 15% 올라서 올해의 비행기 왕복 요금과 1박 숙박비 합계는 작년보다 10% 증가한 금액인 308,000원이라고 한다. 이 때, 1인 기준으로 올해의 비행기 왕복 요금은?

① 31,000원 ② 32,000원
③ 33,000원 ④ 34,000원
⑤ 35,000원

49 다음은 어느 사탕 가게의 주문서이다. 딸기 맛 1개와 바닐라 맛 1개를 주문했을 때, 지불해야 하는 금액은?

〈사탕 주문서〉

주문번호	딸기 맛	바닐라 맛	초콜릿 맛	합계(원)
1	2		1	7,000
2		2		4,000
3	3		2	11,500

① 4,500원   ② 5,000원

③ 5,500원   ④ 6,000원

⑤ 6,500원

50 O자원센터는 봄을 맞이하여 동네 주민들에게 사과, 배, 딸기의 세 과일을 한 상자씩 선물하려고 한다. 사과 한 상자 가격은 1만 원이고, 배 한 상자는 딸기 한 상자의 가격의 2배이며 딸기 한 상자와 사과 한 상자의 가격의 합은 배 한 상자의 가격보다 2만 원 더 싸다. 10명의 동네 주민들에게 선물을 준다고 하였을 때 O자원센터가 내야 하는 총비용은?

① 400,000원   ② 600,000원

③ 800,000원   ④ 1,000,000원

⑤ 1,200,000원

51 O사는 이번 분기 실적에 따라 총 5천만 원의 성과급을 직원들에게 지급하려 한다. 이번 성과급을 정보에 따라 지급할 때 1급에 지급되는 성과급의 총액은?

〈정보〉

• 직원의 실적에 따라 1 ~ 4급으로 나누어 지급한다.

• 성과급은 개인당 1급은 2급의 2배, 2급은 3급의 $\frac{3}{2}$ 배, 3급은 4급의 $\frac{4}{3}$ 배의 성과급을 받는다.

• 1급은 3명, 2급은 12명, 3급은 18명, 4급은 20명이 성과급 지급 대상이다.

① 2,500,000원   ② 4,000,000원

③ 6,500,000원   ④ 7,500,000원

⑤ 8,000,000원

52 어떤 부부와 딸 1명이 있다. 현재 부부의 나이의 합은 딸의 나이의 7배인데, 5년 전에는 12배였다고 한다. 부부의 나이의 합이 딸의 나이의 4배 이하가 될 때는 딸이 몇 살 때부터인가?

① 25살   ② 24살

③ 23살   ④ 22살

⑤ 21살

PART 2

Easy

53 연준이 형의 나이는 연준이 나이의 2배이고, 연준이 아버지의 나이는 연준이 형의 나이의 3배이다. 4년 전 연준이 아버지의 나이가 연준이 형의 나이의 4배였다면, 연준이 아버지의 현재 나이는?

① 28세   ② 30세

③ 32세   ④ 36세

⑤ 38세

54 4년 전 김대리의 나이는 조카 나이의 4배였고, 3년 후에는 김대리의 나이가 조카 나이의 2배보다 7살이 많다고 한다. 이때, 현재 김대리의 조카는 몇 살인가?

① 11살   ② 12살

③ 13살   ④ 14살

⑤ 15살

55 어느 마트에서는 A사 음료수를 12일마다 납품받고 B사 과자를 14일마다 납품받으며, 각 납품 당일에는 재고 소진을 위해 할인하여 판매하는 행사를 진행한다고 한다. 4월 9일에 할인 행사를 동시에 진행했을 때 다시 할인 행사가 동시에 진행되는 날은?(단, 재고 소진 목적 외 할인 행사는 진행하지 않는다)

① 6월 30일   ② 7월 1일

③ 7월 2일   ④ 7월 3일

⑤ 7월 4일

56 현재 시각은 오후 2시 40분 00초이다. 현재 시각 이후 분침과 초침이 처음으로 일치하는 시간은?

① 2시 40분 $\dfrac{2,400}{59}$ 초

② 2시 41분 $\dfrac{2,400}{59}$ 초

③ 2시 40분 $\dfrac{3,100}{59}$ 초

④ 2시 41분 $\dfrac{3,100}{59}$ 초

⑤ 2시 40분 $\dfrac{4,200}{59}$ 초

57 어느 해의 10월 1일은 월요일이다. 다음 해의 3월 1일은 무슨 요일인가?(단, 다음 해는 윤년이다)

① 수요일

② 목요일

③ 금요일

④ 토요일

⑤ 일요일

58 농도가 4%인 소금물 ag과 7.75%의 소금물 bg을 섞어 농도 6%의 소금물 600g을 만들었을 때, 농도 4%의 소금물의 양은?

① 240g

② 280g

③ 320g

④ 360g

⑤ 400g

59 농도 6%의 소금물 200g에서 소금물을 조금 덜어낸 후 덜어낸 양의 절반만큼 물을 넣고 2%의 소금물을 넣었더니 3%의 소금물 300g이 되었다. 더 넣은 농도 2%의 소금물의 양은?

① 90g

② 105g

③ 120g

④ 135g

⑤ 150g

60 10% 설탕물 480g에 20% 설탕물 120g을 섞었다. 이 설탕물에서 한 컵의 설탕물을 퍼내고, 퍼낸 설탕물의 양만큼 다시 물을 부었더니 11%의 설탕물 600g이 되었다. 이때 컵으로 퍼낸 설탕물의 양은?

① 30g

② 50g

③ 60g

④ 90g

⑤ 100g

※ 다음 중 주어진 전개도로 정육면체를 만들 때, 만들어질 수 없는 것을 고르시오. **[1~7]**

01

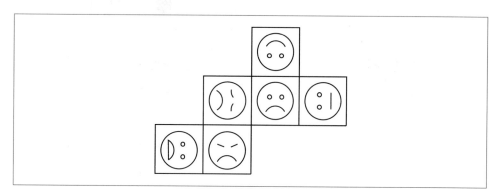

①

②

③

④

⑤

02

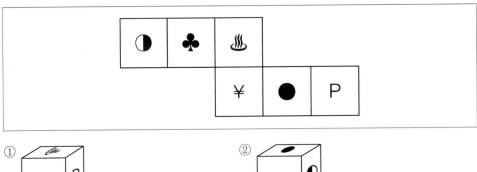

①

②

③

④

⑤

03

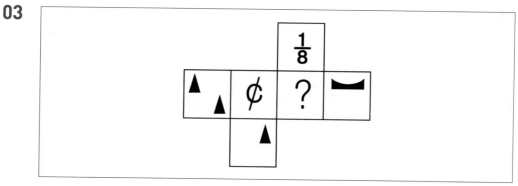

①

②

③

④

⑤

04

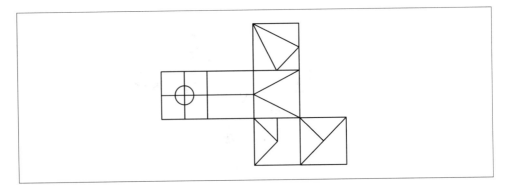

①

②

③

④

⑤

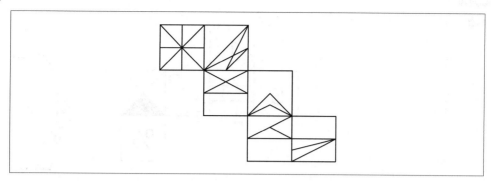

①

②

③

④

⑤

PART 2

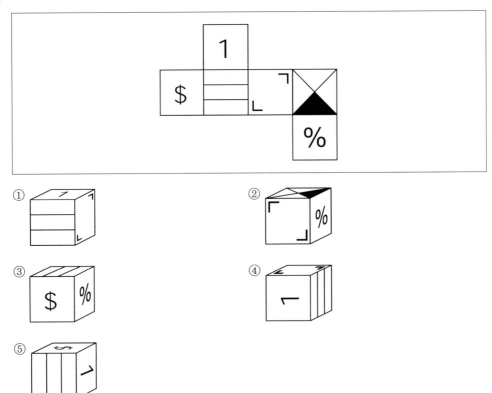

07

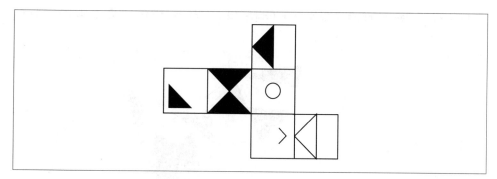

①

②

③

④

⑤

PART 2

08

①

②

③

④

⑤

09

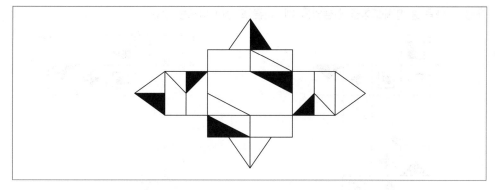

①

②

③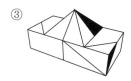

④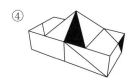

⑤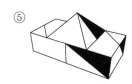

10 다음 중 입체도형을 만들었을 때, 다른 모양이 나오는 것은?

①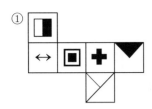

②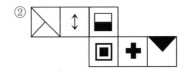

③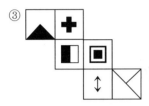

④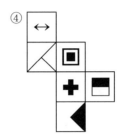

⑤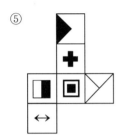

11 다음 그림과 같이 접었을 때, 나올 수 있는 뒷면의 모양으로 적절하지 않은 것은?

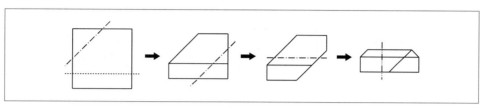

앞으로 접기
뒤로 접기
앞 또는 뒤로 접기

①

②

③

④

⑤

※ 다음 그림과 같이 접었을 때, 나올 수 있는 뒷면의 모양으로 적절한 것을 고르시오. [12~13]

------------------------------------ 앞으로 접기

-·-·-·-·-·-·-·-·-·-·-·-·- 뒤로 접기

12

① ② ③ ④ ⑤

13

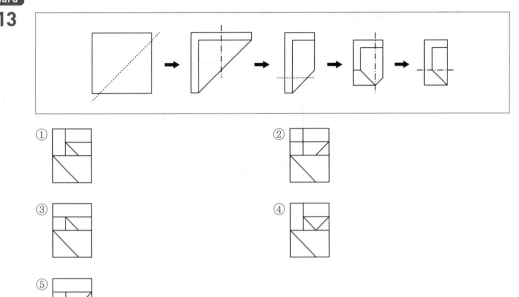

① ② ③ ④ ⑤

14

다음 그림과 같이 화살표 방향으로 종이를 접은 후, 펀치로 구멍을 뚫거나 일부분을 잘라내어 다시 펼쳤을 때의 그림으로 적절한 것은?

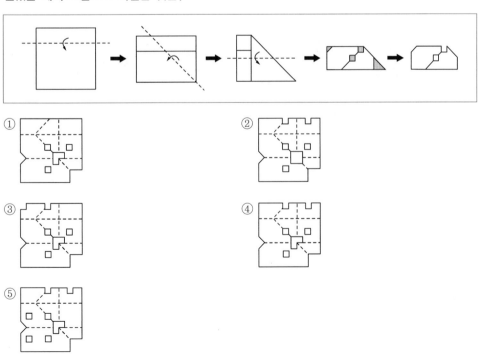

① ② ③ ④ ⑤

15

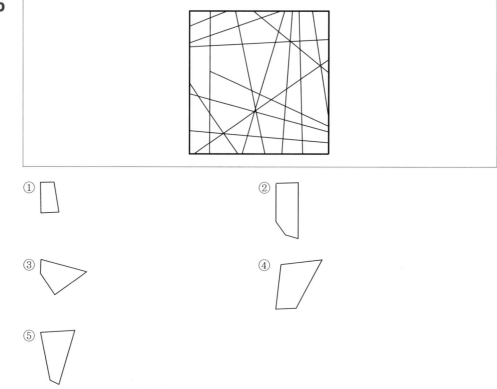

16

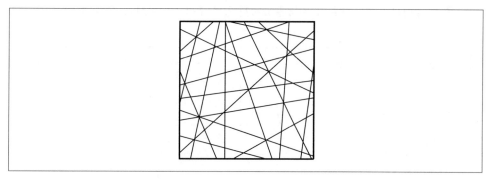

①

②

③

④

⑤

17

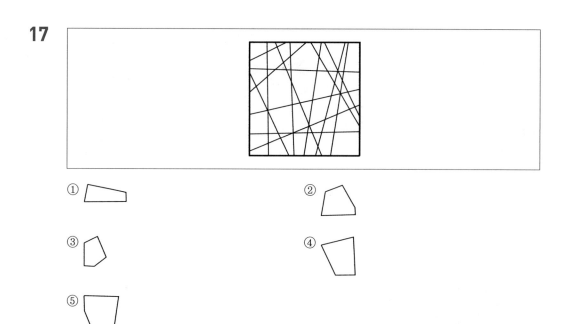

① ②

③ ④

⑤

※ 다음 중 주어진 도형을 만들기 위해 필요하지 않은 조각을 고르시오. [18~19]

18

① ② ③ ④ ⑤

19

① ② ③ ④ ⑤

※ 다음 제시된 조각을 조합하였을 때 만들 수 없는 도형을 고르시오(단, 조각은 회전만 가능하다).
 [20~22]

20

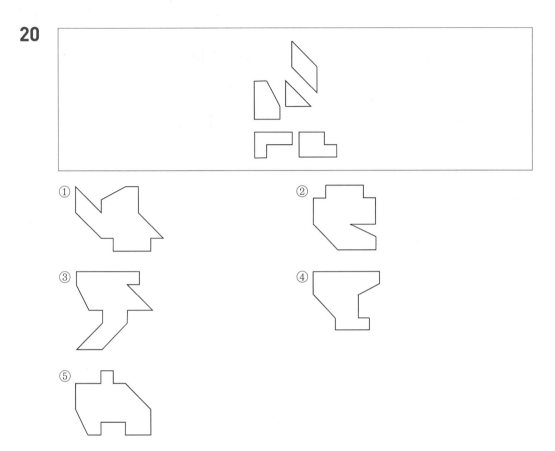

21

①

②

③

④

⑤

22

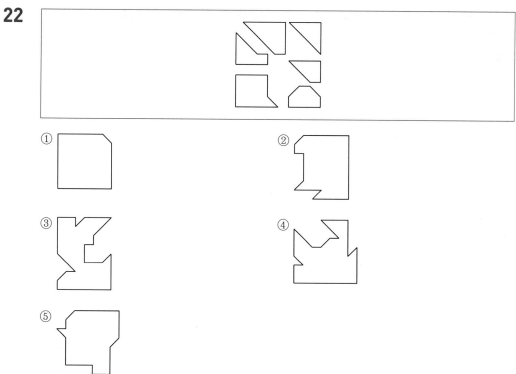

PART 2

※ 다음 제시된 도형의 규칙을 보고 ?에 들어갈 알맞은 도형을 고르시오. [23~27]

23

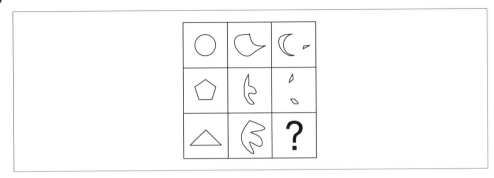

①

②

③

④

⑤

24

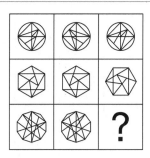

①

②

③

④

⑤

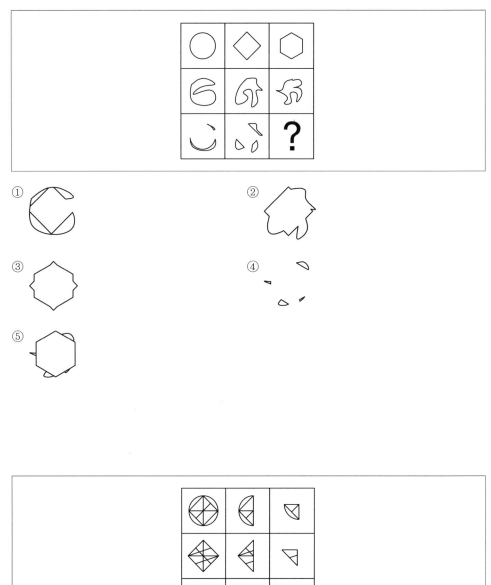

26

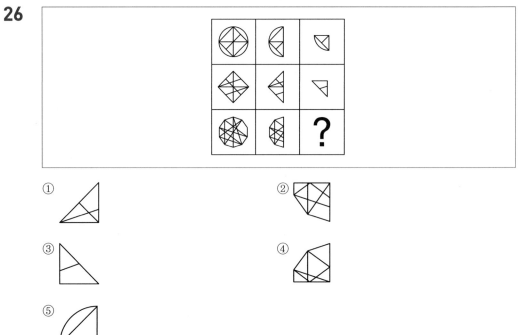

27

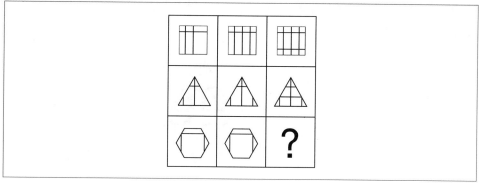

①

②

③

④

⑤

PART 2

※ 다음 중 제시된 도형과 같은 것을 고르시오(단, 제시된 도형은 회전이 가능하다). [28~32]

Easy
28

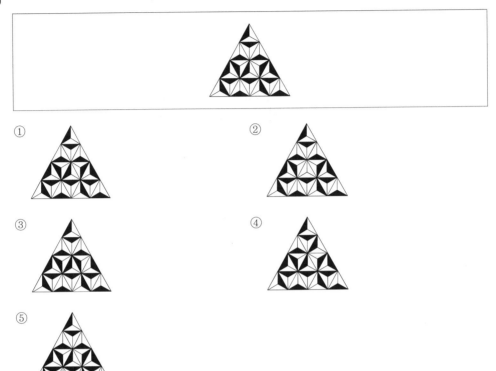

29

①

②

③

④

⑤

30

①

②

③

④

⑤

31

①

②

③

④

⑤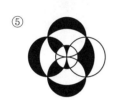

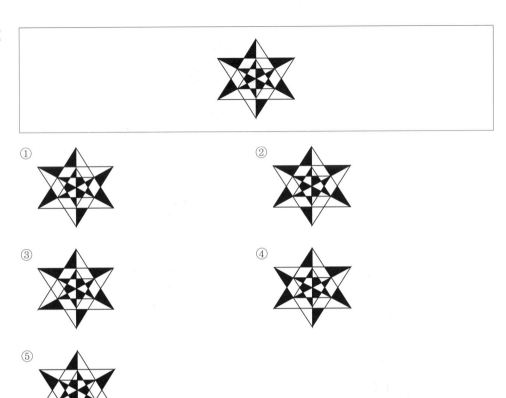

※ 다음 중 나머지 도형과 다른 것을 고르시오. [33~37]

33

①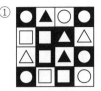

②

③

④

⑤

34

①

②

③

④

⑤

PART 2

35

①
②
③
④
⑤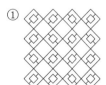

36

①
②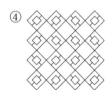
③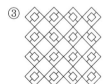
④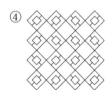
⑤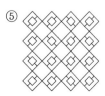

37

①

②

③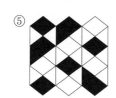

④

⑤

38 다음 도형을 시계 반대 방향으로 90° 회전한 후, 상하 반전한 모양은?

①

②

③

④

⑤

39 다음 도형을 좌우 반전한 후, 180° 회전한 모양은?

① ②

③ ④

⑤

40 다음 도형을 시계 방향으로 90° 회전한 후, 좌우 반전한 모양은?

①

②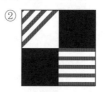

③

④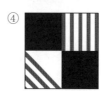

⑤

PART 2

41 다음 도형을 좌우 반전한 후, 시계 방향으로 90° 회전한 모양은?

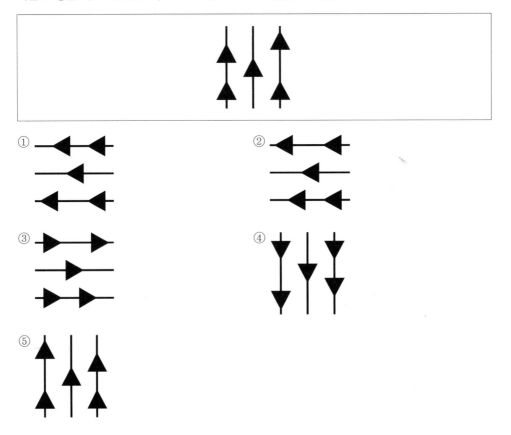

42 다음 도형을 상하 반전하고 시계 반대 방향으로 90° 회전한 후, 좌우 반전한 모양은?

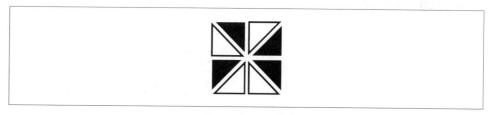

①

②

③

④

⑤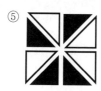

※ 다음과 같은 모양을 만드는 데 사용된 블록의 개수를 고르시오(단, 보이지 않는 곳의 블록은 있다고 가정한다). [43~44]

43

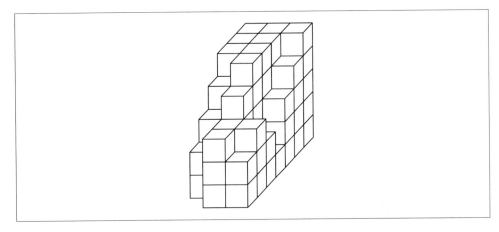

① 72개
② 74개
③ 76개
④ 80개
⑤ 82개

44

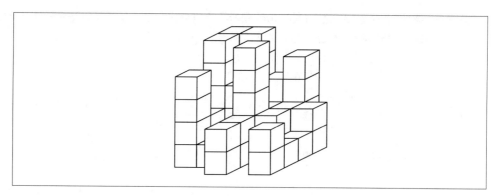

① 53개
② 54개
③ 55개
④ 56개
⑤ 57개

※ 다음 도식에서 기호들은 일정한 규칙에 따라 문자를 변화시킨다. ?에 들어갈 알맞은 문자를 고르시오
(단, 규칙은 가로와 세로 중 한 방향으로만 적용된다). [45~48]

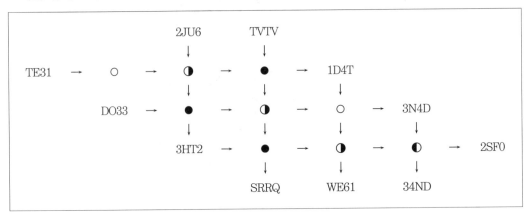

45

$$BE13 \rightarrow \ocircle \rightarrow \bullet \rightarrow ?$$

① 1BF3
② 3F1B
③ 0BF0
④ 0F0B
⑤ 0C0B

46

$$RABI \rightarrow \ocircle \rightarrow \bigcirc \rightarrow ?$$

① RBAI
② RBIA
③ RLCC
④ RCCL
⑤ RCLC

47

$? \rightarrow \bigcirc \rightarrow \begin{smallmatrix}\bullet\end{smallmatrix} \rightarrow$ BVJH

① BTIE
② BITE
③ BJVH
④ BIVE
⑤ BIJE

48

$? \rightarrow \begin{smallmatrix}\bullet\end{smallmatrix} \rightarrow \bullet \rightarrow$ IDHE

① DIFE
② LIFE
③ HIHE
④ LFIE
⑤ LEIF

※ 다음 도식에서 기호들은 일정한 규칙에 따라 문자를 변화시킨다. ?에 들어갈 알맞은 문자를 고르시오 (단, 규칙은 가로와 세로 중 한 방향으로만 적용된다). [49~52]

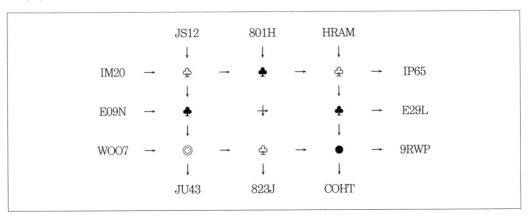

49

$$S7BS → ◎ → ● → ?$$

① BSS7　　　　　　　　② SBS7
③ SSB7　　　　　　　　④ 7SBS
⑤ 7BSS

50

$$WW4W → ● → ♧ → ?$$

① WWW4　　　　　　　② 4WWW
③ XYZ4　　　　　　　　④ XY4Z
⑤ 4XYZ

51

$$? \rightarrow \diamondsuit \rightarrow \bullet \rightarrow \text{TREE}$$

① EETR
② EERT
③ EDRO
④ RRDO
⑤ ORED

52

$$? \rightarrow \circledcirc \rightarrow \bullet \rightarrow \clubsuit \rightarrow \text{53CG}$$

① CH25
② CH32
③ HC35
④ HG25
⑤ HG35

※ 다음 도식에서 기호들은 일정한 규칙에 따라 문자를 변화시킨다. ?에 들어갈 알맞은 문자를 고르시오
(단, 규칙은 가로와 세로 중 한 방향으로만 적용된다). [53~56]

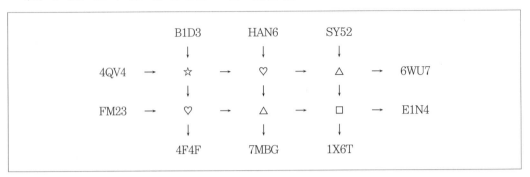

53

US24 → □ → ☆ → ?

① 4S2U
② 2US4
③ 4V8V
④ 8V4V
⑤ 48VV

54

KB52 → ☆ → ♡ → ?

① 37KE
② 37EO
③ E37K
④ EO52
⑤ E37O

55

$$? \rightarrow \triangle \rightarrow \heartsuit \rightarrow \triangle \rightarrow 9381$$

① 1839   ② 3819

③ 2748   ④ 4827

⑤ 8472

56

$$? \rightarrow \square \rightarrow \triangle \rightarrow 96\mathrm{II}$$

① 96HJ   ② 9HJ6

③ 87HJ   ④ 8H7J

⑤ J7H8

※ 다음 도식에서 기호들은 일정한 규칙에 따라 문자를 변화시킨다. ?에 들어갈 알맞은 문자를 고르시오 (단, 규칙은 가로와 세로 중 한 방향으로만 적용된다). [57~60]

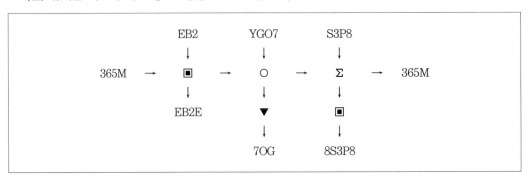

57

$$87CHO \rightarrow \blacktriangledown \rightarrow \bigcirc \rightarrow ?$$

① 8HC78   ② HC78H
③ 87CH   ④ HC78
⑤ O87

58

$$9LEE3 \rightarrow \Sigma \rightarrow \blacksquare \rightarrow ?$$

① 3LEE93   ② 39LEE3
③ 3EEL9   ④ 93EEL
⑤ EEL93

59

$$\text{KU01} \rightarrow \bigcirc \rightarrow \blacksquare \rightarrow \Sigma \rightarrow ?$$

① UU01　　　　　　　　② KK01
③ K01U　　　　　　　　④ UK10U
⑤ K01UK

60

$$\text{LIGHT} \rightarrow \Sigma \rightarrow \blacktriangledown \rightarrow \bigcirc \rightarrow ?$$

① ILTG　　　　　　　　② GILT
③ LIGH　　　　　　　　④ LIGHL
⑤ TLIGHT

01　언어

※ 다음 단어의 대응관계가 나머지와 다른 하나를 고르시오. [1~3]

Hard

01　① 영고 – 성쇠　　　　② 구획 – 경계
　　　③ 귀향 – 귀성　　　　④ 결점 – 단점
　　　⑤ 일반 – 특수

Easy

02　① 거부 – 거절　　　　② 격려 – 고무
　　　③ 결의 – 결정　　　　④ 각오 – 결심
　　　⑤ 치욕 – 영예

03　① 시종 – 수미　　　　② 시비 – 선악
　　　③ 추세 – 형편　　　　④ 원고 – 피고
　　　⑤ 구속 – 속박

04 다음 중 밑줄 친 ㉠과 ㉡의 관계와 다른 것은?

> 제천시의 산채건강마을은 산과 하천이 어우러진 전형적인 산촌으로, 돌과 황토로 지은 8개 동의 전통 ㉠ 가옥 펜션과 한방 명의촌, 한방주 체험관, 황토 게르마늄 구들 찜질방, 약용 식물원 등의 시설을 갖추고 있다.
> 산채건강마을의 한방주 체험관에서는 전통 가양주를 만들어 보는 체험을 할 수 있다. 체험객들은 개인의 취향대로 한약재를 골라 넣어 가양주를 담그고, 자신이 직접 담근 가양주는 ㉡ 집으로 가져 갈 수 있다.

① 친구(親舊) : 벗
② 수확(收穫) : 벼
③ 금수(禽獸) : 짐승
④ 계란(鷄卵) : 달걀
⑤ 주인(主人) : 임자

※ 다음 중 제시문의 밑줄 친 부분과 같은 의미로 쓰인 것을 고르시오. **[5~7]**

`Easy`

05

> 어제 본 퀴즈의 정답을 드디어 풀었다.

① 범인을 찾기 위해 방범대원을 풀었다.
② 성난 강아지의 화를 풀기 위해 간식을 주었다.
③ 사우나에 가서 여행의 노독을 풀었다.
④ 이 문제는 너무 복잡해서 차분히 풀어 나가야 한다.
⑤ 감기에 걸려 매일 코를 풀어야 한다.

06

> 어제 산 김에 기름이 잘 먹지 않는다.

① 나는 마음을 독하게 먹고 그녀를 외면하였다.
② 그 친구가 계속 큰 판을 먹는다.
③ 옷에 좀이 먹어 못 입게 되었다.
④ 얼굴에 화장이 잘 먹지 않고 들뜬다.
⑤ 상대편에게 먼저 한 골을 먹었다.

07

> 미래 환경을 <u>생각해서</u> 쓰레기를 줄여 나갑시다.

① 아무리 <u>생각해도</u> 뾰족한 수가 없다.
② 옛일을 <u>생각하니</u> 감개가 무량하였다.
③ 은영이는 그와 결혼하려고 <u>생각했다</u>.
④ 건강을 <u>생각하여</u> 아침 운동을 시작했다.
⑤ 그는 자신의 처지를 부끄럽게 <u>생각했다</u>.

08　다음 중 밑줄 친 단어와 같은 의미로 쓰인 것이 아닌 것은?

> 고대 그리스의 조각 작품들을 살펴보면, 조각 전체의 자세 및 동작이 기하학적 균형을 바탕으로 나타나있음을 알 수 있다. 세부적인 묘사에 치중된 (가) <u>기교</u>보다는 기하학을 바탕으로 한 전체적인 균형과 (나) <u>절제</u>된 표현이 고려된 것이다. 그런데 헬레니즘기의 조각으로 넘어가면서 초기의 (다) <u>근엄</u>하고 정적인 모습이나 기하학적인 균형을 중시하던 입장에서 후퇴하는 현상들이 보이게 된다. 형태들을 보다 더 (라) <u>완숙</u>한 모습으로 나타내기 위해 사실적인 묘사나 장식적인 측면들에 주목하게 된 것이라 할 수 있다. 하지만 그 안에서도 여전히 기하학적인 균형을 찾아볼 수 있으며 개별적인 것들을 포괄하는 보편적인 질서인 이데아를 (마) <u>구현</u>하고자 하는 고대 그리스 사람들의 생각을 엿볼 수 있다.

① (가) : 그는 당대의 쟁쟁한 바이올리니스트 중에서도 <u>기교</u>가 뛰어나기로 유명하다.
② (나) : 수도사들은 욕망을 <u>절제</u>하고 청빈한 삶을 산다.
③ (다) : 방에 들어서니 할아버지가 <u>근엄</u>한 표정으로 앉아 계셨다.
④ (라) : 그의 손놀림은 어느 사이에 <u>완숙</u>한 경지에 이르렀다.
⑤ (마) : 그는 정의 <u>구현</u>을 위해 판사가 되기로 마음먹었다.

09　다음 중 밑줄 친 부분의 의미가 다른 것은?

① 너를 향한 내 마음은 <u>한결같다</u>.
② 아이들이 <u>한결같은</u> 모습으로 꽃을 들고 있다.
③ 예나 지금이나 아저씨의 말투는 <u>한결같으시군요</u>.
④ 우리는 초등학교 내내 10리나 되는 산길을 <u>한결같이</u> 걸어 다녔다.
⑤ 부모님은 <u>한결같이</u> 나를 지지해 주신다.

10 다음 중 밑줄 친 ⊙, ⊙과 같은 의미로 쓰인 것이 아닌 것은?

> 그는 공연이 계속되는 중이라도 자신의 재주가 인정받지 못한다고 생각되면 마술 도구가 ⊙ 든 가방 하나만 ⊙ 들고 거칠 것 없이 단체를 떠났다.

① ⊙ : 빵 속에 크림이 가득 들어 있다.
② ⊙ : 편지에는 나를 조만간 만나고 싶다는 내용이 들어 있었다.
③ ⊙ : 이번 달에는 여름휴가가 들어 있다.
④ ⊙ : 꽃을 손에 들고 환하게 웃고 있는 그녀의 얼굴이 아름답다.
⑤ ⊙ : 노란 깃발을 들고 서 있는 사람이 여러분을 안내할 것입니다.

11 다음 중 밑줄 친 단어를 이용해 짧은 글짓기를 한 것으로 올바르지 않은 것은?

> 최근 들어 도시의 경쟁력 향상을 위한 새로운 (가) 전략의 하나로 창조 도시에 대한 논의가 (나) 활발하게 진행되고 있다. 창조 도시는 창조적 인재들이 창의성을 발휘할 수 있는 환경을 갖춘 도시이다. 즉 창조 도시는 인재들을 위한 문화 및 거주 환경의 창조성이 풍부하며, 혁신적이고도 (다) 유연한 경제 시스템을 갖추고 있는 도시인 것이다. 창조 도시에 대한 논의를 주도한 랜드리는, 창조성이 도시의 유전자 코드로 바뀌기 위해서는 다음과 같은 환경적 (라) 요소들이 필요하다고 보았다. 개인의 자질, 의지와 리더십, 다양한 재능을 가진 사람들과의 접근성, 조직 문화, 지역 정체성, 도시의 공공 공간과 시설, 역동적 네트워크의 (마) 구축 등이 그것이다.

① (가) : 그가 기획한 신제품의 판매 전략이 큰 성공을 거두었다.
② (나) : 아이들은 활발하게 산과 들을 뛰어다니며 자라났다.
③ (다) : 그는 상대방이 아무리 흥분해도 유연한 태도를 잃지 않았다.
④ (라) : 한 개인의 성격 형성에는 유전적 요소뿐 아니라 성장 환경도 영향을 끼친다.
⑤ (마) : 국제적인 판매망을 구축하는 것을 장기적인 목표로 한다.

12 다음 중 밑줄 친 단어와 바꾸어 쓸 수 없는 것은?

> 일정이 예상보다 앞당겨지는 바람에 이틀간의 말미를 얻었다.

① 휴가   ② 여유
③ 알음   ④ 겨를
⑤ 여가

13 다음 중 제시된 단어와 유사한 의미를 가진 것은?

무릇

① 가령(假令) ② 대개(大蓋)

③ 대저(大抵) ④ 도통(都統)

⑤ 비단(非但)

※ 다음 중 제시된 단어와 반대되는 의미를 가진 것을 고르시오. [14~15]

14

영절스럽다

① 어색하다 ② 뻔뻔하다

③ 그럴듯하다 ④ 유별나다

⑤ 서먹서먹하다

Hard
15

든직하다

① 붓날다 ② 사랑옵다

③ 무덕지다 ④ 얄망궂다

⑤ 알결다

※ 다음 중 〈보기〉의 단어를 모두 포괄할 수 있는 단어를 고르시오. [16~18]

16

> **보기**
>
> 만들다   쓰다   묶다   저지르다   짓다

① 만들다   ② 쓰다
③ 묶다   ④ 저지르다
⑤ 짓다

17

> **보기**
>
> 포장하다   저렴하다   싸다   감다   꾸리다

① 포장하다   ② 저렴하다
③ 싸다   ④ 감다
⑤ 꾸리다

18

> **보기**
>
> 생기다   서다   멈추다   열리다   유지되다

① 생기다   ② 서다
③ 멈추다   ④ 열리다
⑤ 유지되다

19 다음 중 밑줄 친 부분의 띄어쓰기가 잘못된 것은?

① 휴가철 비행기 값이 너무 비싼데 그냥 헤엄쳐 <u>갈까 보다</u>.

② 그 문제를 깊이 <u>파고들어보면</u> 다양한 조건들이 얽혀 있음을 알 수 있다.

③ 감독은 처음부터 그 선수를 마음에 <u>들어 했다</u>.

④ 지나가는 사람을 붙잡고 그를 보았는지 물어도 <u>보았다</u>.

⑤ 모르는 것을 <u>아는체하지</u> 말고, 아는 것에 만족해하지 마라.

20 다음 중 밑줄 친 어휘의 표기가 옳은 것은?

① 이렇게 큰 상을 받게 되니 감사하면서도 <u>겸연적다</u>.

② 차가운 바닥에 <u>거적대기</u>를 깔고 앉아 있는 모습이 안쓰러웠다.

③ 주인공의 <u>맛갈나는</u> 연기가 시청자들의 눈길을 사로잡았다.

④ 밑창이 얇은 신발을 신으면 <u>발뒷굼치</u>에 통증이 오기 쉽다.

⑤ 그 사람의 체면을 봐주다가 욕을 <u>곱빼기</u>로 얻어먹었다.

Hard

21 다음 중 어법이 맞고 자연스러운 것은?

① 문학은 다양한 삶의 체험을 보여 주는 예술의 장르로서 문학을 즐길 예술적 본능을 지닌다.

② 그는 부모님의 말씀을 거스른 적이 없고 그는 친구들과 어울리다가도 정해진 시간에 반드시 들어
오곤 했다.

③ 피로연은 성대하게 치러졌다. 신랑과 신부는 결혼식을 마치고 신혼여행을 떠났다. 하례객들이
식당 안으로 옮겨 앉으면서 시작되었다.

④ 신은 인간을 사랑하기도 하지만, 때로는 인간에게 시련의 고통을 주기도 한다.

⑤ 주가가 다음 주부터는 오를 전망입니다.

Hard

22 다음 중 밑줄 친 어휘의 표기가 적절하지 않은 것은?

① 저 아줌마는 <u>가납사니</u>처럼 참견한다.

② 지난날의 따스한 추억은 생각만 해도 <u>느껍다</u>.

③ 할아버지는 <u>무람없이</u> 구는 손자에게 호통을 쳤다.

④ 사건에 대한 논란이 <u>가열차게</u> 오가고 있다.

⑤ 아침 <u>댓바람</u>부터 무슨 일이야?

Easy

23 다음 중 관용적 표현의 의미를 잘못 설명한 것은?

① 꼬리가 길다 – 못된 짓을 오래 두고 계속하다.

② 다리가 길다 – 음식 먹는 자리에 우연히 가게 되어 먹을 복이 있다.

③ 오지랖이 넓다 – 지나치게 참견하는 면이 있다.

④ 손이 크다 – 사교적이어서 아는 사람이 많다.

⑤ 머리가 젖다 – 어떤 사상이나 인습 등에 물들다.

24 다음 중 빈칸에 들어갈 말로 가장 적절한 것은?

환갑 < 진갑 < _____ < 희수 < 미수 < 백수

① 고희   ② 회갑

③ 고령   ④ 장수

⑤ 졸수

※ 다음 글의 내용에 가장 적절한 사자성어를 고르시오. [25~27]

25

경기가 호황일 때는 직원들의 희생을 강요하던 회사가 경제가 어려워지자 직원들의 임금부터 조정하려고 한다.

① 감언이설(甘言利說)
② 당랑거철(螳螂拒轍)
③ 무소불위(無所不爲)
④ 감탄고토(甘呑苦吐)
⑤ 속수무책(束手無策)

26

정책을 결정하는 사람들이 모여 회의를 하고 있다. 이들 중 한 명은 국민 지원금으로 1인당 1억 원을 지급하여 다들 먹고 살 수 있게 하면 자영업자의 위기를 해결할 수 있다고 말하고 있고, 다른 한 명은 북한이 자꾸 도발을 하니 지금이라도 기습 공격을 하여 통일을 하면 통일 문제가 해결된다고 하였다. 가만히 듣고 있던 한 명은 일본·중국에 대한 여론이 나쁘니 두 나라와 무역 및 외교를 금지하면 좋지 않겠냐고 하니 회의에 참여한 사람들이 서로 좋은 의견이라고 하면서 회의를 이어가고 있다.

① 토사구팽(兎死狗烹)
② 계명구도(鷄鳴狗盜)
③ 표리부동(表裏不同)
④ 사면초가(四面楚歌)
⑤ 탁상공론(卓上空論)

27

사회 초년생인 A는 최근 많은 뉴스에서 주식으로 돈을 벌었다는 소식을 많이 듣고 자신도 주식하면 돈을 벌 수 있다는 확신을 가졌다. 아무런 지식도 없지만 남들이 다 샀다는 주식을 산 이후 오르기만을 기다렸다. 하지만 주식가격은 점점 내려갔고, 주변에서도 그 주식은 처분해야 된다는 말을 들었지만 A는 오를 거라 확신하며 기다렸다. 하지만 이후에도 주가는 오르지 않고 계속 내려갔으며, A는 그래도 오를 거라 믿으면서 주변의 만류에도 불구하고 그 주식만 쳐다보고 있다.

① 사필귀정(事必歸正)
② 조삼모사(朝三暮四)
③ 수주대토(守株待兎)
④ 새옹지마(塞翁之馬)
⑤ 호사다마(好事多魔)

28 다음에서 유래된 고사성어는?

> 당나라 말기 유방과 패권을 다투다 패배한 항우는 오강(烏江)에서 자살하였다. 시인 두목은 항우의 용맹함을 기리며 '승패란 병가에서 기약할 수 없는 일이니, 부끄러움을 안고 참을 줄 아는 것이 사나이라네. 강동의 젊은이 중에는 준재가 많으니, 흙먼지 일으키며 다시 쳐들어왔다면 어찌 되었을까?' 라고 읊으며 아쉬워하였다.

① 낭중지추(囊中之錐)　　　　　② 금의야행(錦衣夜行)
③ 권토중래(捲土重來)　　　　　④ 괄목상대(刮目相對)
⑤ 오월동주(吳越同舟)

29 다음 글의 내용에 어울리는 속담으로 적절한 것은?

> SNS를 통해 맛집으로 유명해진 A가게가 개인사정으로 인해 문을 닫자, 그 옆 B가게로 사람들이 몰리기 시작했다.

① 싸움 끝에 정이 붙는다.
② 미련은 먼저 나고 슬기는 나중 난다.
③ 배부르니까 평안 감사도 부럽지 않다.
④ 호랑이 없는 골에 토끼가 왕 노릇 한다.
⑤ 잠결에 남의 다리 긁는다.

30 다음 중 제시된 속담이 가장 잘 어울리는 상황은?

> 앉은뱅이가 서면 천리 가나.

① 할아버지가 영어 학원 다니겠다고 아들에게 우기자 할머니가 핀잔조의 말을 할 때
② 매일 줄넘기 횟수를 10회씩 늘려가며 다이어트에 성공한 친구에게 칭찬할 때
③ 5년 동안 식물인간으로 있었던 최 모 씨가 1%의 확률로 기적적으로 회복했을 때
④ 옹알이를 하는 조카가 천재라며 영어 유치원에 등록하려는 언니에게 충고할 때
⑤ 노력은 하지 않고 성적이 오르지 않는다며 불평만 하는 친구에게 조언할 때

※ 다음 중 빈칸 ㉠～㉢에 들어갈 단어를 바르게 연결한 것을 고르시오. [31~32]

31

- 희소금속은 매장량이 적지만 산업적 수요가 큰 금속원소로, 극소수 국가에 ___㉠___ 된 금속을 말한다.
- 어느 폐자원재활용업체의 대표는 2,100년이 되면 지하자원이 거의 사라질 것이므로 나머지 부분을 도시 곳곳에 ___㉡___ 한 지상자원(스마트폰 같은 '도시광산')이 채울 것이라고 예견했다.
- 많은 전문가들이 투자에는 투기적 성격이 ___㉢___ 되어 있고, 투기 역시 투자적 기능을 가지고 있어서 상호 교집합적 성격의 투자와 투기를 구별하는 것은 별 의미가 없다고 말한다.

	㉠	㉡	㉢
①	혼재(混在)	편재(偏在)	산재(散在)
②	편재(偏在)	산재(散在)	혼재(混在)
③	혼재(混在)	산재(散在)	편재(偏在)
④	편재(偏在)	혼재(混在)	잔재(殘在)
⑤	잔재(殘在)	산재(散在)	혼재(混在)

Hard

32

조선시대의 양반관료들이 참여한 여러 형태의 회합 가운데 유독 그림을 그려 기념물로 남긴 모임들이 있었다. 그 모임을 '계회'라 불렀고, 그 장면을 그린 그림을 '계회도'라고 했다.
이러한 계회도는 시대에 따라 형식이 달라지는데, 기본 구성은 다음과 같다. 계회의 주체를 알 수 있고, 계회도의 상단에 기록하는 계회도의 제목인 ___㉠___ 와/과 계회 참석자들 자리의 차례를 적은 목록으로, 참석자들의 인적사항 및 제작시기를 알 수 있는 단서가 되는 ___㉡___ 그리고 계회가 열린 장소를 알려주고, 개회 장면을 보여주는 그림과 하단에 계회가 어떤 방법으로 열렸는지를 알려주는 내용을 간략하게 적은 글인 ___㉢___ (으)로 구성된다.

	㉠	㉡	㉢
①	발문(跋文)	좌목(座目)	표제(標題)
②	표제(標題)	발문(跋文)	좌목(座目)
③	표제(標題)	좌목(座目)	발문(跋文)
④	좌목(座目)	표제(標題)	발문(跋文)
⑤	좌목(座目)	발문(跋文)	표제(標題)

Easy

33

- 개는 후각이 뛰어나서 냄새에 _____하다.
- 그는 중요한 대회를 앞두고 신경이 _____해져 있다.
- 그는 남들의 평가에 _____한 반응을 보인다.
- 복지정책은 사회적으로 아주 _____한 사안이다.
- 그는 한 번 읽은 책의 내용을 달달 외울 만큼 무척 _____하다.

① 예민   ② 기민

③ 영민   ④ 과민

⑤ 민감

34

- 나는 바다 깊숙이 가라앉는 듯 점점 깊은 _____속에 빠져들어 갔다.
- 그런 일이 일어나리라고는 _____도 못 했다.
- 난 지금 그런 쓸데없는 _____이나 하고 있을 만큼 한가하지 않다.
- 헛된 _____에 사로잡히다.

① 망상   ② 공상

③ 상상   ④ 명상

⑤ 진상

35 다음 중 빈칸에 들어갈 단어로 가장 적절한 것은?

> 지나친 나트륨 섭취는 건강에 나쁘다는 것이 일반적인 _____이다.

① 만념   ② 상념

③ 이념   ④ 통념

⑤ 신념

PART 2

※ 제시된 명제가 모두 참일 때, 다음 중 빈칸에 들어갈 명제로 가장 적절한 것을 고르시오. [36~38]

36

- 음악을 좋아하는 사람은 미술을 좋아한다.
- 사회를 좋아하는 사람은 음악을 좋아한다.
- 그러므로 _____

① 음악을 좋아하는 사람은 사회를 좋아한다.
② 미술을 좋아하지 않는 사람은 사회를 좋아하지 않는다.
③ 미술을 좋아하는 사람은 사회를 좋아하지 않는다.
④ 사회를 좋아하지 않는 사람은 미술을 좋아한다.
⑤ 미술을 좋아하지 않는 사람은 사회를 좋아한다.

37

- 회계팀의 팀원은 모두 회계 관련 자격증을 가지고 있다.
- _____
- 돈 계산이 빠르지 않은 사람은 회계팀이 아니다.

① 회계팀이 아닌 사람은 돈 계산이 빠르다.
② 돈 계산이 빠른 사람은 회계 관련 자격증을 가지고 있다.
③ 회계팀이 아닌 사람은 회계 관련 자격증을 가지고 있지 않다.
④ 돈 계산이 빠르지 않은 사람은 회계 관련 자격증을 가지고 있다.
⑤ 돈 계산이 빠르지 않은 사람은 회계 관련 자격증을 가지고 있지 않다.

38

- 회사원은 야근을 한다.
- _____
- 늦잠을 자지 않는 사람은 회사원이 아니다.

① 회사원이 아니면 야근을 하지 않는다.
② 늦잠을 자면 회사원이다.
③ 야근을 하지 않는 사람은 늦잠을 잔다.
④ 야근을 하는 사람은 늦잠을 잔다.
⑤ 회사원이면 늦잠을 자지 않는다.

39 A ~ E 다섯 명은 O사에서 개최하는 마라톤에 참가하였다. 제시된 내용이 모두 참일 때, 다음 중 항상 참이 아닌 것은?

> • A는 B와 C보다 앞서 달리고 있다.
> • D는 A보다 뒤에 달리고 있지만, B보다는 앞서 달리고 있다.
> • C는 D보다 뒤에 달리고 있지만, B보다는 앞서 달리고 있다.
> • E는 C보다 뒤에 달리고 있지만, 다섯 명 중 꼴찌는 아니다.

① 현재 1등은 A이다.
② 현재 꼴찌는 B이다.
③ E는 C와 B 사이에서 달리고 있다.
④ D는 A와 C 사이에서 달리고 있다.
⑤ 현재 순위에 변동 없이 결승점까지 달린다면 C가 4등을 할 것이다.

40 A ~ E 다섯 명은 한국사 시험에 함께 응시하였다. 시험 도중 부정행위가 일어났다고 할 때, 다음 〈조건〉을 통해 부정행위를 한 사람을 모두 고르면?

> **조건**
> • 2명이 부정행위를 저질렀다.
> • B와 C는 같이 부정행위를 하거나 같이 부정행위를 하지 않았다.
> • B나 E가 부정행위를 했다면, A도 부정행위를 했다.
> • C가 부정행위를 했다면, D도 부정행위를 했다.
> • E가 부정행위를 하지 않았으면, D도 부정행위를 하지 않았다.

① B, C
② A, B
③ A, E
④ C, D
⑤ D, E

※ 다음과 같이 일정한 규칙으로 숫자나 문자를 나열할 때, 빈칸에 들어갈 알맞은 것을 고르시오. [1~20]

Hard

01

| 1 2 5 12 27 58 121 ( ) |

① 209 ② 213
③ 225 ④ 248
⑤ 279

02

| 24 60 120 ( ) 336 504 720 |

① 190 ② 210
③ 240 ④ 260
⑤ 280

Hard

03

$$1 \quad -\frac{1}{2} \quad 0.2 \quad \frac{1}{6} \quad 0.06 \quad \frac{1}{24} \quad 0.024 \quad -\frac{1}{120} \quad 0.012 \quad (\;)$$

① $-\dfrac{1}{240}$ ② $-\dfrac{1}{360}$

③ $-\dfrac{1}{480}$ ④ $-\dfrac{1}{600}$

⑤ $-\dfrac{1}{720}$

04

| 11 45 182 731 2,928 ( ) |

① 10,727 ② 10,737
③ 11,707 ④ 11,717
⑤ 11,737

05

$$\frac{90}{70} \quad \frac{82}{78} \quad \frac{74}{86} \quad \frac{66}{94} \quad \frac{58}{102} \quad (\quad)$$

① $\dfrac{50}{108}$　　　　　　② $\dfrac{49}{109}$

③ $\dfrac{50}{110}$　　　　　　④ $\dfrac{49}{110}$

⑤ $\dfrac{51}{107}$

06

$$\frac{2}{5} \quad \frac{16}{25} \quad (\quad) \quad \frac{44}{625} \quad \frac{58}{3,125} \quad \frac{72}{15,625}$$

① $\dfrac{30}{125}$　　　　　　② $\dfrac{25}{125}$

③ $\dfrac{30}{120}$　　　　　　④ $\dfrac{25}{120}$

⑤ $\dfrac{20}{125}$

Easy
07

2,400　1,200　600　300　150　75　37.5　18.75　( )

① 7.245　　　　　　② 8.175
③ 9.375　　　　　　④ 10.265
⑤ 11.485

08

C　D　F　J　R　( )

① X　　　　　　② Z
③ F　　　　　　④ H
⑤ O

09

I K M O Q ( )

① R   ② S
③ T   ④ U
⑤ V

10

A E I M Q ( )

① B   ② K
③ U   ④ W
⑤ X

11

ㄹ ㅛ ㅇ ㅣ ㅌ ( )

① ㅡ   ② ㅅ
③ ㅏ   ④ ㅕ
⑤ ㄴ

12

ㅏ ㄹ ㅅ ㅣ ㅓ ( )

① ㄴ   ② ㅣ
③ ㅇ   ④ ㅈ
⑤ ㅕ

13

| ㄷ ㅇ ㄹ ㅂ ㅁ ㄹ ㅂ ( ) |

① ㄴ ② ㅊ
③ ㅋ ④ ㅅ
⑤ ㅈ

14

| E ㄹ ㅛ ㅁ 七 ( ) |

① ㅠ ② ㄷ
③ D ④ 六
⑤ G

15

| U ㅁ P ㅌ 七 ( ) |

① ㅅ ② H
③ A ④ 九
⑤ ㄹ

16

| A 二 ㅕ H P ( ) |

① ㅍ ② J
③ F ④ 三
⑤ ㅇ

17

$$6 \quad 6 \quad 4 \quad 8 \qquad 3 \quad 5 \quad 7 \quad 1 \qquad 9 \quad 4 \quad 3 \quad (\quad)$$

① 10   ② 11

③ 12   ④ 13

⑤ 14

Hard
18

$$4,567 \quad 22 \quad 4 \qquad 371 \quad 11 \quad 2 \qquad 8,521 \quad 16 \quad (\quad)$$

① 4   ② 5

③ 6   ④ 7

⑤ 8

19

$$2 \quad 2 \quad 3 \qquad 4 \quad 2 \quad 4 \qquad 4 \quad 3 \quad (\quad)$$

① 1   ② 3

③ 5   ④ 7

⑤ 9

Hard
20

$$4 \quad 2 \quad 20 \qquad 5 \quad (\quad) \quad 74 \qquad 10 \quad 5 \quad 125$$

① 3   ② 4

③ 5   ④ 6

⑤ 7

21 효진이가 집에서 서점까지 갈 때에는 시속 4km의 속력으로 걷고 집으로 되돌아올 때에는 시속 3km의 속력으로 걸어왔더니 이동시간만 7시간이 걸렸다고 한다. 집에서 서점까지의 거리는?

① 10km　　　　　　　　　　　② 11km

③ 12km　　　　　　　　　　　④ 13km

⑤ 14km

22 O대리는 집에서 거리가 14km 떨어진 회사에 출근할 때 자전거를 이용해 1시간 30분 동안 이동하고, 퇴근할 때는 회사에서 6.8km 떨어진 가죽공방을 들렸다가 취미활동 후 10km 거리를 이동하여 집에 도착한다. 퇴근할 때 회사에서 가죽공방까지 18분, 가죽공방에서 집까지 1시간이 걸린다면 O대리가 출·퇴근할 때 평균 속력은?

① 10km/h　　　　　　　　　　② 11km/h

③ 12km/h　　　　　　　　　　④ 13km/h

⑤ 14km/h

23 일정한 속력으로 달리는 기차가 400m 길이의 터널을 완전히 통과하는 데 10초, 800m 길이의 터널을 완전히 통과하는 데 18초가 걸렸다. 이 기차의 속력은?

① 50m/s　　　　　　　　　　　② 55m/s

③ 60m/s　　　　　　　　　　　④ 75m/s

⑤ 100m/s

24 세빈이는 이번 주말에 등산을 하였다. 올라갈 때에는 시속 4km로 걷고 내려올 때에는 올라갈 때보다 2km 더 먼 거리를 시속 6km의 속력으로 걸어 내려왔다. 올라갈 때와 내려올 때 걸린 시간이 같았다면 내려올 때 걸린 시간은?

① 1시간　　　　　　　　　　　② 1.5시간

③ 2시간　　　　　　　　　　　④ 2.5시간

⑤ 3시간

25 어떤 선수가 수영, 사이클, 마라톤으로 구성된 철인 3종 경기에 참여하였다. 전체 길이는 수영 구간 1.5km를 포함하여 총 51.5km이다. 이 선수가 사이클 구간에서는 시속 48km, 마라톤 구간에서는 시속 15km를 유지하며 수영 구간 18분을 포함하여 1시간 48분 만에 완주하였다. 이 경기에서 마라톤 구간의 길이는?

① 10km   ② 12.5km

③ 15km   ④ 17.5km

⑤ 20km

Hard

26 2~8의 자연수가 적힌 숫자 카드 7장이 있다. 7장의 카드 중 2장을 고를 때 고른 수의 합이 짝수가 될 확률은?(단, 한 번 뽑은 카드는 다시 넣지 않는다)

① $\dfrac{1}{2}$ ② $\dfrac{3}{7}$

③ $\dfrac{5}{14}$ ④ $\dfrac{3}{14}$

⑤ $\dfrac{2}{7}$

27 같은 회사에 다니는 A사원과 B사원이 건물 맨 꼭대기 층인 10층에서 엘리베이터를 함께 타고 내려갔다. 두 사원이 서로 다른 층에 내릴 확률은?(단, 두 사원 모두 지하에서는 내리지 않는다)

① $\dfrac{5}{27}$ ② $\dfrac{8}{27}$

③ $\dfrac{2}{3}$ ④ $\dfrac{8}{9}$

⑤ $\dfrac{77}{81}$

28 민석이의 지갑에는 1,000원, 5,000원, 10,000원짜리 지폐가 각각 8장씩 있다. 거스름돈 없이 물건 값 23,000원을 내려고 할 때 돈을 낼 수 있는 방법의 경우의 수는?

① 2가지   ② 3가지

③ 4가지   ④ 5가지

⑤ 6가지

29 서로 다른 소설책 7권과 시집 5권이 있다. 이 중에서 소설책 3권과 시집 2권을 선택하는 경우의 수는?

① 350가지   ② 360가지

③ 370가지   ④ 380가지

⑤ 390가지

30 O사는 토요일에 2명의 사원이 당직 근무를 하도록 사칙으로 규정하고 있다. O사의 A팀에는 8명의 사원이 있다. A팀이 앞으로 3주 동안 토요일 당직 근무를 한다고 했을 때, 가능한 모든 경우의 수는?(단, 모든 사원은 당직 근무를 2번 이상 서지 않는다)

① 1,520가지   ② 2,520가지

③ 5,040가지   ④ 10,080가지

⑤ 15,210가지

31 철수는 매일 1,000원씩, 영희는 800원씩 저금을 하기로 했다. 며칠 후 정산을 해보니 철수의 저금액이 영희의 2배가 되어 있었다. 영희가 철수보다 3일 후에 저금을 시작했다면, 정산은 며칠 후에 한 것일까?

① 7일   ② 8일

③ 9일   ④ 10일

⑤ 11일

32 육상선수 갑 ~ 병 세 사람이 운동장을 각각 8분에 4바퀴, 9분의 3바퀴, 4분에 1바퀴를 돈다. 세 사람이 4시 30분에 같은 방향으로 동시에 출발하였다면, 출발점에서 다시 만나는 시각은?

① 4시 39분   ② 4시 40분

③ 4시 41분   ④ 4시 42분

⑤ 4시 43분

33 갑은 A ~ C주식회사의 주식을 각각 20주, 30주, 40주를 가지고 있다. 세 회사의 모든 주식 가격을 합하면 258,000원이며, B회사의 5주 가격은 A회사의 5주 가격보다 3,500원 높다. 또한, A회사 2주와 B회사 1주 가격의 합이 C회사 3주 가격보다 200원 낮다. 갑자기 B회사 주식 가격이 처음보다 7배가 뛰어서 B회사 주식 모두를 판매하고 전망 있는 C회사 주식을 사려고 할 때, 몇 주를 살 수 있는가?(단, A와 C회사의 주식가격은 변동이 없다)

① 240주   ② 250주

③ 260주   ④ 270주

⑤ 280주

34 O사의 A, B부서는 각각 4명, 6명으로 구성되어 있다. A, B부서는 업무 관련 자격증 시험에 단체로 응시하였고, 이들의 전체 평균 점수는 84점이었다. A부서의 평균 점수가 81점이라고 할 때, B부서의 평균 점수는?

① 89점   ② 88점

③ 87점   ④ 86점

⑤ 85점

35 프로농구 결승전에서 A, B 두 팀이 시합했다. 2쿼터까지 A팀은 B팀보다 7점을 더 얻었고, 3쿼터와 4쿼터에 A팀은 B팀이 얻은 점수의 $\frac{3}{5}$을 얻어 75 : 78로 B팀이 이겼다. A팀이 3쿼터, 4쿼터에 얻은 점수는?

① 15점   ② 20점

③ 25점   ④ 30점

⑤ 35점

36 학원 선생님 O씨는 A ~ D학생 4명의 평균이 80점 이상일 경우 아이스크림을 사겠다고 약속했다. 제자 A, B, C의 성적이 각각 76점, 68점, 89점일 때, D학생이 몇 점 이상이면 아이스크림을 사겠는가?

① 87점   ② 88점

③ 89점   ④ 90점

⑤ 91점

37 어느 오리농장은 오리를 방목 사육하고 있고 개를 풀어 오리를 지키고 있다고 한다. 오리와 개의 다리 수의 합이 72이고 오리와 개의 수의 합이 33일 때, 오리와 개는 각각 몇 마리인가?

	오리	개
①	30마리	3마리
②	28마리	5마리
③	26마리	7마리
④	24마리	9마리

38 어느 회사에서 지난 달 마스크 제품 A, B를 합하여 6,000개를 생산하였다. 이번 달에 생산한 양은 지난달에 비하여 제품 A는 6% 증가하고, 제품 B는 4% 감소하여 전체 생산량은 2% 증가하였다고 한다. 이번 달 두 제품 A, B의 생산량의 차는?

① 1,500개 ② 1,512개
③ 1,524개 ④ 1,536개
⑤ 1,548개

39 민수가 아이들에게 노트를 나눠주려고 하는데 남는 노트가 없이 나눠주려고 한다. 7권씩 나눠주면 13명이 노트를 못 받고, 마지막으로 노트를 받은 아이는 2권밖에 받지 못해서 6권씩 나눠주었더니 10명이 노트를 못 받고, 마지막으로 노트를 받은 아이는 2권밖에 받지 못했다. 그렇다면 몇 권씩 나눠주어야 노트가 남지 않으면서 공평하게 나눠줄 수 있겠는가?

① 1권 ② 2권
③ 3권 ④ 4권
⑤ 5권

40 O사에서 2박 3일로 신입사원 OT 행사를 하기로 하였다. 김대리는 신입사원에게 할당된 방에 신입사원을 배정하는 업무를 맡았다. 다음 결과를 참고할 때 신입사원에게 주어진 방의 개수는?(단, 방 인원수가 배정인원 미만이 되는 경우는 없다)

- 한 방에 4명씩 방을 배정하면 12명이 방 배정을 못 받는다.
- 한 방에 6명씩 방을 배정하면 방이 2개가 남는다.

① 12개 ② 14개
③ 16개 ④ 24개
⑤ 26개

41 9개의 숫자 1, 2, 3, 4, 5, 6, 7, 8, 9 중에서 서로 다른 3개의 숫자를 택할 때, 각 자리의 수 중 어떤 두 수의 합도 9가 아닌 수를 만들려고 한다. 예를 들어 217은 조건을 만족시키지 않는다. 조건을 만족시키는 세 자리 자연수의 개수는?

① 144개   ② 168개

③ 250개   ④ 336개

⑤ 420개

42 O는 1시간에 책을 60페이지 읽는다. O가 40분씩 읽고 난 후 5분씩 휴식하면서 4시간 동안 읽으면 모두 몇 페이지를 읽겠는가?

① 215페이지   ② 220페이지

③ 230페이지   ④ 235페이지

⑤ 240페이지

43 너비는 같고 지름이 각각 10cm인 A롤러와 3cm인 B롤러로 각각 벽을 칠하는데, 처음으로 A와 B가 같은 면적을 칠했을 때 A, B롤러가 회전한 값의 합은?(단, 롤러는 1회전씩 칠하며 회전 중간에 멈추는 일은 없다)

① 11바퀴   ② 12바퀴

③ 13바퀴   ④ 14바퀴

⑤ 15바퀴

`Hard`

44 방식이 다른 두 종류의 프린터 A, B가 있다. 두 프린터를 동시에 사용하여 100장을 프린트한다고 할 때, A프린터 3대와 B프린터 2대를 사용하면 4분이 걸리고, A프린터 4대와 B프린터 1대를 사용하면 5분이 걸린다. A프린터 2대와 B프린터 3대를 동시에 사용할 때, 100장을 프린트하는 데 걸리는 시간은?(단, 각 프린터마다 1장을 프린트하는 시간은 일정하다)

① 4분 20초   ② 4분

③ 3분 20초   ④ 3분

⑤ 2분 30초

45 A매장에서는 직원 6명이 마감청소를 하는 데 5시간이 걸린다. 이때, 리모델링 작업을 진행하기 위해 3시간 만에 마감청소를 끝낼 수 있도록 단기 직원을 추가로 고용한다면, 필요한 단기 직원의 수는?(단, 모든 직원의 능률은 동일하다)

① 2명   ② 3명

③ 4명   ④ 5명

⑤ 6명

46 반도체 부품을 만드는 공장이 있는데 이 공장에는 구형기계와 신형기계, 두 종류의 기계가 있다. 구형기계 3대와 신형기계 5대를 가동했을 때는 1시간에 부품을 4,200개, 구형기계 5대와 신형기계 3대를 가동했을 때는 1시간에 부품을 3,000개를 만들 수 있다. 구형기계와 신형기계 각각 1대씩을 가동했을 때는 1시간에 만들 수 있는 부품의 개수는?

① 900개   ② 1,000개

③ 1,100개   ④ 1,200개

⑤ 1,300개

47 철수는 아르바이트해서 원래 가지고 있던 돈의 4배가 되었다. 그 후에 2만 원짜리 게임기를 사고 남은 돈의 70%를 저금하였는데 그 저금한 돈이 14,000원이었다. 이때, 철수가 원래 가지고 있던 돈의 금액은?

① 6,000원   ② 8,000원

③ 10,000원   ④ 12,000원

⑤ 14,000원

48 총무부에서 사무용품을 구매하려고 한다. 매번 구매해 온 문구점의 연필 한 자루는 1,000원인데, 거래처 특별할인으로 한 타를 사면 20%를 할인해준다. 한 타를 사는 것이 낱개로 살 때보다 얼마 더 저렴한가?(단, 한 타는 12자루이다)

① 2,000원   ② 2,200원

③ 2,400원   ④ 2,600원

⑤ 2,800원

49 어느 빵집에서 케이크 한 개에 재료비 5만 원을 들여 만든 케이크 50개를 10% 이윤을 남기고 팔려고 했는데, 재료 수급에 문제가 생겨 20개밖에 만들 수 없게 되었다. 원래의 계획대로 50개를 만들었을 때 남는 이윤과 같은 이윤을 남기기 위해서는 케이크의 가격을 얼마로 책정해야 하는가?

① 57,500원　　　　　　　　　　　② 59,000원

③ 60,000원　　　　　　　　　　　④ 62,500원

⑤ 65,000원

Hard

50 500개의 달걀을 개당 10원으로 매입하였다. 그중 10%가 깨져도 전체적으로 10% 이상의 이익을 올리려면 개당 정가를 적어도 얼마로 해야 하는가?

① 13원　　　　　　　　　　　② 14원

③ 15원　　　　　　　　　　　④ 16원

⑤ 17원

51 한 영화관의 평일 특별관 티켓 정가는 25,000원이며, 주말 특별관 티켓 정가는 이보다 20% 더 비싸다. 만약 이 영화관이 지역 주민을 대상으로 모든 티켓 가격을 10% 인하된 가격에 판매하는 이벤트를 진행한다면, 할인된 주말 티켓 가격은 원래 주말 티켓 정가와 비교하면 얼마나 더 저렴하게 판매되겠는가?

① 2,500원　　　　　　　　　　　② 3,000원

③ 3,500원　　　　　　　　　　　④ 4,000원

⑤ 4,500원

52 첫째와 둘째, 둘째와 셋째의 나이 차이가 일정한 3명의 형제가 있다. 둘째 나이의 3배는 아버지 나이와 같고, 아버지 나이에서 첫째 나이를 빼면 23살이다. 내년에 아버지의 나이는 셋째 나이의 4배보다 4살 적게 될 때, 올해 셋째 나이는?

① 8살　　　　　　　　　　　② 9살

③ 10살　　　　　　　　　　　④ 11살

⑤ 12살

53 첫째와 둘째, 둘째와 셋째의 터울이 각각 3살인 A ~ C 삼형제가 있다. 3년 후면 막내 C의 나이는 첫째 A 나이의 $\frac{2}{3}$ 가 된다고 한다. A ~ C의 나이를 모두 더한 값은?

① 33
② 36
③ 39
④ 45
⑤ 48

54 O사의 연구부서에 4명의 연구원 A ~ D가 있다. B, C연구원의 나이의 합은 A, D연구원 나이의 합보다 5살 적고, A연구원은 C연구원보다는 2살 많으며, D연구원보다 5살 어리다. A연구원이 30살일 때, B연구원의 나이는?

① 28살
② 30살
③ 32살
④ 34살
⑤ 36살

Easy
55 어떤 마을에 A장터는 25일마다 열리고 B장터는 30일마다 열리는데 1월 18일에 두 장터가 같이 열렸다. 1월 18일이 목요일이라면, 다음 두 장터가 같이 열리는 날은 무슨 요일이겠는가?

① 일요일
② 월요일
③ 화요일
④ 수요일
⑤ 목요일

56 O사는 신입사원들을 대상으로 3개월 동안 의무적으로 강연을 듣게 하였다. 강연은 월요일과 수요일에 1회씩 열리고 금요일에는 격주로 1회씩 열린다고 할 때, 8월 1일 월요일에 처음 강연을 들은 신입사원이 13번째 강연을 듣는 날은?(단, 첫 주 금요일 강연은 열리지 않았다)

① 8월 31일
② 9월 2일
③ 9월 5일
④ 9월 7일
⑤ 9월 9일

57 A회사와 B회사의 휴무 간격은 각각 5일, 7일이다. 일요일인 오늘 두 회사가 함께 휴일을 맞았다면, 앞으로 4번째로 함께하는 휴일은 무슨 요일인가?

① 수요일　　　　　　　　　　② 목요일
③ 금요일　　　　　　　　　　④ 토요일
⑤ 일요일

58 20%의 소금물 100g이 있다. 소금물 xg을 덜어내고, 덜어낸 양만큼의 소금을 첨가하였다. 거기에 11%의 소금물 yg을 섞었더니 26%의 소금물 300g이 되었다. 이때 $x+y$의 값은?

① 195　　　　　　　　　　　② 213
③ 235　　　　　　　　　　　④ 245
⑤ 315

59 농도가 14%로 오염된 물 50g이 있다. 깨끗한 물을 채워서 오염농도를 4%p 줄이기 위해 넣어야 하는 깨끗한 물의 양은?

① 25g　　　　　　　　　　　② 20g
③ 15g　　　　　　　　　　　④ 10g
⑤ 5g

60 지혜는 농도가 7%인 300g 소금물과 농도가 8%인 500g 소금물을 모두 섞었다. 섞은 소금물의 물을 증발시켜 농도가 10% 이상인 소금물을 만들려고 할 때, 지혜가 증발시켜야 하는 물의 양은 최소 몇 g 이상인가?

① 200g　　　　　　　　　　② 190g
③ 185g　　　　　　　　　　④ 175g
⑤ 170g

※ 다음 중 주어진 전개도로 정육면체를 만들 때, 만들어질 수 없는 것을 고르시오. [1~7]

01

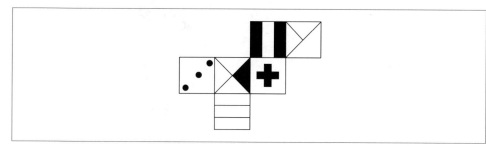

①

②

③

④

⑤

02

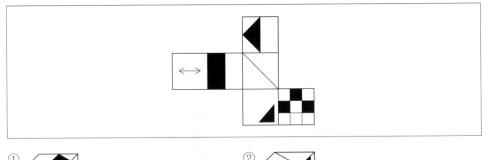

①

②

③

④

⑤

03

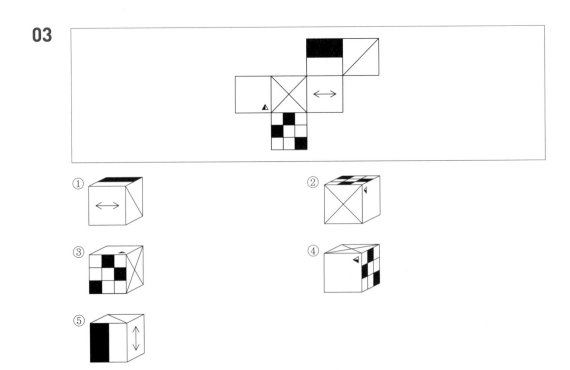

04

①    ②

③   ④

⑤

05

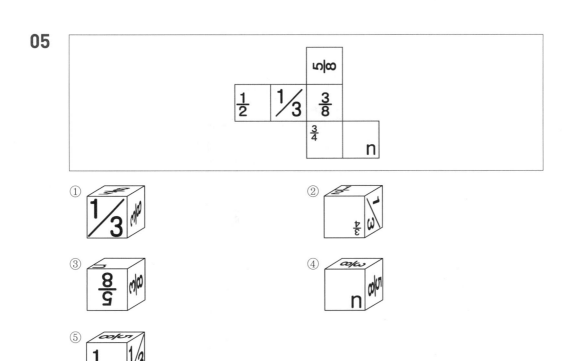

06

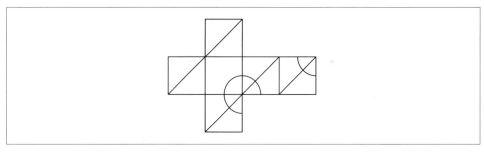

① 　②

③ 　④

⑤

07

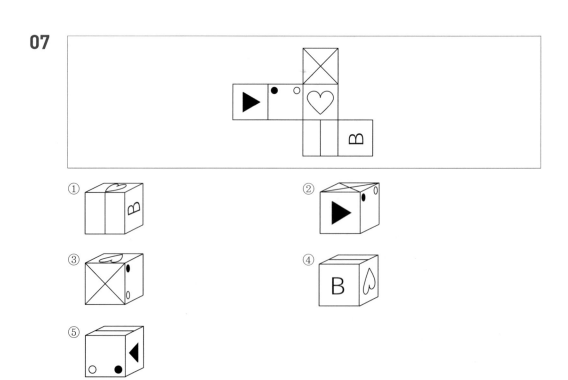

※ 다음 중 제시된 전개도를 접었을 때 나타나는 입체도형으로 적절한 것을 고르시오. [8~10]

08

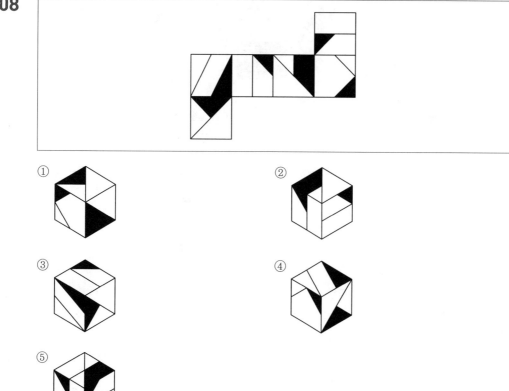

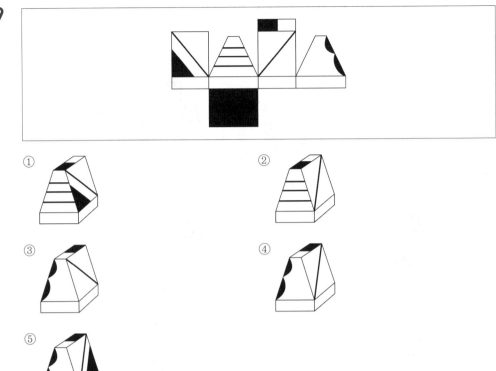

① ② ③ ④ ⑤

10

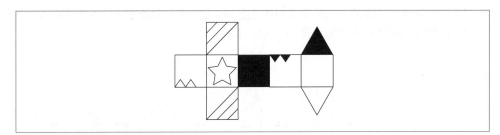

①

②

③

④

⑤

※ 다음 그림과 같이 화살표 방향으로 종이를 접은 후, 펀치로 구멍을 뚫거나 일부분을 잘라내어 다시 펼쳤을 때의 그림으로 적절한 것을 고르시오. [11~13]

11

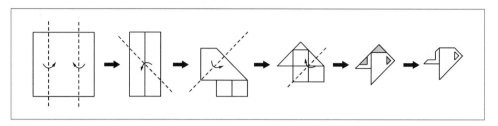

①

②

③

④

⑤

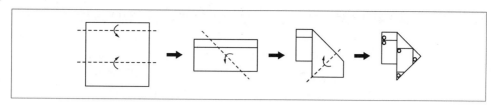

① 　②

③ 　④

⑤

13

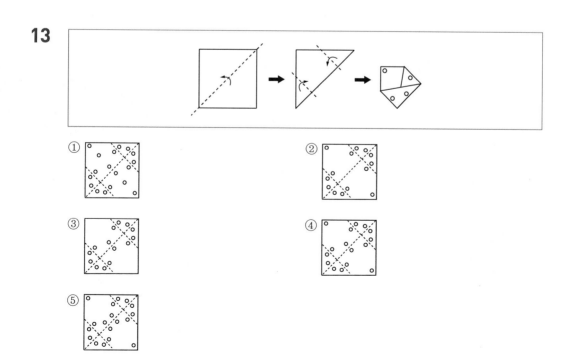

14 다음 그림과 같이 접었을 때, 나올 수 있는 뒷면의 모양으로 적절한 것은?

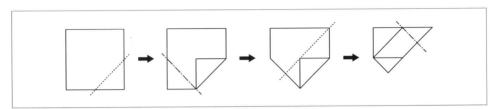

①

②

③

④

⑤

15 다음 중 제시된 그림에서 찾을 수 없는 조각은?

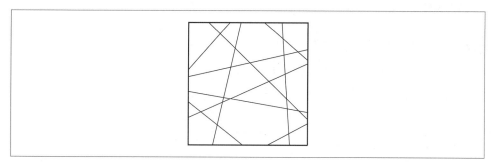

①

②

③

④

⑤

16 다음 중 주어진 도형을 만들기 위해 필요하지 않은 조각은?

①

②

③

④

⑤

※ 다음 제시된 조각을 조합하였을 때 만들 수 없는 도형을 고르시오(단, 조각은 회전만 가능하다).
  [17~18]

17

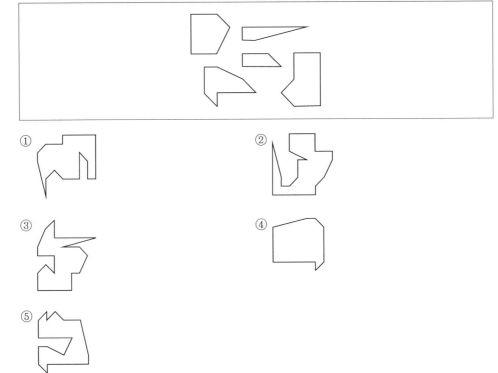

18

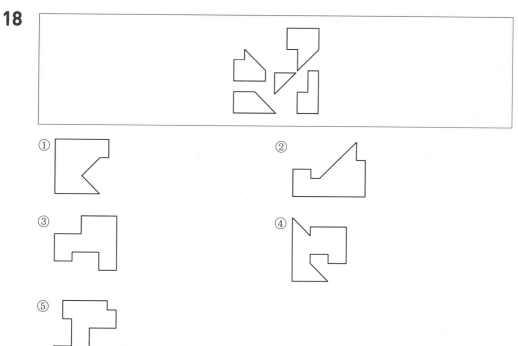

①

②

③

④

⑤

※ 다음 제시된 단면과 일치하는 입체도형을 고르시오. [19~22]

19

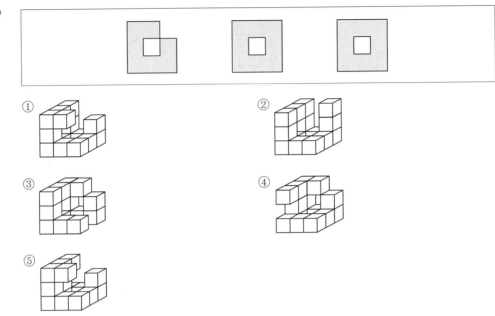

20

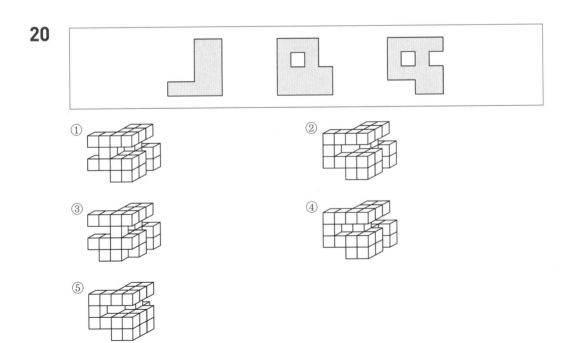

21

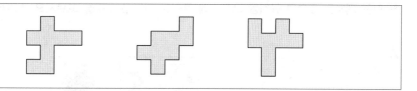

①

②

③

④

⑤

22

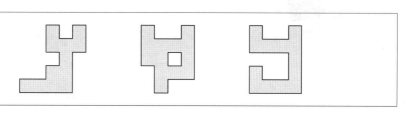

①

②

③

④

⑤

23

①

②

③

④

⑤

24

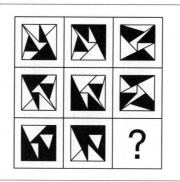

①

②

③

④

⑤

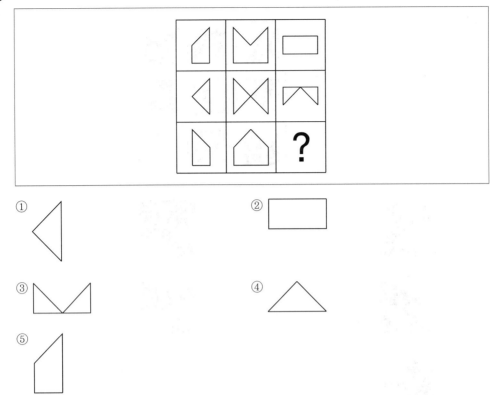

①

②

③

④

⑤

26

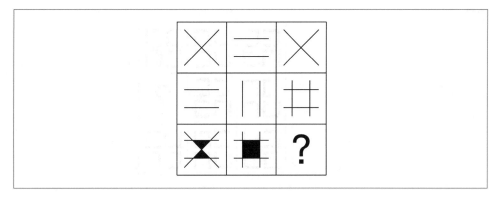

①

②

③

④

⑤

PART 2

27

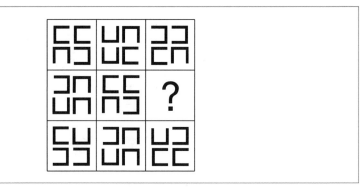

①

②

③

④

⑤

28

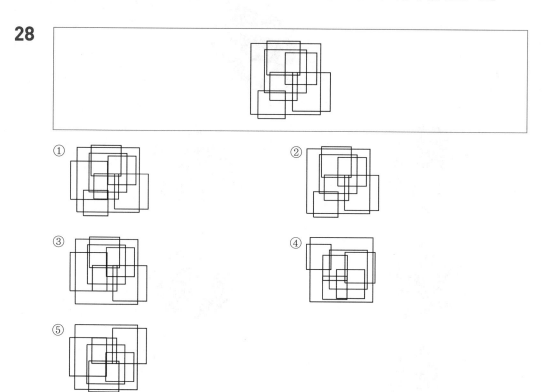

PART 2

29

①

②

③

④

⑤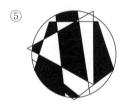

30

①   ②

③   ④

⑤

31

①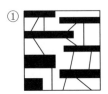

②

③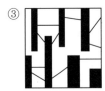

④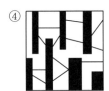

⑤

32 다음 중 제시된 도형과 다른 것은?

①

②

③

④

⑤

33

①

②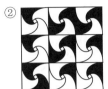

③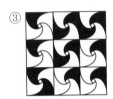

④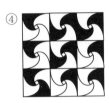

⑤

34

①

②

③

④

⑤

35

①

②

③

④

⑤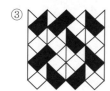

36

①

②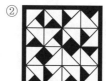

③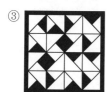

④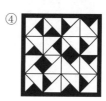

⑤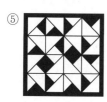

37

①

②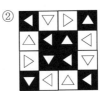

③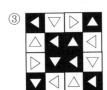

④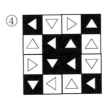

⑤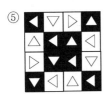

38 다음 도형을 180° 회전한 후, 상하 반전한 모양은?

①

②

③

④

⑤

39 다음 도형을 시계 반대 방향으로 45° 회전한 후, 좌우 반전했을 때의 모양은?

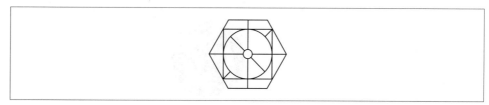

①

②

③

④

⑤

40 다음 도형을 시계 반대 방향으로 270° 회전한 후, 좌우 반전한 모양은?

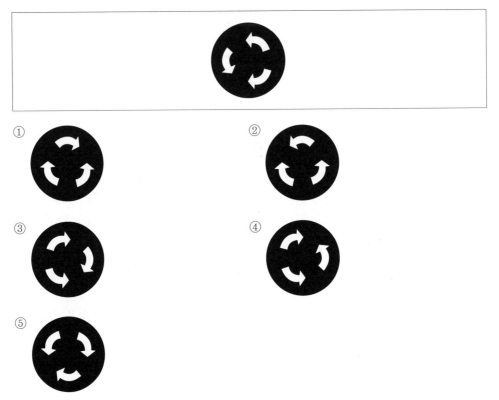

①

②

③

④

⑤

41 다음 도형을 시계 방향으로 90° 회전한 후, 좌우 반전한 모양은?

①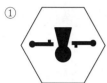

②

③

④

⑤

42 다음 도형을 상하 반전한 후, 시계 반대 방향으로 90° 회전한 모양은?

①

②

③

④

⑤

※ 다음과 같은 모양을 만드는 데 사용된 블록의 개수를 고르시오(단, 보이지 않는 곳의 블록은 있다고 가정한다). [43~44]

43

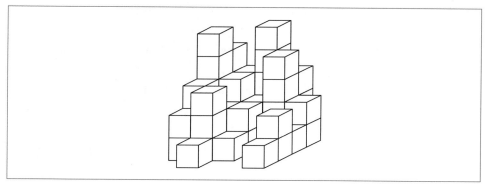

① 49개   ② 51개

③ 52개   ④ 53개

⑤ 55개

44

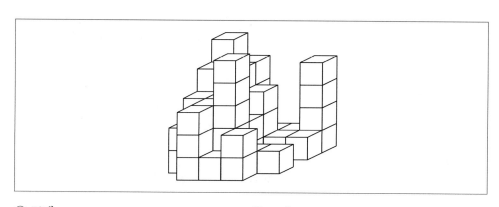

① 52개   ② 53개

③ 54개   ④ 55개

⑤ 56개

※ 다음 도식에서 기호들은 일정한 규칙에 따라 문자를 변화시킨다. ?에 들어갈 알맞은 문자를 고르시오
(단, 규칙은 가로와 세로 중 한 방향으로만 적용된다). [45~48]

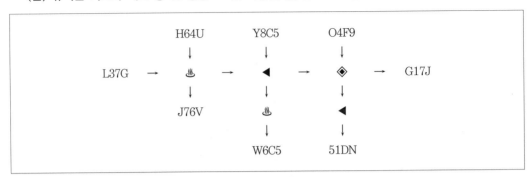

45

$$S4X8 \rightarrow ♨ \rightarrow ◈ \rightarrow ?$$

① 37YT
② YT37
③ 95ZU
④ 5Z9U
⑤ Y73T

46

$$W53M \rightarrow ◀ \rightarrow ◈ \rightarrow ?$$

① L12S
② M32P
③ L21S
④ MP32
⑤ 3M2P

47

$$T83I \rightarrow ♨ \rightarrow ◀ \rightarrow ?$$

① H52Q   ② Q52H

③ R63I   ④ 63SI

⑤ 6S3I

Hard

48

$$6SD2 \rightarrow ◀ \rightarrow ◈ \rightarrow ♨ \rightarrow ?$$

① 34RE   ② 4R3E

③ D43R   ④ R4D3

⑤ 3QD3

※ 다음 도식에서 기호들은 일정한 규칙에 따라 문자를 변화시킨다. ?에 들어갈 알맞은 문자를 고르시오 (단, 규칙은 가로와 세로 중 한 방향으로만 적용된다). [49~52]

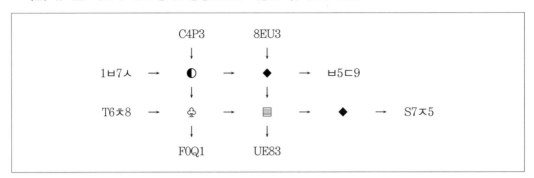

49

E73ㅎ → ◆ → ♣ → ?

① Cㅌ63   ② ㅍD62
③ Cㅌ26   ④ Dㅍ46
⑤ D73ㅍ

50

5ㅅㄱ9 → ▤ → ◆ → ?

① 59ㄱㅅ   ② ㅅ95ㄱ
③ ㄴ84ㅂ   ④ 48ㅂㄴ
⑤ ㄴ47ㅂ

51

2○7M → ♧ → ◐ → 目 → ?

① M85ㄷ ② Mㄹ85

③ 75Kㄷ ④ K8ㄹ5

⑤ 7K5ㄷ

52

4JR5 → ◆ → ◐ → ♧ → ?

① KP80 ② Q0J7

③ QJ07 ④ 07QJ

⑤ 80KP

※ 다음 도식에서 기호들은 일정한 규칙에 따라 문자를 변화시킨다. ?에 들어갈 알맞은 문자를 고르시오
 (단, 규칙은 가로와 세로 중 한 방향으로만 적용된다). **[53~56]**

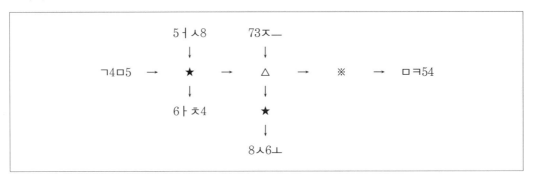

Easy
53

6ㅜ1ㅂ → △ → ※ → ?

① 38ㅅㅠ   ② 49ㅊ___
③ 3ㅅㅠ8   ④ 3ㅓㅅ8
⑤ 94ㅣㅈ

54

4ㄷㅅ7 → ★ → ※ → ?

① 46ㅎㄷ   ② ㄷㅍ63
③ 7ㄷㅌ5   ④ 36ㄷㅊ
⑤ 8ㄹㅍ6

55

$$ㅛㅅ68 → ★ → △ → ?$$

① ㅁ49ㅜ
② ㅁㅜ49
③ ㅜ9ㅁ4
④ ㅠ8ㅂ5
⑤ ㅂㅠ58

56

$$13ㄹㅋ → ※ → △ → ★ → ?$$

① 84ㅁㅌ
② 6ㅁ4ㅌ
③ 5ㅁ9ㅊ
④ 64ㅌㅁ
⑤ ㅁㅊ59

※ 다음 도식에서 기호들은 일정한 규칙에 따라 문자를 변화시킨다. ?에 들어갈 알맞은 문자를 고르시오
(단, 규칙은 가로와 세로 중 한 방향으로만 적용된다). [57~60]

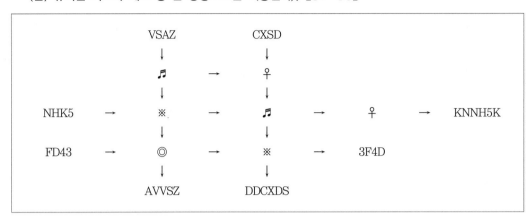

57

VSXA → ♀ → ?

① AXSVA ② AVSXA

③ SXAVV ④ VSXAV

⑤ ESXAV

58

V6D → ♫ → ※ → ?

① VVD6 ② D6VV

③ 6DVV ④ 6VDD

⑤ VD66

59

$$UYO \rightarrow \textcircled{\circ} \rightarrow ♀ \rightarrow ?$$

① YOUY

② OUYY

③ UOOY

④ UOYY

⑤ YOOY

60

$$JLP \rightarrow ♬ \rightarrow ※ \rightarrow \textcircled{\circ} \rightarrow ?$$

① JJPL

② PPLJ

③ LJJP

④ JPLL

⑤ PLJL

합 격 의
공 식
SD에듀

인생이란 결코 공평하지 않다. 이 사실에 익숙해져라.

- 빌 게이츠 -

PART 3

인성검사

01 오뚜기그룹 인성검사

인성검사는 오뚜기그룹의 인재상에 적합한 인재인지 평가하는 테스트로, 지원자의 개인 성향이나 인성에 관한 질문으로 구성되어 있다.

질문에 대하여 '① 전혀 그렇지 않다, ② 그렇지 않다, ③ 보통이다, ④ 그렇다, ⑤ 매우 그렇다' 중 한 개를 각각 선택 후 각 문항을 비교하여 상대적으로 자신의 성격과 가장 가까운 문항 '하나'와 가장 거리가 먼 문장 '하나'를 선택하는 유형이다.

질문	답안 1					답안 2	
	①	②	③	④	⑤	멀다	가깝다
A. 과거의 일에 괘념하지 않는다.	□	□	□	□	☑	□	☑
B. 상심했던 경험을 쉽게 극복하지 못한다.	□	□	☑	□	□	□	□
C. 중병에 걸린 것은 아닌지 걱정하곤 한다.	□	☑	□	□	□	☑	□
D. 예측할 수 없는 미래에 대해 별로 염려하지 않는다.	□	☑	□	□	□	☑	□

오뚜기그룹 인성검사의 특징은 4문항 모두 좋은 내용이 나오거나 나쁜 내용이 나오기 때문에 가치관의 비교를 빠른 시간 안에 계속 해야 한다는 것이다. 그렇기 때문에 막연히 좋은 문항은 높은 점수를, 나쁜 문항은 낮은 점수를 매기다보면 가치관이 불분명해지거나 일관성이 없어 보이게 되고, 그렇게 되면 채용담당자에게 좋지 않은 영향을 끼치게 된다.

인성검사에서 가장 중요한 것은 솔직한 답변이다. 지금까지 경험을 통해서 축적되어 온 생각과 행동을 허구 없이 솔직하게 기재하는 것이다. 예를 들어, "나는 타인의 물건을 훔치고 싶은 충동을 느껴본 적이 있다."라는 질문에 지원자는 많은 생각을 하게 된다. 유년기에 또는 성인이 되어서도 타인의 물건을 훔치는 일을 한 적이 없더라도, 훔치고 싶은 마음의 충동은 누구나 조금이라도 느껴 보았을 것이다. 그런데 이 질문에 고민을 하는 지원자는 "예"라고 답하면 검사결과에 자신이 사회적으로 문제가 있는 사람으로 나오지 않을까 하는 생각에 "아니요"라는 답을 기재하게 된다. 이런 솔직하지 않은 답은 답안의 신뢰와 타당성 척도에 좋지 않은 점수를 주게 된다.

일관성 있는 답 역시 중요하다. 인성검사의 수많은 문항 중에는 비슷한 내용의 질문이 여러 개 숨어 있는 경우가 많다. 이러한 질문들은 지원자의 솔직한 답변과 심리적인 상태를 알아보기 위한 것이다. 가령 "나는 유년시절 타인의 물건을 훔친 적이 있다."라는 질문에 "예"라고 답했는데, "나는 유년시절 타인의 물건을 훔쳐보고 싶은 충동을 느껴본 적이 있다."라는 질문에는 "아니요"라고 답을 기재한다면 어떻겠는가. 일관성 없이 '대충 기재하자.'라는 식의 무성의한 답안이 되거나, 정신적으로 문제가 있는 사람으로 보일 수 있다. 인성검사는 수많은 문항을 풀어야 하기 때문에 피검사자들은 지루함과 따분함, 반복되는 질문에 의한 인내 상실 등이 나타날 수 있다. 인내를 가지고 솔직하게 내 생각을 대답하는 것이 무엇보다 중요한 요령이 될 것이다.

(1) 충분한 휴식으로 불안을 없애고 정서적인 안정을 취한다. 심신이 안정되어야 자신의 마음을 표현할 수 있다.

(2) 생각나는 대로 솔직하게 응답한다. 자신을 너무 과대포장하지도, 너무 비하시키지도 마라. 답변을 꾸며서 하면 앞뒤가 맞지 않게끔 구성돼 있어 불리한 평가를 받게 되므로 솔직하게 답하도록 한다.

(3) 검사문항에 대해 지나치게 생각해서는 안 된다. 지나치게 몰두하면 엉뚱한 답변이 나올 수 있으므로 불필요한 생각은 삼간다.

(4) 검사시간에 너무 신경 쓸 필요는 없다. 인성검사는 시간제한이 없는 경우가 많으며 시간제한이 있다 해도 충분한 시간이다.

(5) 인성검사는 대개 문항 수가 많기에 자칫 건너뛰는 경우가 있는데, 가능한 한 모든 문항에 답해야 한다. 응답하지 않은 문항이 많을 경우 평가자가 정확한 평가를 내리지 못해 불리한 평가를 내릴 수 있기 때문이다.

PART 3

※ 인성검사는 정답이 따로 없는 유형의 검사이므로 결과지를 제공하지 않습니다.

※ 각 문항을 읽고, ① ~ ⑤ 중 자신에게 맞는 것을 선택하시오. 그리고 4문항 중 자신의 성격과 가장 먼 문항(멀다)와 가까운 문항(가깝다)을 하나씩 선택하시오(① 전혀 그렇지 않다, ② 그렇지 않다, ③ 보통이다, ④ 그렇다, ⑤ 매우 그렇다). [1~75]

01

문항	답안 1					답안 2	
	①	②	③	④	⑤	멀다	가깝다
A. 컨디션에 따라 기분이 잘 변한다.	☐	☐	☐	☐	☐	☐	☐
B. 당혹감을 잘 느끼지 못하는 편이다.	☐	☐	☐	☐	☐	☐	☐
C. 정서적인 반응이 적고 무신경한 편이다.	☐	☐	☐	☐	☐	☐	☐
D. 자신에게 우울증, 불안장애가 있는지 의심하곤 한다.	☐	☐	☐	☐	☐	☐	☐

02

문항	답안 1					답안 2	
	①	②	③	④	⑤	멀다	가깝다
A. 자기주장이 강한 편이다.	☐	☐	☐	☐	☐	☐	☐
B. 인간관계에 거리를 두는 편이다.	☐	☐	☐	☐	☐	☐	☐
C. 어떠한 일이 있어도 출세하고 싶다.	☐	☐	☐	☐	☐	☐	☐
D. 별로 유쾌하지 않으며 내향적이지만 자신이 불행하다고 느끼지 않는다.	☐	☐	☐	☐	☐	☐	☐

03

문항	답안 1					답안 2	
	①	②	③	④	⑤	멀다	가깝다
A. 감수성이 풍부하다는 평가를 받곤 한다.	☐	☐	☐	☐	☐	☐	☐
B. 신기한 것보다는 익숙한 것에 눈길이 간다.	☐	☐	☐	☐	☐	☐	☐
C. 감정을 중시하지 않아 정서가 무딘 편이다.	☐	☐	☐	☐	☐	☐	☐
D. 권위와 전통은 윤리처럼 반드시 지켜야 하는 것이다.	☐	☐	☐	☐	☐	☐	☐

04

문항	답안 1					답안 2	
	①	②	③	④	⑤	멀다	가깝다
A. 다른 사람의 일에 관심이 거의 없다.	☐	☐	☐	☐	☐	☐	☐
B. 성격이 사근사근하고 솔직한 편이다.	☐	☐	☐	☐	☐	☐	☐
C. 너무 자만하지 말라는 핀잔을 받곤 한다.	☐	☐	☐	☐	☐	☐	☐
D. 다소 떳떳하지 않아도 치부(致富)하는 것이 먼저라고 생각한다.	☐	☐	☐	☐	☐	☐	☐

05

문항	답안 1					답안 2	
	①	②	③	④	⑤	멀다	가깝다
A. 노력의 여하보다 결과가 중요하다.	☐	☐	☐	☐	☐	☐	☐
B. 사물을 신중하게 생각하는 편이다.	☐	☐	☐	☐	☐	☐	☐
C. 자신의 준비성과 능력이 부족함을 느낀다.	☐	☐	☐	☐	☐	☐	☐
D. 과제를 반드시 완수해야 한다는 강박을 느끼곤 한다.	☐	☐	☐	☐	☐	☐	☐

06

문항	답안 1					답안 2	
	①	②	③	④	⑤	멀다	가깝다
A. 살다 보면 힘든 일이 너무 많다.	☐	☐	☐	☐	☐	☐	☐
B. 언짢은 감정을 금방 삭이는 편이다.	☐	☐	☐	☐	☐	☐	☐
C. 고민이 생겨도 심각하게 생각하지 않는다.	☐	☐	☐	☐	☐	☐	☐
D. 어떤 경우에도 상황을 절망적으로 보지 않는다.	☐	☐	☐	☐	☐	☐	☐

07

문항	답안 1					답안 2	
	①	②	③	④	⑤	멀다	가깝다
A. 몸으로 부딪쳐 도전하는 편이다.	☐	☐	☐	☐	☐	☐	☐
B. 어수선한 번화가에서 열정을 느끼곤 한다.	☐	☐	☐	☐	☐	☐	☐
C. 나서기보다는 남의 리드를 따르는 편이다.	☐	☐	☐	☐	☐	☐	☐
D. 권투처럼 격렬한 것보다는 바둑처럼 정적인 스포츠를 선호한다.	☐	☐	☐	☐	☐	☐	☐

08

문항	답안 1					답안 2	
	①	②	③	④	⑤	멀다	가깝다
A. 미지의 세계를 동경하는 편이다.	☐	☐	☐	☐	☐	☐	☐
B. 예술 작품에 별로 흥미를 느끼지 못한다.	☐	☐	☐	☐	☐	☐	☐
C. 검증을 거치지 않은 것은 받아들일 수 없다.	☐	☐	☐	☐	☐	☐	☐
D. 미완성작은 자유롭게 상상할 여지가 많아서 가치가 있다고 생각한다.	☐	☐	☐	☐	☐	☐	☐

09

문항	답안 1					답안 2	
	①	②	③	④	⑤	멀다	가깝다
A. 우월감을 자랑하곤 한다.	☐	☐	☐	☐	☐	☐	☐
B. 타인에게 간섭받는 것을 싫어한다.	☐	☐	☐	☐	☐	☐	☐
C. 남으로부터 배려심이 깊다는 말을 듣는다.	☐	☐	☐	☐	☐	☐	☐
D. 협상에서는 역지사지(易地思之)가 가장 중요하다.	☐	☐	☐	☐	☐	☐	☐

10

문항	답안 1					답안 2	
	①	②	③	④	⑤	멀다	가깝다
A. 맡겨진 일은 기필코 끝을 맺는다.	☐	☐	☐	☐	☐	☐	☐
B. 빨리 처리해야 할 일도 미루곤 한다.	☐	☐	☐	☐	☐	☐	☐
C. 자신이 준비된 인재라고 생각할 때가 많다.	☐	☐	☐	☐	☐	☐	☐
D. 기존의 계획을 엄수하기보다는 임기응변에 강하다고 생각한다.	☐	☐	☐	☐	☐	☐	☐

11

문항	답안 1					답안 2	
	①	②	③	④	⑤	멀다	가깝다
A. 지나치게 감상적일 때가 종종 있다.	☐	☐	☐	☐	☐	☐	☐
B. 대수롭지 않은 일로 눈물을 흘리곤 한다.	☐	☐	☐	☐	☐	☐	☐
C. 대개의 경우에는 상황을 낙관적으로 본다.	☐	☐	☐	☐	☐	☐	☐
D. 일을 성공시키지 못해도 낙담하거나 불평하지 않는다.	☐	☐	☐	☐	☐	☐	☐

12

문항	답안 1					답안 2	
	①	②	③	④	⑤	멀다	가깝다
A. 바쁜 생활에서 활력과 생동감을 느낀다.	☐	☐	☐	☐	☐	☐	☐
B. 친구들과 함께 단체경기를 즐기는 편이다.	☐	☐	☐	☐	☐	☐	☐
C. 혼자 있는 게 좋아 사회적 자극을 피한다.	☐	☐	☐	☐	☐	☐	☐
D. 남들보다 높은 위치에서 그들에게 영향을 끼치는 것에 관심이 없다.	☐	☐	☐	☐	☐	☐	☐

13

문항	답안 1					답안 2	
	①	②	③	④	⑤	멀다	가깝다
A. 지식욕이 많지 않다고 생각한다.	☐	☐	☐	☐	☐	☐	☐
B. 상상력은 별로 중요하지 않다고 생각한다.	☐	☐	☐	☐	☐	☐	☐
C. 자신만의 예술관으로 작품을 감상하려 한다.	☐	☐	☐	☐	☐	☐	☐
D. 독서할 때 미적 감성이 독특한 작품을 선호한다.	☐	☐	☐	☐	☐	☐	☐

14

문항	답안 1					답안 2	
	①	②	③	④	⑤	멀다	가깝다
A. 타인들을 좀처럼 의심하지 않는 편이다.	☐	☐	☐	☐	☐	☐	☐
B. 자신의 권익을 적극적으로 주장하는 편이다.	☐	☐	☐	☐	☐	☐	☐
C. 이재민 구호 단체에 성금을 보내곤 한다.	☐	☐	☐	☐	☐	☐	☐
D. 지나친 겸손은 예의가 아니며 과시욕은 자연스러운 욕망이라고 생각한다.	☐	☐	☐	☐	☐	☐	☐

15

문항	답안 1					답안 2	
	①	②	③	④	⑤	멀다	가깝다
A. 일주일의 계획을 만드는 것을 좋아한다.	☐	☐	☐	☐	☐	☐	☐
B. 책임 의식이 부족하다는 평가를 받곤 한다.	☐	☐	☐	☐	☐	☐	☐
C. 공부를 열심히 하지 않아도 마음이 느긋하다.	☐	☐	☐	☐	☐	☐	☐
D. 공간을 효율적으로 활용하도록 가재도구를 깔끔하게 수납할 수 있다.	☐	☐	☐	☐	☐	☐	☐

16

문항	답안 1					답안 2	
	①	②	③	④	⑤	멀다	가깝다
A. 화가 나도 참아 넘길 때가 많다.	☐	☐	☐	☐	☐	☐	☐
B. 슬픈 일을 당해도 비참하지 않으려 한다.	☐	☐	☐	☐	☐	☐	☐
C. 구매욕을 잘 참지 못해 적자를 내곤 한다.	☐	☐	☐	☐	☐	☐	☐
D. 우울감, 열등감에 빠지면 쉽게 떨쳐버리지 못한다.	☐	☐	☐	☐	☐	☐	☐

17

문항	답안 1					답안 2	
	①	②	③	④	⑤	멀다	가깝다
A. 남들과 가깝게 왕래하지 않는 편이다.	☐	☐	☐	☐	☐	☐	☐
B. 크게 행복하진 않지만 불행하지도 않다.	☐	☐	☐	☐	☐	☐	☐
C. 위험을 무릅쓰는 스포츠를 즐기는 편이다.	☐	☐	☐	☐	☐	☐	☐
D. 함께 일할 사람을 1명만 뽑는다면 유쾌하고 명랑한 사람을 뽑겠다.	☐	☐	☐	☐	☐	☐	☐

18

문항	답안 1					답안 2	
	①	②	③	④	⑤	멀다	가깝다
A. 새로운 생각들의 영향을 잘 받는 편이다.	☐	☐	☐	☐	☐	☐	☐
B. 실험적인 것보다는 검증된 것을 선호한다.	☐	☐	☐	☐	☐	☐	☐
C. 검증되고 원금이 확실히 보장돼야 투자한다.	☐	☐	☐	☐	☐	☐	☐
D. 호기심을 강하게 느끼며 감정을 중시하는 편이다.	☐	☐	☐	☐	☐	☐	☐

19

문항	답안 1					답안 2	
	①	②	③	④	⑤	멀다	가깝다
A. 이윤 확대보다는 상생이 먼저라고 생각한다.	☐	☐	☐	☐	☐	☐	☐
B. 알력이 발생하면 자신의 입장을 고수한다.	☐	☐	☐	☐	☐	☐	☐
C. 갈등을 겪을 때 상대방에게 의존하곤 한다.	☐	☐	☐	☐	☐	☐	☐
D. 진정으로 신뢰하고 마음을 허락할 수 있는 사람은 없다.	☐	☐	☐	☐	☐	☐	☐

20

문항	답안 1					답안 2	
	①	②	③	④	⑤	멀다	가깝다
A. 자신이 경솔하다고 자주 느낀다.	☐	☐	☐	☐	☐	☐	☐
B. 돌다리는 두드리지 않고 건너는 편이다.	☐	☐	☐	☐	☐	☐	☐
C. 실패해도 성공할 때까지 계속 도전한다.	☐	☐	☐	☐	☐	☐	☐
D. 일의 다음 단계로 넘어가기 전에 반성과 피드백을 통해 완성도를 높이려 한다.	☐	☐	☐	☐	☐	☐	☐

21

문항	답안 1					답안 2	
	①	②	③	④	⑤	멀다	가깝다
A. 사는 것이 힘들다고 느낀 적은 없다.	☐	☐	☐	☐	☐	☐	☐
B. 사물의 밝은 면만을 보려고 노력한다.	☐	☐	☐	☐	☐	☐	☐
C. 오랜 번민으로 심한 괴로움을 느끼곤 한다.	☐	☐	☐	☐	☐	☐	☐
D. 긴장이 심해지면 일손이 도무지 잡히지 않는다.	☐	☐	☐	☐	☐	☐	☐

22

문항	답안 1					답안 2	
	①	②	③	④	⑤	멀다	가깝다
A. 혼자서 사색을 즐기는 편이다.	☐	☐	☐	☐	☐	☐	☐
B. 주기주장이 강해서 알력을 일으키곤 한다.	☐	☐	☐	☐	☐	☐	☐
C. 타인과의 관계에서 의구심이 들 때가 많다.	☐	☐	☐	☐	☐	☐	☐
D. 다른 사람이 나를 어떻게 생각하는지 궁금할 때가 많다.	☐	☐	☐	☐	☐	☐	☐

23

문항	답안 1					답안 2	
	①	②	③	④	⑤	멀다	가깝다
A. 방법이 정해진 일은 안심할 수 있다.	☐	☐	☐	☐	☐	☐	☐
B. 이론적 근거가 확증된 것만을 선호한다.	☐	☐	☐	☐	☐	☐	☐
C. 예술인이 된 자신의 모습을 상상하곤 한다.	☐	☐	☐	☐	☐	☐	☐
D. 마음의 소리를 듣기 위해 깊은 생각에 잠기곤 한다.	☐	☐	☐	☐	☐	☐	☐

24

문항	답안 1					답안 2	
	①	②	③	④	⑤	멀다	가깝다
A. 다른 사람의 의견에 귀를 기울인다.	☐	☐	☐	☐	☐	☐	☐
B. 싸운 후 화해하지 못해 친구를 잃곤 한다.	☐	☐	☐	☐	☐	☐	☐
C. 규범을 따르며 공평하려고 애쓰는 편이다.	☐	☐	☐	☐	☐	☐	☐
D. 협조적인 토의보다는 경쟁적인 토론에 능숙하다.	☐	☐	☐	☐	☐	☐	☐

25

문항	답안 1					답안 2	
	①	②	③	④	⑤	멀다	가깝다
A. 추진력은 부족해도 융통성은 높은 편이다.	☐	☐	☐	☐	☐	☐	☐
B. 성취감이 큰 일에서 동기부여를 받는 편이다.	☐	☐	☐	☐	☐	☐	☐
C. 묘안이 떠올라도 여러모로 검토해 실행한다.	☐	☐	☐	☐	☐	☐	☐
D. 일을 하면서도 능력 부족으로 목표를 달성할 수 없다고 생각하곤 한다.	☐	☐	☐	☐	☐	☐	☐

26

문항	답안 1					답안 2	
	①	②	③	④	⑤	멀다	가깝다
A. 나는 내 욕구를 잘 억제하는 편이다.	☐	☐	☐	☐	☐	☐	☐
B. 때로는 암울한 기분에 휩싸이곤 한다.	☐	☐	☐	☐	☐	☐	☐
C. 쉽게 넌더리가 나서 공허하게 느껴진다.	☐	☐	☐	☐	☐	☐	☐
D. 성격이 강인하지만 정서 반응에 둔감한 편이다.	☐	☐	☐	☐	☐	☐	☐

27

문항	답안 1					답안 2	
	①	②	③	④	⑤	멀다	가깝다
A. 인맥을 유지·확대하는 일에 관심이 많다.	☐	☐	☐	☐	☐	☐	☐
B. 동문회에 가능한 한 참석하려고 노력한다.	☐	☐	☐	☐	☐	☐	☐
C. 남들의 주목을 받는 게 불쾌하게 느껴진다.	☐	☐	☐	☐	☐	☐	☐
D. 사생활을 침해당할 것 같아 유명해지고 싶지 않다.	☐	☐	☐	☐	☐	☐	☐

28

문항	답안 1					답안 2	
	①	②	③	④	⑤	멀다	가깝다
A. 꿈을 가진 사람에게 끌린다.	☐	☐	☐	☐	☐	☐	☐
B. 남의 의견에 수용적이지 않은 편이다.	☐	☐	☐	☐	☐	☐	☐
C. 굳이 나누자면 나는 보수적이라고 생각한다.	☐	☐	☐	☐	☐	☐	☐
D. 나와 관점이 다른 사람을 만나 신선한 충격을 받기를 선호한다.	☐	☐	☐	☐	☐	☐	☐

29

문항	답안 1					답안 2	
	①	②	③	④	⑤	멀다	가깝다
A. 이익의 공정한 배분을 위해 협조적이다.	☐	☐	☐	☐	☐	☐	☐
B. 겸손과 배려를 실천하려고 애쓰는 편이다.	☐	☐	☐	☐	☐	☐	☐
C. 잘 모르는 타인에 대한 불신감이 큰 편이다.	☐	☐	☐	☐	☐	☐	☐
D. 자신의 영리를 극대화하기 위해서 남을 복종시켜야 한다고 생각한다.	☐	☐	☐	☐	☐	☐	☐

30

문항	답안 1					답안 2	
	①	②	③	④	⑤	멀다	가깝다
A. 목표를 세워도 지키지 못하곤 한다.	☐	☐	☐	☐	☐	☐	☐
B. 자신이 유능하다고 믿지 못할 때가 많다.	☐	☐	☐	☐	☐	☐	☐
C. 계획을 실제로 행하기 전에 꼭 재확인한다.	☐	☐	☐	☐	☐	☐	☐
D. 사회적 규범을 준수하면서 책임을 다하려면 먼저 도덕적 인간이 되어야 한다.	☐	☐	☐	☐	☐	☐	☐

31

문항	답안 1					답안 2	
	①	②	③	④	⑤	멀다	가깝다
A. 스트레스를 받으면 자신감을 잃곤 한다.	☐	☐	☐	☐	☐	☐	☐
B. 흥분해도 마음을 잘 가라앉히는 편이다.	☐	☐	☐	☐	☐	☐	☐
C. 불행이 닥칠까봐 마음이 불안해지곤 한다.	☐	☐	☐	☐	☐	☐	☐
D. 안 좋은 일을 당하면 운이 나빴을 뿐이라며 심각하게 받아들이지 않는다.	☐	☐	☐	☐	☐	☐	☐

PART 3

32

문항	답안 1					답안 2	
	①	②	③	④	⑤	멀다	가깝다
A. 남들보다 튀는 것을 싫어한다.	☐	☐	☐	☐	☐	☐	☐
B. 타인과 만났을 때 화제에 부족함이 없다.	☐	☐	☐	☐	☐	☐	☐
C. 명랑하고 유쾌하다는 평가를 받곤 한다.	☐	☐	☐	☐	☐	☐	☐
D. 연예인이 되면 삶이 불편해질 것이라 생각한다.	☐	☐	☐	☐	☐	☐	☐

33

문항	답안 1					답안 2	
	①	②	③	④	⑤	멀다	가깝다
A. 틀에 박힌 일은 몹시 싫다.	☐	☐	☐	☐	☐	☐	☐
B. 궁금증을 잘 느끼지 못하는 편이다.	☐	☐	☐	☐	☐	☐	☐
C. 새로운 것을 받아들이는 데 보수적이다.	☐	☐	☐	☐	☐	☐	☐
D. 단일 민족 사회보다는 다문화 사회를 지지한다.	☐	☐	☐	☐	☐	☐	☐

34

문항	답안 1					답안 2	
	①	②	③	④	⑤	멀다	가깝다
A. 자신의 이익보다 조직의 이익이 중요하다.	☐	☐	☐	☐	☐	☐	☐
B. 상대방과의 타협점을 찾는 일에 능숙하다.	☐	☐	☐	☐	☐	☐	☐
C. 필요하다면 남에게 위협조로 말할 수 있다.	☐	☐	☐	☐	☐	☐	☐
D. 남들이 반대해도 자신의 의견을 결코 고치지 않는다.	☐	☐	☐	☐	☐	☐	☐

35

문항	답안 1					답안 2	
	①	②	③	④	⑤	멀다	가깝다
A. 동기부여를 받지 못하는 편이다.	☐	☐	☐	☐	☐	☐	☐
B. 사전에 계획을 세워 행동하는 편이다.	☐	☐	☐	☐	☐	☐	☐
C. 목표가 확실하지 않으면 행동하지 않는다.	☐	☐	☐	☐	☐	☐	☐
D. 자신의 입장을 망각하고 지나치게 가볍게 행동하곤 한다.	☐	☐	☐	☐	☐	☐	☐

36

문항	답안 1					답안 2	
	①	②	③	④	⑤	멀다	가깝다
A. 자신의 삶이 덧없다고 느껴지곤 한다.	☐	☐	☐	☐	☐	☐	☐
B. 자신이 번아웃되어 껍데기만 남은 것 같다.	☐	☐	☐	☐	☐	☐	☐
C. 자질구레한 것은 별로 걱정하지 않는다.	☐	☐	☐	☐	☐	☐	☐
D. 욕망・욕구처럼 미움・절망도 절제할 수 있다고 생각한다.	☐	☐	☐	☐	☐	☐	☐

37

문항	답안 1					답안 2	
	①	②	③	④	⑤	멀다	가깝다
A. 사람들 앞에 잘 나서지 못한다.	☐	☐	☐	☐	☐	☐	☐
B. 정열은 내 삶을 움직이는 원동력이다.	☐	☐	☐	☐	☐	☐	☐
C. 사소한 일에도 즐거움을 잘 느끼곤 한다.	☐	☐	☐	☐	☐	☐	☐
D. 아는 사람과 우연히 만나도 굳이 알은척하지 않는다.	☐	☐	☐	☐	☐	☐	☐

38

문항	답안 1					답안 2	
	①	②	③	④	⑤	멀다	가깝다
A. 기발한 착상을 잘하는 편이다.	☐	☐	☐	☐	☐	☐	☐
B. 상상만으로 글의 줄거리를 지어낼 수 있다.	☐	☐	☐	☐	☐	☐	☐
C. 호기심이 적고 감정의 진폭이 좁은 편이다.	☐	☐	☐	☐	☐	☐	☐
D. 대개의 경우 감성적으로 접근하는 것은 바람직하지 않다.	☐	☐	☐	☐	☐	☐	☐

39

문항	답안 1					답안 2	
	①	②	③	④	⑤	멀다	가깝다
A. 남들의 문제에 개입하기를 꺼린다.	☐	☐	☐	☐	☐	☐	☐
B. 나는 남들보다 특별히 잘난 점이 없다.	☐	☐	☐	☐	☐	☐	☐
C. 인간은 원래 이기적인 동물이라고 여긴다.	☐	☐	☐	☐	☐	☐	☐
D. 협상할 때는 상호 이득을 이루는 것이 최선이다.	☐	☐	☐	☐	☐	☐	☐

40

문항	답안 1					답안 2	
	①	②	③	④	⑤	멀다	가깝다
A. 임시변통하는 일에 능숙한 편이다.	☐	☐	☐	☐	☐	☐	☐
B. 정돈을 잘하지 못해 주변이 어수선한 편이다.	☐	☐	☐	☐	☐	☐	☐
C. 일에 착수하면 반드시 성과를 거둬야 한다.	☐	☐	☐	☐	☐	☐	☐
D. 무리하게 일을 진행하지 않음으로써 완성도를 높이는 편이다.	☐	☐	☐	☐	☐	☐	☐

41

문항	답안 1					답안 2	
	①	②	③	④	⑤	멀다	가깝다
A. 충동적인 언행을 삼가는 편이다.	☐	☐	☐	☐	☐	☐	☐
B. 후회하느라 속을 썩이지 않는 편이다.	☐	☐	☐	☐	☐	☐	☐
C. 부질없는 심려 때문에 난감해지곤 한다.	☐	☐	☐	☐	☐	☐	☐
D. 어떤 선택을 해도 무의미하다는 생각 때문에 충동적이 되곤 한다.	☐	☐	☐	☐	☐	☐	☐

42

문항	답안 1					답안 2	
	①	②	③	④	⑤	멀다	가깝다
A. 흥분을 주는 자극적인 운동을 좋아한다.	☐	☐	☐	☐	☐	☐	☐
B. 리더들의 주장을 잘 수용해 따르는 편이다.	☐	☐	☐	☐	☐	☐	☐
C. 다른 사람의 시선을 끄는 것을 선호한다.	☐	☐	☐	☐	☐	☐	☐
D. 타인과의 만남을 회피하고 혼자 있기를 즐긴다.	☐	☐	☐	☐	☐	☐	☐

43

문항	답안 1					답안 2	
	①	②	③	④	⑤	멀다	가깝다
A. 예술은 나의 관심을 끌지 못한다.	☐	☐	☐	☐	☐	☐	☐
B. 때로는 비현실적인 공상을 하곤 한다.	☐	☐	☐	☐	☐	☐	☐
C. 학창 시절에 선생님의 지시를 어긴 적이 없다.	☐	☐	☐	☐	☐	☐	☐
D. 감수성과 통찰력에 의존해 직감적으로 판단하는 편이다.	☐	☐	☐	☐	☐	☐	☐

44

문항	답안 1					답안 2	
	①	②	③	④	⑤	멀다	가깝다
A. 낯선 이를 결코 쉽게 믿지 않는다.	□	□	□	□	□	□	□
B. 다른 사람보다 고집이 세고 냉정하다.	□	□	□	□	□	□	□
C. 인간들은 본래 선한 의도를 가지고 있다.	□	□	□	□	□	□	□
D. 다수가 반대하면 나의 생각을 다수의 의견에 맞춰 수정한다.	□	□	□	□	□	□	□

45

문항	답안 1					답안 2	
	①	②	③	④	⑤	멀다	가깝다
A. 스케줄을 짜고 행동하는 편이다.	□	□	□	□	□	□	□
B. 계획에 얽매이는 것을 좋아하지 않는다.	□	□	□	□	□	□	□
C. 어떤 일이 있어도 의욕을 가지고 노력한다.	□	□	□	□	□	□	□
D. 한결같고 인내력이 있다는 말을 거의 듣지 못했다.	□	□	□	□	□	□	□

46

문항	답안 1					답안 2	
	①	②	③	④	⑤	멀다	가깝다
A. 때로는 지나치게 성을 내곤 한다.	□	□	□	□	□	□	□
B. 자잘한 일에도 흡족함을 느끼곤 한다.	□	□	□	□	□	□	□
C. 따분함을 느끼면 몹시 무기력해지곤 한다.	□	□	□	□	□	□	□
D. 현실적인 어려움에 부닥쳐도 차분하게 대처한다.	□	□	□	□	□	□	□

47

문항	답안 1					답안 2	
	①	②	③	④	⑤	멀다	가깝다
A. 격렬한 운동을 하는 것을 싫어한다.	□	□	□	□	□	□	□
B. 대인관계가 거추장스럽게 느껴지곤 한다.	□	□	□	□	□	□	□
C. 타인에게 영향을 끼치는 위치에 서고 싶다.	□	□	□	□	□	□	□
D. 남들보다 활기차며 무난하지 않은 것을 좋아한다.	□	□	□	□	□	□	□

48

문항	답안 1					답안 2	
	①	②	③	④	⑤	멀다	가깝다
A. 언제나 익숙한 길로만 다니는 편이다.	☐	☐	☐	☐	☐	☐	☐
B. 마술쇼는 나의 흥미를 끌지 못한다.	☐	☐	☐	☐	☐	☐	☐
C. 지식을 쌓기 위해 꾸준히 독서하는 편이다.	☐	☐	☐	☐	☐	☐	☐
D. 이상을 실현하려면 개방성이 가장 중요하다고 생각한다.	☐	☐	☐	☐	☐	☐	☐

49

문항	답안 1					답안 2	
	①	②	③	④	⑤	멀다	가깝다
A. 경쟁자를 이기기 위해 선수를 치곤 한다.	☐	☐	☐	☐	☐	☐	☐
B. 타인을 이해하고 존중하려 애쓰는 편이다.	☐	☐	☐	☐	☐	☐	☐
C. 상대의 긍정적인 면을 찾으려 하는 편이다.	☐	☐	☐	☐	☐	☐	☐
D. 비협조적인 상대에게는 협박조로 응수하는 것이 적절하다고 생각한다.	☐	☐	☐	☐	☐	☐	☐

50

문항	답안 1					답안 2	
	①	②	③	④	⑤	멀다	가깝다
A. 욕구의 영향으로 변덕을 부리는 편이다.	☐	☐	☐	☐	☐	☐	☐
B. 무슨 일이든 수차례 검토하고 확인한다.	☐	☐	☐	☐	☐	☐	☐
C. 일이나 사물을 정리할 때 애를 먹곤 한다.	☐	☐	☐	☐	☐	☐	☐
D. 계획의 수립과 실천을 질서 있게 하려고 애쓴다.	☐	☐	☐	☐	☐	☐	☐

51

문항	답안 1					답안 2	
	①	②	③	④	⑤	멀다	가깝다
A. 화나면 안절부절 어쩔 줄을 모르곤 한다.	☐	☐	☐	☐	☐	☐	☐
B. 황당한 일을 겪어도 자신감을 잃지 않는다.	☐	☐	☐	☐	☐	☐	☐
C. 스트레스를 받아도 감정적 대응을 자제한다.	☐	☐	☐	☐	☐	☐	☐
D. 사고를 낼까봐 마음이 조마조마해져 과속운전을 절대 하지 않는다.	☐	☐	☐	☐	☐	☐	☐

52

문항	답안 1					답안 2	
	①	②	③	④	⑤	멀다	가깝다
A. 공동 작업보다는 개인 작업을 선호한다.	☐	☐	☐	☐	☐	☐	☐
B. 넓은 인간관계는 나의 관심사가 아니다.	☐	☐	☐	☐	☐	☐	☐
C. 자신의 의견을 당차게 주장하는 편이다.	☐	☐	☐	☐	☐	☐	☐
D. 힘에 부치는 활동을 해도 피로를 잘 느끼지 않는다.	☐	☐	☐	☐	☐	☐	☐

53

문항	답안 1					답안 2	
	①	②	③	④	⑤	멀다	가깝다
A. 난해한 예술에 관심이 더욱 끌린다.	☐	☐	☐	☐	☐	☐	☐
B. 전통을 반드시 지켜야 한다고 생각한다.	☐	☐	☐	☐	☐	☐	☐
C. 모르는 것을 배우는 일에 적극적인 편이다.	☐	☐	☐	☐	☐	☐	☐
D. 경험하지 않은 것은 마음속으로 잘 구상하지 못한다.	☐	☐	☐	☐	☐	☐	☐

54

문항	답안 1					답안 2	
	①	②	③	④	⑤	멀다	가깝다
A. 자신을 내세우지 않는 편이다.	☐	☐	☐	☐	☐	☐	☐
B. 성악설보다는 성선설을 지지한다.	☐	☐	☐	☐	☐	☐	☐
C. 지나친 승부욕 때문에 갈등을 빚곤 한다.	☐	☐	☐	☐	☐	☐	☐
D. 타인의 곤란한 요구는 단칼에 거절하는 편이다.	☐	☐	☐	☐	☐	☐	☐

55

문항	답안 1					답안 2	
	①	②	③	④	⑤	멀다	가깝다
A. 혼자서도 꾸준히 하는 것을 좋아한다.	☐	☐	☐	☐	☐	☐	☐
B. 학창 시절에 밤새워 공부한 적이 별로 없다.	☐	☐	☐	☐	☐	☐	☐
C. 원칙의 준수보다는 변칙적 활용에 능하다.	☐	☐	☐	☐	☐	☐	☐
D. 공부할 때는 주요 내용만을 정리해 암기하곤 한다.	☐	☐	☐	☐	☐	☐	☐

56

문항	답안 1					답안 2	
	①	②	③	④	⑤	멀다	가깝다
A. 기가 죽거나 실망하지 않는 편이다.	☐	☐	☐	☐	☐	☐	☐
B. 작은 상처에도 수선을 피우곤 한다.	☐	☐	☐	☐	☐	☐	☐
C. 성격이 밝아 스트레스를 잘 느끼지 않는다.	☐	☐	☐	☐	☐	☐	☐
D. 미래를 확신할 수 없어 불안해질 때가 많다.	☐	☐	☐	☐	☐	☐	☐

57

문항	답안 1					답안 2	
	①	②	③	④	⑤	멀다	가깝다
A. 군중 앞에 나서기가 꺼려진다.	☐	☐	☐	☐	☐	☐	☐
B. 다른 사람과 대화하는 것을 좋아한다.	☐	☐	☐	☐	☐	☐	☐
C. 혼자 깊은 생각에 잠기는 것을 좋아한다.	☐	☐	☐	☐	☐	☐	☐
D. 수많은 사람들에게 영향을 끼칠 수 있는 큰일을 해보고 싶다.	☐	☐	☐	☐	☐	☐	☐

58

문항	답안 1					답안 2	
	①	②	③	④	⑤	멀다	가깝다
A. 변화가 주는 다양성을 선호한다.	☐	☐	☐	☐	☐	☐	☐
B. 통찰력보다는 익숙한 경험으로 판단한다.	☐	☐	☐	☐	☐	☐	☐
C. 도전적인 직업보다는 안정된 직업이 좋다.	☐	☐	☐	☐	☐	☐	☐
D. 감수성은 자신의 삶을 다채롭게 하는 데 도움이 된다고 생각한다.	☐	☐	☐	☐	☐	☐	☐

59

문항	답안 1					답안 2	
	①	②	③	④	⑤	멀다	가깝다
A. 친절하다는 평가를 받곤 한다.	☐	☐	☐	☐	☐	☐	☐
B. 약삭빠르다는 핀잔을 듣곤 한다.	☐	☐	☐	☐	☐	☐	☐
C. 타인의 충고나 의견을 호의적으로 듣는다.	☐	☐	☐	☐	☐	☐	☐
D. 곤경에 처한 사람을 도와주는 일에 인색한 편이다.	☐	☐	☐	☐	☐	☐	☐

60

문항	답안 1					답안 2	
	①	②	③	④	⑤	멀다	가깝다
A. 됨됨이가 진중하다는 평가를 받곤 한다.	☐	☐	☐	☐	☐	☐	☐
B. 스케줄 없이 즉흥적으로 행동하는 편이다.	☐	☐	☐	☐	☐	☐	☐
C. 의지가 굳고 착실하다는 평가를 받곤 한다.	☐	☐	☐	☐	☐	☐	☐
D. 생각이 짧아 앞뒤를 헤아리지 못한다는 비판을 받곤 한다.	☐	☐	☐	☐	☐	☐	☐

61

문항	답안 1					답안 2	
	①	②	③	④	⑤	멀다	가깝다
A. 별것 아닌 일로 안달복달하곤 한다.	☐	☐	☐	☐	☐	☐	☐
B. 어려운 상황에서도 마음이 굳센 편이다.	☐	☐	☐	☐	☐	☐	☐
C. 어떤 상황에서도 희망이 있다고 확신한다.	☐	☐	☐	☐	☐	☐	☐
D. 이성보다는 감정의 영향을 더 많이 받는 편이다.	☐	☐	☐	☐	☐	☐	☐

62

문항	답안 1					답안 2	
	①	②	③	④	⑤	멀다	가깝다
A. 에너지가 넘치고 몸놀림이 재빠른 편이다.	☐	☐	☐	☐	☐	☐	☐
B. 일찍 기상해 외출 준비를 서두르는 편이다.	☐	☐	☐	☐	☐	☐	☐
C. 인간관계에 지쳐 혼자 여행을 떠나곤 한다.	☐	☐	☐	☐	☐	☐	☐
D. 같이 일할 사람을 1명만 택한다면 차분하고 진지한 사람을 뽑겠다.	☐	☐	☐	☐	☐	☐	☐

63

문항	답안 1					답안 2	
	①	②	③	④	⑤	멀다	가깝다
A. 변화는 나를 힘들게 만든다.	☐	☐	☐	☐	☐	☐	☐
B. 새로운 가게보다는 단골가게만 간다.	☐	☐	☐	☐	☐	☐	☐
C. 혁신이 이끄는 변화의 다양성을 선호한다.	☐	☐	☐	☐	☐	☐	☐
D. 설계도를 보고 기계의 작동 과정을 머릿속으로 그릴 수 있다.	☐	☐	☐	☐	☐	☐	☐

64

문항	답안 1					답안 2	
	①	②	③	④	⑤	멀다	가깝다
A. 언쟁을 별로 마다하지 않는 편이다.	☐	☐	☐	☐	☐	☐	☐
B. 아랫사람의 말도 귀담아듣는 편이다.	☐	☐	☐	☐	☐	☐	☐
C. 이익을 위해 때로는 규율을 어기곤 한다.	☐	☐	☐	☐	☐	☐	☐
D. 협상에서는 양보와 타협이 기본 원칙이라고 생각한다.	☐	☐	☐	☐	☐	☐	☐

65

문항	답안 1					답안 2	
	①	②	③	④	⑤	멀다	가깝다
A. 경우에 맞춰 다르게 행동하곤 한다.	☐	☐	☐	☐	☐	☐	☐
B. 책임감 때문에 압박감을 느끼곤 한다.	☐	☐	☐	☐	☐	☐	☐
C. 운명이라면 노력해도 성공할 수 없다.	☐	☐	☐	☐	☐	☐	☐
D. 자율성과 준법정신이 확고하다는 평가를 받곤 한다.	☐	☐	☐	☐	☐	☐	☐

66

문항	답안 1					답안 2	
	①	②	③	④	⑤	멀다	가깝다
A. 푸념을 거의 하지 않는다.	☐	☐	☐	☐	☐	☐	☐
B. 문젯거리로 좌불안석할 때가 종종 있다.	☐	☐	☐	☐	☐	☐	☐
C. 마음이 거북할 때는 식은땀을 쏟곤 한다.	☐	☐	☐	☐	☐	☐	☐
D. 자신감이 있어 타인의 비난에 휘둘리지 않는다.	☐	☐	☐	☐	☐	☐	☐

67

문항	답안 1					답안 2	
	①	②	③	④	⑤	멀다	가깝다
A. 조용한 분위기를 선호한다.	☐	☐	☐	☐	☐	☐	☐
B. 언제나 활기가 넘치는 편이다.	☐	☐	☐	☐	☐	☐	☐
C. 사람들 앞에 나서는 데 어려움이 없다.	☐	☐	☐	☐	☐	☐	☐
D. 여행을 한다면 번잡한 도시보다는 목가적인 농촌으로 가고 싶다.	☐	☐	☐	☐	☐	☐	☐

68

문항	답안 1					답안 2	
	①	②	③	④	⑤	멀다	가깝다
A. 변화에서 즐거움을 느끼는 편이다.	☐	☐	☐	☐	☐	☐	☐
B. 정해진 절차가 바뀌는 것을 싫어한다.	☐	☐	☐	☐	☐	☐	☐
C. 독창적인 발상을 하는 것에 능숙하지 않다.	☐	☐	☐	☐	☐	☐	☐
D. 디자인만 따지다가 비실용적인 물건을 사곤 한다.	☐	☐	☐	☐	☐	☐	☐

69

문항	답안 1					답안 2	
	①	②	③	④	⑤	멀다	가깝다
A. 조직 내에서 우등생 부류라고 생각한다.	☐	☐	☐	☐	☐	☐	☐
B. 집단의 명령을 받는 것이 별로 달갑지 않다.	☐	☐	☐	☐	☐	☐	☐
C. 사교적이고 활달하다는 평가를 받곤 한다.	☐	☐	☐	☐	☐	☐	☐
D. 조직 구성원의 첫 번째 덕목은 조화성이라고 생각한다.	☐	☐	☐	☐	☐	☐	☐

70

문항	답안 1					답안 2	
	①	②	③	④	⑤	멀다	가깝다
A. 성취욕을 잘 느끼지 못하는 편이다.	☐	☐	☐	☐	☐	☐	☐
B. 주체성, 자주성이 높다고 평가받곤 한다.	☐	☐	☐	☐	☐	☐	☐
C. 목표를 고집하기보다는 융통성을 중시한다.	☐	☐	☐	☐	☐	☐	☐
D. 높은 목표는 자신을 이끄는 에너지라고 생각한다.	☐	☐	☐	☐	☐	☐	☐

71

문항	답안 1					답안 2	
	①	②	③	④	⑤	멀다	가깝다
A. 실패를 곱씹으며 자책하는 편이다.	☐	☐	☐	☐	☐	☐	☐
B. 사소한 실수에 얽매이는 것이 싫다.	☐	☐	☐	☐	☐	☐	☐
C. 사소한 일에도 신경을 많이 쓰는 편이다.	☐	☐	☐	☐	☐	☐	☐
D. 자제력을 가지고 합리적으로 판단하려고 노력한다.	☐	☐	☐	☐	☐	☐	☐

72

문항	답안 1					답안 2	
	①	②	③	④	⑤	멀다	가깝다
A. 명령을 받기보다는 명령을 하고 싶다.	□	□	□	□	□	□	□
B. 정적이고 사색적인 분위기를 선호한다.	□	□	□	□	□	□	□
C. 타인과 관계를 이루고 대화하는 것이 좋다.	□	□	□	□	□	□	□
D. 남들의 생각에는 별로 관심이 없고 내 의견을 내세우는 편이다.	□	□	□	□	□	□	□

73

문항	답안 1					답안 2	
	①	②	③	④	⑤	멀다	가깝다
A. 새로운 것보다는 익숙한 것이 좋다.	□	□	□	□	□	□	□
B. 새로운 변화를 별로 좋아하지 않는다.	□	□	□	□	□	□	□
C. 굳이 말하자면 혁신적이라고 생각한다.	□	□	□	□	□	□	□
D. 위트 있는 글로 자신의 감수성을 표현할 수 있다.	□	□	□	□	□	□	□

74

문항	답안 1					답안 2	
	①	②	③	④	⑤	멀다	가깝다
A. 조직 내에서 독단적으로 움직이곤 한다.	□	□	□	□	□	□	□
B. 이해득실을 과하게 따지는 사람은 꺼려진다.	□	□	□	□	□	□	□
C. 협력과 공정성을 매우 중요하게 여긴다.	□	□	□	□	□	□	□
D. 조직을 따르기보다는 자신의 의견을 밀어붙이는 편이다.	□	□	□	□	□	□	□

75

문항	답안 1					답안 2	
	①	②	③	④	⑤	멀다	가깝다
A. 명확한 장래의 목표가 없다.	□	□	□	□	□	□	□
B. 자신의 단점을 잘 고치지 못한다.	□	□	□	□	□	□	□
C. 체념하지 않고 끝까지 견디는 편이다.	□	□	□	□	□	□	□
D. 수차례 검토하느라 일의 진척이 느릴 때가 있다.	□	□	□	□	□	□	□

PART 4

면접

01   면접 주요사항

면접의 사전적 정의는 면접관이 지원자를 직접 만나보고 인품(人品)이나 언행(言行) 따위를 시험하는 일로, 흔히 필기시험 후에 최종적으로 심사하는 방법이다.

최근 주요 기업의 인사담당자들을 대상으로 채용 시 면접이 차지하는 비중을 설문조사했을 때, 50 ~ 80% 이상이라고 답한 사람이 전체 응답자의 80%를 넘었다. 이와 대조적으로 지원자들을 대상으로 취업 시험에서 면접을 준비하는 기간을 물었을 때, 대부분의 응답자가 2 ~ 3일 정도라고 대답했다.

지원자가 일정 수준의 스펙을 갖추기 위해 자격증 시험과 토익을 치르고 이력서와 자기소개서까지 쓰다 보면 면접까지 챙길 여유가 없는 것이 사실이다. 그리고 서류전형과 인적성검사를 통과해야만 면접을 볼 수 있기 때문에 자연스럽게 면접은 취업시험 과정에서 그 비중이 작아질 수밖에 없다. 하지만 아이러니하게도 실제 채용 과정에서 면접이 차지하는 비중은 절대적이라고 해도 과언이 아니다.

기업들은 채용 과정에서 토론 면접, 인성 면접, 프레젠테이션 면접, 역량 면접 등의 다양한 면접을 실시한다. 1차 커트라인이라고 할 수 있는 서류전형을 통과한 지원자들의 스펙이나 능력은 서로 엇비슷하다고 판단되기 때문에 서류상 보이는 자격증이나 토익 성적보다는 지원자의 인성을 파악하기 위해 면접을 더욱 강화하는 것이다. 일부 기업은 의도적으로 압박 면접을 실시하기도 한다. 지원자가 당황할 수 있는 질문을 던져서 그것에 대한 지원자의 반응을 살펴보는 것이다.

면접은 다르게 생각한다면 '나는 누구인가?'에 대한 물음에 해답을 줄 수 있는 가장 현실적이고 미래적인 경험이 될 수 있다. 취업난 속에서 자격증을 취득하고 토익 성적을 올리기 위해 앞만 보고 달려온 지원자들은 자신에 대해서 고민하고 탐구할 수 있는 시간을 평소 쉽게 가질 수 없었을 것이다. 자신을 잘 알고 있어야 자신에 대해서 자신감 있게 말할 수 있다. 대체로 사람들은 자신에게 관대한 편이기 때문에 스스로에 대해서 어떤 기대와 환상을 가지고 있는 경우가 많다. 하지만 면접은 제삼자에 의해 개인의 능력을 객관적으로 평가받는 시험이다. 어떤 지원자들은 다른 사람에게 자신을 표현하는 것을 어려워한다. 평소에 잘 사용하지 않는 용어를 내뱉으면서 거창하게 자신을 포장하는 지원자도 많다. 면접에서 가장 기본은 자기 자신을 면접관에게 알기 쉽게 표현하는 것이다.

이러한 표현을 바탕으로 자신이 앞으로 하고자 하는 것과 그에 대한 이유를 설명해야 한다. 최근에는 자신감을 향상시키거나 말하는 능력을 높이는 학원도 많기 때문에 얼마든지 자신의 단점을 극복할 수 있다.

1. 자기소개의 기술

자기소개를 시키는 이유는 면접자가 지원자의 자기소개서를 압축해서 듣고, 지원자의 첫인상을 평가할 시간을 가질 수 있기 때문이다. 면접을 위한 워밍업이라고 할 수 있으며, 첫인상을 결정하는 과정이므로 매우 중요한 순간이다.

(1) 정해진 시간에 자기소개를 마쳐야 한다.

쉬워 보이지만 의외로 지원자들이 정해진 시간을 넘기거나 혹은 빨리 끝내서 면접관에게 지적을 받는 경우가 많다. 본인이 면접을 받는 마지막 지원자가 아닌 이상, 정해진 시간을 지키지 않는 것은 수많은 지원자를 상대하기에 바쁜 면접관과 대기 시간에 지친 다른 지원자들에게 불쾌감을 줄 수 있다.

또한 회사에서 시간관념은 절대적인 것이므로 반드시 자기소개 시간을 지켜야 한다. 말하기는 1분에 200자 원고지 2장 분량의 글을 읽는 만큼의 속도가 가장 적당하다. 이를 A4 용지에 10point 글자 크기로 작성하면 반 장 분량이 된다.

(2) 간단하지만 신선한 문구로 자기소개를 시작하자.

요즈음 많은 지원자가 이 방법을 사용하고 있기 때문에 웬만한 소재의 문구가 아니면 면접관의 관심을 받을 수 없다. 이러한 문구는 시대적으로 유행하는 광고 카피를 패러디하는 경우와 격언 등을 인용하는 경우, 그리고 지원한 회사의 IC나 경영이념, 인재상 등을 사용하는 경우 등이 있다. 지원자는 이러한 여러 문구 중에 자신의 첫인상을 북돋아 줄 수 있는 것을 선택해서 말해야 한다. 자신의 이름을 문구속에 적절하게 넣어서 말한다면 좀 더 효과적인 자기소개가 될 것이다.

(3) 무엇을 먼저 말할 것인지 고민하자.

면접관이 많이 던지는 질문 중 하나가 지원동기이다. 그래서 성장기를 바로 건너뛰고, 지원한 회사에 들어오기 위해 대학에서 어떻게 준비했는지를 설명하는 자기소개가 대세이다.

(4) 면접관의 호기심을 자극해 관심을 불러일으킬 수 있게 말하라.

면접관에게 질문을 많이 받는 지원자의 합격률이 반드시 높은 것은 아니지만, 질문을 전혀 안 받는 것보다는 좋은 평가를 기대할 수 있다. 지원한 분야와 관련된 수상 경력이나 프로젝트 등을 말하는 것도 좋다. 이는 지원자의 업무 능력과 직접 연결되는 것이므로 효과적인 자기 홍보가 될 수 있다. 일부 지원자들은 자신만의 특별한 경험을 이야기하는데, 이때는 그 경험이 보편적으로 사람들의 공감대를 얻을 수 있는 것인지 다시 생각해봐야 한다.

(5) 마지막 고개를 넘기가 가장 힘들다.

첫 단추도 중요하지만, 마지막 단추도 중요하다. 하지만 왠지 격식을 따지는 인사말은 지나가는 인사말 같고, 다르게 하자니 예의에 어긋나는 것 같은 기분이 든다. 이때는 처음에 했던 자신만의 문구를 다시 한 번 말하는 것도 좋은 방법이다. 자연스러운 끝맺음이 될 수 있도록 적절한 연습이 필요하다.

2. 1분 자기소개 시 주의사항

(1) 자기소개서와 자기소개가 똑같다면 감점일까?

아무리 자기소개서를 외워서 말한다 해도 자기소개가 자기소개서와 완전히 똑같을 수는 없다. 자기소개서의 분량이 더 많고 회사마다 요구하는 필수 항목들이 있기 때문에 굳이 고민할 필요는 없다. 오히려 자기소개서의 내용을 잘 정리한 자기소개가 더 좋은 결과를 만들 수 있다. 하지만 자기소개서와 상반된 내용을 말하는 것은 적절하지 않다. 지원자의 신뢰성이 떨어진다는 것은 곧 불합격을 의미하기 때문이다.

(2) 말하는 자세를 바르게 익혀라.

지원자가 자기소개를 하는 동안 면접관은 지원자의 동작 하나하나를 관찰한다. 그렇기 때문에 바른 자세가 중요하다는 것은 우리가 익히 알고 있다. 하지만 문제는 무의식적으로 나오는 습관 때문에 자세가 흐트러져 나쁜 인상을 줄 수 있다는 것이다. 이러한 습관을 고칠 수 있는 가장 좋은 방법은 캠코더 등으로 자신의 모습을 담는 것이다. 거울을 사용할 경우에는 시선이 자꾸 자기 눈과 마주치기 때문에 집중하기 힘들다. 하지만 촬영된 동영상은 제삼자의 입장에서 자신을 볼 수 있기 때문에 많은 도움이 된다.

(3) 정확한 발음과 억양으로 자신 있게 말하라.

지원자의 모양새가 아무리 뛰어나도, 목소리가 작고 발음이 부정확하면 큰 감점을 받는다. 이러한 모습은 지원자의 좋은 점에까지 악영향을 끼칠 수 있다. 직장을 흔히 사회생활의 시작이라고 말하는 시대적 정서에서 사람들과 의사소통을 하는 데 문제가 있다고 판단되는 지원자는 부적절한 인재로 평가될 수밖에 없다.

3. 대화법

전문가들이 말하는 대화법의 핵심은 '상대방을 배려하면서 이야기하라.'는 것이다. 대화는 나와 다른 사람의 소통이다. 내용에 대한 공감이나 이해가 없다면 대화는 더 진전되지 않는다.

베스트셀러 『카네기 인간관계론』의 작가인 철학자 카네기가 말하는 최상의 대화법은 자신의 경험을 토대로 이야기하는 것이다. 즉, 살아오면서 직접 겪은 경험이 상대방의 관심을 끌 수 있는 가장 좋은 이야깃거리인 것이다. 특히, 어떤 일을 이루기 위해 노력하는 과정에서 겪은 실패나 희망에 대해 진솔하게 얘기한다면 상대방은 어느새 당신의 편에 서서 그 이야기에 동조할 것이다.

독일의 사업가이자 동기부여 트레이너인 위르겐 힐러의 연설법 중 가장 유명한 것은 '시즐(Sizzle)'을 잡는 것이다. 시즐이란, 새우튀김이나 돈가스가 기름에서 지글지글 튀겨질 때 나는 소리이다. 즉, 자신의 말을 듣고 시즐처럼 반응하는 상대방의 감정에 적절하게 대응하라는 것이다.

말을 시작한 지 10 ~ 15초 안에 상대방의 '시즐'을 알아차려야 한다. 자신의 이야기에 대한 상대방의 첫 반응에 따라 말하기 전략도 달라져야 한다. 첫 이야기의 반응이 미지근하다면 가능한 한 그 이야기를 빨리 마무리하고 새로운 이야깃거리를 생각해내야 한다. 길지 않은 면접 시간 내에 몇 번 오지 않는 대답의 기회를 살리기 위해서 보다 전략적이고 냉철해야 하는 것이다.

4. 차림새

(1) 구두

면접에 어떤 옷을 입어야 할지를 며칠 동안 고민하면서 정작 구두는 면접 보는 날 현관을 나서면서 즉흥적으로 신고 가는 지원자들이 많다. 구두를 보면 그 사람의 됨됨이를 알 수 있다고 한다. 면접관 역시 이러한 것을 놓치지 않기 때문에 지원자는 자신의 구두에 더욱 신경을 써야 한다. 스타일의 마무리는 발끝에서 이루어지는 것이다. 아무리 멋진 옷을 입고 있어도 구두가 어울리지 않는다면 전체 스타일이 흐트러지기 때문이다.

정장용 구두는 디자인이 깔끔하고, 에나멜 가공처리를 하여 광택이 도는 페이턴트 가죽 소재 제품이 무난하다. 검정 계열 구두는 회색과 감색 정장에, 브라운 계열의 구두는 베이지나 갈색 정장에 어울린다. 참고로 구두는 오전에 사는 것보다 발이 충분히 부은 상태인 저녁에 사는 것이 좋다. 마지막으로 당연한 일이지만 반드시 면접을 보는 전날 구두 뒤축이 닳지는 않았는지 확인하고 구두에 광을 내 둔다.

(2) 양말

양말은 정장과 구두의 색상을 비교해서 골라야 한다. 특히 검정이나 감색의 진한 색상의 바지에 흰 양말을 신는 것은 시대에 뒤처지는 일이다. 일반적으로 양말의 색깔은 바지의 색깔과 같아야 한다. 또한 양말의 길이도 신경 써야 한다. 바지를 입을 경우, 의자에 바르게 앉거나 다리를 꼬아서 앉을 때 다리털이 보여서는 안 된다. 반드시 긴 정장 양말을 신어야 한다.

(3) 정장

지원자는 평소에 정장을 입을 기회가 많지 않기 때문에 면접을 볼 때 본인 스스로도 옷을 어색하게 느끼는 경우가 많다. 옷을 불편하게 느끼기 때문에 자세마저 불안정한 지원자도 볼 수 있다. 그러므로 면접 전에 정장을 입고 생활해보는 것도 나쁘지는 않다.

일반적으로 면접을 볼 때는 상대방에게 신뢰감을 줄 수 있는 남색 계열의 옷이나 어떤 계절이든 무난하고 깔끔해보이는 회색 계열의 정장을 많이 입는다. 정장은 유행에 따라서 재킷의 디자인이나 버튼의 개수가 바뀌기 때문에 너무 오래된 옷을 입어서 다른 사람의 옷을 빌려 입고 나온 듯한 인상을 주어서는 안 된다.

(4) 헤어스타일과 메이크업

헤어스타일에 자신이 없다면 미용실에 다녀오는 것도 좋은 방법이다. 또한 자신에게 어울리는 메이크업을 하는 것도 괜찮다. 메이크업은 상대에 대한 예의를 갖추는 것이므로 지나치게 화려한 메이크업이 아니라면 보다 준비된 지원자처럼 보일 수 있다.

5. 첫인상

취업을 위해 성형수술을 받는 사람들에 대한 이야기는 더 이상 뉴스거리가 되지 않는다. 그만큼 많은 사람이 좁은 취업문을 뚫기 위해 이미지 향상에 신경을 쓰고 있다. 이는 면접관에게 좋은 첫인상을 주기 위한 것으로, 지원서에 올리는 증명사진을 이미지 프로그램을 통해 수정하는 이른바 '사이버 성형'이 유행하는 것과 같은 맥락이다. 실제로 외모가 채용 과정에서 영향을 끼치는가에 대한 설문조사에서도 60% 이상의 인사담당자들이 그렇다고 답변했다.

하지만 외모와 첫인상을 절대적인 관계로 이해하는 것은 잘못된 판단이다. 외모가 첫인상에서 많은 부분을 차지하지만, 외모 외에 다른 결점이 발견된다면 그로 인해 장점들이 가려질 수도 있다. 이러한 현상은 아래에서 다시 논하겠다.

첫인상은 말 그대로 한 번밖에 기회가 주어지지 않으며 몇 초 안에 결정된다. 첫인상을 결정짓는 요소 중 시각적인 요소가 80% 이상을 차지한다. 첫눈에 들어오는 생김새나 복장, 표정 등에 의해서 결정되는 것이다. 면접을 시작할 때 자기소개를 시키는 것도 지원자별로 첫인상을 평가하기 위해서이다. 첫인상이 중요한 이유는 만약 첫인상이 부정적으로 인지될 경우, 지원자의 다른 좋은 면까지 거부당하기 때문이다. 이러한 현상을 심리학에서는 초두효과(Primacy Effect)라고 한다.

그래서 한 번 형성된 첫인상은 여간해서 바꾸기 힘들다. 이는 첫인상이 나중에 들어오는 정보까지 영향을 주기 때문이다. 첫인상의 정보가 나중에 들어오는 정보 처리의 지침이 되는 것을 심리학에서는 맥락효과(Context Effect)라고 한다. 따라서 평소에 첫인상을 좋게 만들기 위한 노력을 꾸준히 해야만 하는 것이다. 좋은 첫인상이 반드시 외모에만 집중되는 것은 아니다. 오히려 깔끔한 옷차림과 부드러운 표정 그리고 말과 행동 등에 의해 전반적인 이미지가 만들어진다. 누구나 이러한 것 중에 한두 가지 단점을 가지고 있다. 요즈음은 이미지 컨설팅을 통해서 자신의 단점들을 보완하는 지원자도 있다. 특히, 표정이 밝지 않은 지원자는 평소 웃는 연습을 의식적으로 하여 면접을 받는 동안 계속해서 여유 있는 표정을 짓는 것이 중요하다. 성공한 사람들은 인상이 좋다는 것을 명심하자.

02　면접의 유형 및 실전 대책

1. 면접의 유형

과거 천편일률적인 일대일 면접과 달리 면접에는 다양한 유형이 도입되어 현재는 "면접은 이렇게 보는 것이다."라고 말할 수 있는 정해진 유형이 없어졌다. 그러나 대기업 면접에서는 현재까지는 집단 면접과 다대일 면접이 진행되고 있으므로 어느 정도 유형을 파악하여 사전에 대비가 가능하다. 면접의 기본인 단독 면접부터, 다대일 면접, 집단 면접의 유형과 그 대책에 대해 알아보자.

(1) 단독 면접

단독 면접이란 응시자와 면접관이 1대1로 마주하는 형식을 말한다. 면접위원 한 사람과 응시자 한 사람이 마주 앉아 자유로운 화제를 가지고 질의응답을 되풀이하는 방식이다. 이 방식은 면접의 가장 기본적인 방법으로 소요시간은 10 ~ 20분 정도가 일반적이다.

① 장점

필기시험 등으로 판단할 수 없는 성품이나 능력을 알아내는 데 가장 적합하다고 평가받아 온 면접방식으로 응시자 한 사람 한 사람에 대해 여러 면에서 비교적 폭넓게 파악할 수 있다. 응시자의 입장에서는 한 사람의 면접관만을 대하는 것이므로 상대방에게 집중할 수 있으며, 긴장감도 다른 면접방식에 비해서는 적은 편이다.

② 단점

면접관의 주관이 강하게 작용해 객관성을 저해할 소지가 있으며, 면접 평가표를 활용한다 하더라도 일면적인 평가에 그칠 가능성을 배제할 수 없다. 또한 시간이 많이 소요되는 것도 단점이다.

> **단독 면접 준비 Point**
>
> 단독 면접에 대비하기 위해서는 평소 1대1로 논리 정연하게 대화를 나눌 수 있는 능력을 기르는 것이 중요하다. 그리고 면접장에서는 면접관을 선배나 선생님 혹은 아버지를 대하는 기분으로 면접에 임하는 것이 부담도 훨씬 적고 실력을 발휘할 수 있는 방법이 될 것이다.

(2) 다대일 면접

다대일 면접은 일반적으로 가장 많이 사용되는 면접방법으로 보통 2 ~ 5명의 면접관이 1명의 응시자에게 질문하는 형태의 면접방법이다. 면접관이 여러 명이므로 다각도에서 질문을 하여 응시자에 대한 정보를 많이 알아낼 수 있다는 점 때문에 선호하는 면접방법이다.

하지만 응시자의 입장에서는 질문도 면접관에 따라 각양각색이고 동료 응시자가 없으므로 숨 돌릴 틈도 없게 느껴진다. 또한 관찰하는 눈도 많아서 조그만 실수라도 지나치는 법이 없기 때문에 정신적 압박과 긴장감이 높은 면접방법이다. 따라서 응시자는 긴장을 풀고 한 시험관이 묻더라도 면접관 전원을 향해 대답한다는 기분으로 또박또박 대답하는 자세가 필요하다.

① 장점

면접관이 집중적인 질문과 다양한 관찰을 통해 응시자가 과연 조직에 필요한 인물인가를 완벽히 검증할 수 있다.

② 단점

면접시간이 보통 10 ~ 30분 정도로 좀 긴 편이고 응시자에게 지나친 긴장감을 조성하는 면접방법이다.

> **다대일 면접 준비 Point**
>
> 질문을 들을 때 시선은 면접위원을 향하고 다른 데로 돌리지 말아야 하며, 대답할 때에도 고개를 숙이거나 입속에서 우물거리는 소극적인 태도는 피하도록 한다. 면접위원과 대등하다는 마음가짐으로 편안한 태도를 유지하면 대답도 자연스러운 상태에서 좀 더 충실히 할 수 있고, 이에 따라 면접위원이 받는 인상도 달라진다.

(3) 집단 면접

집단 면접은 다수의 면접관이 여러 명의 응시자를 한꺼번에 평가하는 방식으로 짧은 시간에 능률적으로 면접을 진행할 수 있다. 각 응시자에 대한 질문내용, 질문횟수, 시간배분이 똑같지는 않으며, 모두에게 같은 질문이 주어지기도 하고, 각각 다른 질문을 받기도 한다.

또한 어떤 응시자가 한 대답에 대한 의견을 묻는 등 그때그때의 분위기나 면접관의 의향에 따라 변수가 많다. 집단 면접은 응시자의 입장에서는 개별 면접에 비해 긴장감은 다소 덜한 반면에 다른 응시자들과의 비교가 확실하게 나타나므로 응시자는 몸가짐이나 표현력·논리성 등이 결여되지 않도록 자신의 생각이나 의견을 솔직하게 발표하여 집단 속에 묻히거나 밀려나지 않도록 주의해야 한다.

① 장점

집단 면접의 장점은 면접관이 응시자 한 사람에 대한 관찰시간이 상대적으로 길고, 비교 평가가 가능하기 때문에 결과적으로 평가의 객관성과 신뢰성을 높일 수 있다는 점이며, 응시자는 동료들과 함께 면접을 받기 때문에 긴장감이 다소 덜하다는 것을 들 수 있다. 또한 동료가 답변하는 것을 들으며, 자신의 답변 방식이나 자세를 조정할 수 있다는 것도 큰 이점이다.

② 단점

응답하는 순서에 따라 응시자마다 유리하고 불리한 점이 있고, 면접위원의 입장에서는 각각의 개인적인 문제를 깊게 다루기가 곤란하다는 것이 단점이다.

집단 면접 준비 Point

너무 자기 과시를 하지 않는 것이 좋다. 대답은 자신이 말하고 싶은 내용을 간단명료하게 말해야 한다. 내용이 없는 발언을 한다거나 대답을 질질 끄는 태도는 좋지 않다. 또 말하는 중에 내용이 주제에서 벗어나거나 자기중심적으로만 말하는 것도 피해야 한다. 집단 면접에 대비하기 위해서는 평소에 설득력을 지닌 자신의 논리력을 계발하는 데 힘써야 하며, 다른 사람 앞에서 자신의 의견을 조리 있게 개진할 수 있는 발표력을 갖추는 데에도 많은 노력을 기울여야 한다.

• 실력에는 큰 차이가 없다는 것을 기억하라.
• 동료 응시자들과 서로 협조하라.
• 답변하지 않을 때의 자세가 중요하다.
• 개성 표현은 좋지만 튀는 것은 위험하다.

---

(4) 집단 토론식 면접

집단 토론식 면접은 집단 면접과 형태는 유사하지만 질의응답이 아니라 응시자들끼리의 토론이 중심이 되는 면접방법으로 최근 들어 급증세를 보이고 있다. 이는 공통의 주제에 대해 다양한 견해들이 개진되고 결론을 도출하는 과정, 즉 토론을 통해 응시자의 다양한 면에 대한 평가가 가능하다는 집단 토론식 면접의 장점이 널리 확산된 데 따른 것으로 보인다. 사실 집단 토론식 면접을 활용하면 주제와 관련된 지식 정도와 이해력, 판단력, 설득력, 협동성은 물론 리더십, 조직 적응력, 적극성과 대인관계 능력 등을 쉽게 파악할 수 있다.

토론식 면접에서는 자신의 의견을 명확히 제시하면서도 상대방의 의견을 경청하는 토론의 기본자세가 필수적이며, 지나친 경쟁심이나 자기 과시욕은 접어두는 것이 좋다. 또한 집단 토론의 목적이 결론을 도출해 나가는 과정에 있다는 것을 감안하여 무리하게 자신의 주장을 관철시키기보다 오히려 토론의 질을 높이는 데 기여하는 것이 좋은 인상을 줄 수 있다는 점을 알아야 한다. 취업 희망자들은 토론식 면접이 급속도로 확산되는 추세임을 감안해 특히 철저한 준비를 해야 한다. 평소에 신문의 사설이나 매스컴 등의 토론 프로그램을 주의 깊게 보면서 논리 전개방식을 비롯한 토론 과정을 익히도록 하고, 친구들과 함께 간단한 주제를 놓고 토론을 진행해 볼 필요가 있다. 또한 사회·시사문제에 대해 자기 나름대로의 관점을 정립해두는 것도 꼭 필요하다.

(5) PT 면접

· PT 면접, 즉 프레젠테이션 면접은 최근 들어 집단 토론 면접과 더불어 그 활용도가 점차 커지고 있다. PT 면접은 기업마다 특성이 다르고 인재상이 다른 만큼 인성 면접만으로는 알 수 없는 지원자의 문제해결 능력, 전문성, 창의성, 기본 실무능력, 논리성 등을 관찰하는 데 중점을 두는 면접으로, 지원자 간의 변별력이 높아 대부분의 기업에서 적용하고 있으며, 확산되는 추세이다.

면접 시간은 기업별로 차이가 있지만, 전문지식, 시사성 관련 주제를 제시한 다음, 보통 20 ~ 50분 정도 준비하여 5분가량 발표할 시간을 준다. 면접관과 지원자의 단순한 질의응답식이 아닌, 주제에 대해 일정 시간 동안 지원자의 발언과 발표하는 모습 등을 관찰하게 된다. 정확한 답이나 지식보다는 논리적 사고와 의사표현력이 더 중시되기 때문에 자신의 생각을 어떻게 설명하느냐가 매우 중요하다.

PT 면접에서 같은 주제라도 직무별로 평가요소가 달리 나타난다. 예를 들어, 영업직은 설득력과 의사소통 능력에 중점을 둘 수 있겠고, 관리직은 신뢰성과 창의성 등을 더 중요하게 평가한다.

PT 면접 준비 Point

- 면접관의 관심과 주의를 집중시키고, 발표 태도에 유의한다.
- 모의 면접이나 거울 면접을 통해 미리 점검한다.
- PT 내용은 세 가지 정도로 정리해서 말한다.
- PT 내용에는 자신의 생각이 담겨 있어야 한다.
- 중간에 자문자답 방식을 활용한다.
- 평소 지원하는 업계의 동향이나 직무에 대한 전문지식을 쌓아둔다.
- 부적절한 용어 사용이나 무리한 주장 등은 하지 않는다.

2. 면접의 실전 대책

(1) 면접 대비사항

① 지원 회사에 대한 사전지식을 충분히 준비한다.

필기시험에서 합격 또는 서류전형에서의 합격통지가 온 후 면접시험 날짜가 정해지는 것이 보통이다. 이때 수험자는 면접시험을 대비해 사전에 자기가 지원한 계열사 또는 부서에 대해 폭넓은 지식을 준비할 필요가 있다.

지원 회사에 대해 알아두어야 할 사항

- 회사의 연혁
- 회장 또는 사장의 이름, 출신학교, 관심사
- 회장 또는 사장이 요구하는 신입사원의 인재상
- 회사의 사훈, 사시, 경영이념, 창업정신
- 회사의 대표적 상품, 특색
- 업종별 계열회사의 수
- 해외지사의 수와 그 위치
- 신 개발품에 대한 기획 여부
- 자기가 생각하는 회사의 장단점
- 회사의 잠재적 능력개발에 대한 제언

② 충분한 수면을 취한다.

충분한 수면으로 안정감을 유지하고 첫 출발의 상쾌한 마음가짐을 갖는다.

③ 얼굴을 생기 있게 한다.

첫인상은 면접에 있어서 가장 결정적인 당락요인이다. 면접관에게 좋은 인상을 줄 수 있도록 화장하는 것도 필요하다. 면접관들이 가장 좋아하는 인상은 얼굴에 생기가 있고 눈동자가 살아 있는 사람, 즉 기가 살아 있는 사람이다.

④ 아침에 인터넷 뉴스를 읽고 간다.

그날의 뉴스가 질문 대상에 오를 수가 있다. 특히 경제면, 정치면, 문화면 등을 유의해서 볼 필요가 있다.

출발 전 확인할 사항

이력서, 자기소개서, 성적증명서, 졸업(예정)증명서, 지갑, 신분증(주민등록증), 손수건, 휴지, 볼펜, 메모지, 예비스타킹 등을 준비하자.

(2) 면접 시 옷차림

면접에서 옷차림은 간결하고 단정한 느낌을 주는 것이 가장 중요하다. 색상과 디자인 면에서 지나치게 화려한 색상이나, 노출이 심한 디자인은 자칫 면접관의 눈살을 찌푸리게 할 수 있다. 단정한 차림을 유지하면서 자신만의 독특한 멋을 연출하는 것, 지원하는 회사의 분위기를 파악했다는 센스를 보여주는 것 또한 코디네이션의 포인트이다.

복장 점검

• 구두는 잘 닦여 있는가?
• 옷은 깨끗이 다려져 있으며 스커트 길이는 적당한가?
• 손톱은 길지 않고 깨끗한가?
• 머리는 흐트러짐 없이 단정한가?

(3) 면접요령

① 첫인상을 중요시한다.

상대에게 인상을 좋게 주지 않으면 어떠한 얘기를 해도 이쪽의 기분이 충분히 전달되지 않을 수 있다. 예를 들어, '저 친구는 표정이 없고 무엇을 생각하고 있는지 전혀 알 길이 없다.'처럼 생각되면 최악의 상태이다. 우선 청결한 복장, 바른 자세로 침착하게 들어가야 한다. 건강하고 신선한 이미지를 주어야 하기 때문이다.

② 좋은 표정을 짓는다.

얘기를 할 때의 표정은 중요한 사항의 하나다. 거울 앞에서 웃는 연습을 해본다. 웃는 얼굴은 상대를 편안하게 하고, 특히 면접 등 긴박한 분위기에서는 천금의 값이 있다 할 것이다. 그렇다고 하여 항상 웃고만 있어서는 안 된다. 자기의 할 얘기를 진정으로 전하고 싶을 때는 진지한 얼굴로 상대의 눈을 바라보며 얘기한다. 면접을 볼 때 눈을 감고 있으면 마이너스 이미지를 주게 된다.

③ 결론부터 이야기한다.

자기의 의사나 생각을 상대에게 정확하게 전달하기 위해서 먼저 무엇을 말하고자 하는가를 명확히 결정해 두어야 한다. 대답을 할 경우에는 결론을 먼저 이야기하고 나서 그에 따른 설명과 이유를 덧붙이면 논지(論旨)가 명확해지고 이야기가 깔끔하게 정리된다.

한 가지 사실을 이야기하거나 설명하는 데는 3분이면 충분하다. 복잡한 이야기라도 어느 정도의 길이로 요약해서 이야기하면 상대도 이해하기 쉽고 자기도 정리할 수 있다. 긴 이야기는 오히려 상대를 불쾌하게 할 수가 있다.

④ 질문의 요지를 파악한다.

면접 때의 이야기는 간결성만으로는 부족하다. 상대의 질문이나 이야기에 대해 적절하고 필요한 대답을 하지 않으면 대화는 끊어지고 자기의 생각도 제대로 표현하지 못하여 면접자로 하여금 수험생의 인품이나 사고방식 등을 명확히 파악할 수 없게 한다. 무엇을 묻고 있는지, 무슨 이야기를 하고 있는지 그 요점을 정확히 알아내야 한다.

면접에서 고득점을 받을 수 있는 성공요령

1. 자기 자신을 겸허하게 판단하라.
2. 지원한 회사에 대해 100% 이해하라.
3. 실전과 같은 연습으로 감각을 익히라.
4. 단답형 답변보다는 구체적으로 이야기를 풀어나가라.
5. 거짓말을 하지 말라.
6. 면접하는 동안 대화의 흐름을 유지하라.
7. 친밀감과 신뢰를 구축하라.
8. 상대방의 말을 성실하게 들으라.
9. 근로조건에 대한 이야기를 풀어나갈 준비를 하라.
10. 끝까지 긴장을 풀지 말라.

01 오뚜기그룹 면접 형태

오뚜기그룹은 '부모와 윗사람을 공경하고, 타인을 배려하는 예의범절을 갖춘 인재로서 조직과 가정에서 절약정신을 실천하는 인재', '법규와 약속을 지키고 올바른 행동을 솔선수범하여 실천하는 인재', '마음과 정성으로 사회와 타인을 위해 봉사하는 마음을 가지고 실천하는 인재'를 인재상으로 삼고 있다. 오뚜기그룹은 인성검사와 함께 면접 전형을 중요하게 여기므로, 당사가 원하는 인재상을 정확하게 파악하고 가는 것이 중요하다.

또한 오뚜기그룹에 대한 질문이 많은 비중을 차지하므로 당사가 주력하고 있는 상품이나 시장조사, 또는 오뚜기의 ESG경영에 대해 공부하고 가면 면접에 큰 도움이 될 것이다.

오뚜기그룹 면접은 1차 면접과 2차 면접, 총 2차례로 진행된다. 1차 면접은 역량 / 인성 면접을 보며, 2차 면접은 임원 면접이다.

1. 1차 면접

① 면접 형태 : 다대다 면접
② 면접 시간 : 조마다 상이
③ 면접 내용

한 조에 4~8명이 들어가게 되며, 자기소개 없이 공통질문으로 면접이 시작된다. 모든 면접자가 공통질문에 대답하고 나면, 각 면접자에게 개별질문을 물어본다. 주로 회사와 지원 동기, 지원 직무에 대한 내용을 물어보고, 자기소개서에서 부족한 부분에 대해 질문하기도 한다. 면접자와 지원 직무와의 적합성, 본인의 브랜딩을 어떻게 구체화했는지를 파악하고자 한다.

2. 2차 면접

① 면접 형태 : 다대다 면접
② 면접 시간 : 약 10분
③ 면접 내용

자기소개를 시작으로 면접이 시작된다. 짧은 시간 안에 다른 지원자와 함께 면접이 진행되므로 자기소개에서 강한 임팩트를 남기는 것이 좋다. 당사에 대한 관심과 시장 트렌드, 그 안에서 회사가 취해야 할 발전 방향에 대해 물어본다. 따라서 오뚜기그룹 상품의 장단점과 개선 방안은 물론, 전반적인 식품 시장 조사를 철저하게 준비해야 할 것이다.

(1) 역량 / 인성 면접

- 오뚜기에서 진행했던 인상 깊은 마케팅 사례가 있다면 말해 보시오.
- 당사 지원 동기와 지원 직무 지원 동기를 말해 보시오.
- 단순 반복적인 업무에 대해 어떻게 생각하는지 말해 보시오.
- 입사 후 회사의 가치관과 본인의 가치관이 다를 경우 어떻게 할 것인지 말해 보시오.
- 어떤 일에 도전했다가 실패한 적이 있는지, 있다면 그 해결방안은 무엇이었는지 말해 보시오.
- 전공이 지원한 직무에 어떤 도움이 될 것 같은지 말해 보시오.
- 지원한 직무와 다른 부서로 발령이 난다면 어떻게 할 것인지 말해 보시오.
- 지원한 직무에서 가장 중요하다고 생각하는 점에 대해 말해 보시오.
- 본인의 영어 실력에 대해 말해 보시오.
- 본인이 생각하는 오뚜기의 브랜드 이미지에 대해 말해 보시오.
- 직장 상사가 부당한 대우를 했을 때 어떻게 할 것인지 말해 보시오.
- 자신만의 오뚜기 제품이 있다면 그에 대해 말해 보시오.
- 상대적으로 열의에 위치한 시장이지만 성장성이 좋다면 진입할 것인지 물러설 것인지 말해 보시오.
- 영어 성적 / 해외 경험 / 봉사활동 경험이 없는 이유에 대해 말해 보시오.
- 해외 제품 중 수입하고 싶은 제품이 있다면 그에 대해 말해 보시오.
- 본인이 가지고 있는 자격증을 지원 직무에 어떻게 활용할 수 있는지 말해 보시오.
- 본인을 표현하는 단어에 대해 말해 보시오.

(2) 임원 면접

- 간단하게 자기소개를 해 보시오.
- 당사가 성장하려면 어떤 경쟁력을 갖춰야 하는지 말해 보시오.
- 오뚜기의 제품과 경쟁사의 제품 중 인상 깊었던 제품을 말해 보시오.
- 향후 오뚜기의 발전방향에 대한 본인의 생각과 견해에 대해 말해 보시오.
- 전반적인 식품 트렌드에 대해 말해 보시오.

합격의 공식
SD에듀
SD EDU

"오늘 당신의 노력은 아름다운 꽃의 물이 될 것입니다."

그러나, 이 꽃을 볼 때 사람들은 이 꽃의 아름다움과 향기만을 사랑하고 칭찬하였지, 이 꽃을 그렇게 아름답게 어여쁘게 만들어 주는 병 속의 물은 조금도 생각지 않는 것이 보통입니다.

만일 이 꽃병 속에 들어 있는 물을 죄다 쏟아 버리고 빈 병에다 이 꽃을 꽂아 보십시오. 아무리 아름답고 어여쁜 꽃이기로서니 단 한 송이의 꽃을 피울 수 있으며, 단 한 번이라도 꽃 향기를 날릴 수 있겠는가?

우리는 여기서 아무리 본바탕이 좋고 아름다운 꽃이라도 보이지 않는 물의 숨은 힘이 없으면 도저히 그 빛과 향기를 자랑할 수 없는 것을 알았습니다.

－방정환의 「우리 뒤에 숨은 힘」 중－

앞선 정보 제공! 도서 업데이트

언제, 왜 업데이트될까?

도서의 학습 효율을 높이기 위해 자료를 추가로 제공할 때!
공기업 · 대기업 필기시험에 변동사항 발생 시 정보 공유를 위해!
공기업 · 대기업 채용 및 시험 관련 중요 이슈가 생겼을 때!

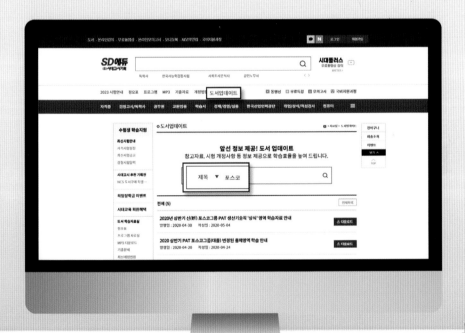

01 SD에듀 도서
www.sdedu.co.kr/book
홈페이지 접속

02 상단 카테고리
「도서업데이트」
클릭

03 해당
기업명으로
검색

참고자료, 시험 개정사항 등 정보 제공으로 학습효율을 높여 드립니다.

SD에듀

대기업 인적성검사
시리즈

신뢰와 책임의 마음으로 수험생 여러분에게 다가갑니다.

대기업 인적성 "기본서" 시리즈

대기업 취업 기초부터 합격까지! 취업의 문을 여는
Master Key!

※도서의 이미지 및 구성은 변동될 수 있습니다.

2024
최신판

오뚜기 그룹
온라인 능력적성검사

정답 및 해설

최신기출유형+모의고사 4회

편저 | SDC(Sidae Data Center)

판매량
1위
YES24 오뚜기그룹
부문

형분석 및 모의고사로
최종합격까지

한 권으로
마무리!

SDC
SDC는 SD에듀 데이터 센터의 약자로
약 30만 개의 NCS · 적성 문제 데이터를
바탕으로 최신 출제경향을 반영하여
문제를 출제합니다.

SD에듀
(주)시대고시기획

PART 1

출제유형분석

끝까지 책임진다! SD에듀!

QR코드를 통해 도서 출간 이후 발견된 오류나 개정법령, 변경된 시험 정보, 최신기출문제, 도서 업데이트 자료 등이 있는지 확인해 보세요! **시대에듀 합격 스마트 앱**을 통해서도 알려 드리고 있으니 구글 플레이나 앱 스토어에서 다운받아 사용하세요. 또한, 파본 도서인 경우에는 구입하신 곳에서 교환해 드립니다.

출제유형분석 01 │ 실전예제

01

밑줄 친 '엿보다'는 '남이 보이지 아니하는 곳에 숨거나 남이 알아차리지 못하게 하여 대상을 살펴보다.'는 의미로 이와 같은 의미로 쓰인 것은 ③이다.

오답분석

①·② 잘 보이지 아니하는 대상을 좁은 틈 따위로 바라보다.
④·⑤ 잘 드러나지 아니하는 마음이나 생각을 알아내려고 살피다.

02

밑줄 친 '기르다'는 '육체나 정신을 단련하여 더 강하게 만들다.'는 의미로 이와 같은 의미로 쓰인 것은 ④이다.

오답분석

① 동식물을 보살펴 자라게 하다.
② 아이를 보살펴 키우다.
③ 습관 따위를 몸에 익게 하다.
⑤ 머리카락이나 수염 따위를 깎지 않고 길게 자라도록 하다.

03

밑줄 친 '넘어서다'는 '어려운 상황을 넘어서 지나다.'는 의미로 이와 같은 의미로 쓰인 것은 ④이다.

오답분석

① 높은 부분의 위를 넘어서 지나다.
② 경계가 되는 일정한 장소를 넘어서 지나다.
③ 일정한 기준이나 한계 따위를 넘어서 벗어나다.
⑤ 마음이나 주장 따위가 다른 쪽으로 기울어지다.

01

정답 ②

> • 낱말 맞히기 퍼즐은 어린이의 지능을 (개발 / 발달)시키는 데에 도움을 준다.
> • 국토의 균형적인 (개발 / 발전)을 위해 지방 소도시에 대한 지원이 이루어져야 한다.
> • 인류는 화석 연료를 대체할 수 있는 새로운 에너지를 (개발)하는 데에 힘써야 한다.
> • 농업 기술이 (발전)한/된 덕분에 제철이 아닌 과일도 언제든지 먹을 수 있다.
> • 대통령은 국정 전반에 걸쳐 (개혁)을 단행했다.

• 개척(開拓)
 1. 거친 땅을 일구어 논이나 밭과 같이 쓸모 있는 땅으로 만듦
 2. 새로운 영역, 운명, 진로 따위를 처음으로 열어나감

[오답분석]

① 개혁(改革) : 제도나 기구 따위를 새롭게 뜯어고침
③ 개발(開發) : 1. 토지나 천연자원 따위를 유용하게 만듦
             2. 지식이나 재능 따위를 발달하게 함
             3. 산업이나 경제 따위를 발전하게 함
④ 발전(發展) : 보다 더 낫고 좋은 상태나 더 높은 단계로 나아감
⑤ 발달(發達) : 1. 신체, 정서, 지능 따위가 성장하거나 성숙함
             2. 학문, 기술, 문명, 사회 따위의 현상이 더 높은 수준에 이름 등

02

정답 ①

㉠ 한계(限界) : 사물이나 능력, 책임 따위가 실제 작용할 수 있는 범위. 또는 그런 범위를 나타내는 선
㉢ 종사(從事) : 어떤 일을 일삼아서 함
㉤ 취득(取得) : 자기 것으로 만들어 가짐
㉱ 회피(回避) : 일하기를 꺼리어 선뜻 나서지 않음

[오답분석]

㉡ 한도(限度) : 일정한 정도. 또는 한정된 정도
㉣ 종속(從屬) : 자주성이 없이 주가 되는 것에 딸려 붙음
㉥ 터득(攄得) : 깊이 생각하여 이치를 깨달아 알아내는 것
㉦ 도피(逃避) : 적극적으로 나서야 할 일에서 몸을 사려 빠져나감

01

오답분석

① 타락의 길로 떨어져(빠져) 슬픈 인생을 살았다.
③ 그 성이 적의 손에 떨어졌다는(함락되었다는) 전갈이 왔다.
④ 곧 우리 부대에 중요한 임무가 떨어질(하달될) 것이다.
⑤ 품질에서 다른 회사에 떨어지면(뒤처지면) 경쟁에서 진다.

02

오답분석

① 그의 첫인상이 나에게 오래도록 남았다(기억되었다).
② 이문이 남아야(떨어져야) 장사를 하지!
④ 나는 여기에 남을(잔류할) 것이니 너희끼리 가거라.
⑤ 아이들 학비 대느라고 남는(남아나는) 돈이 없다.

03

오답분석

① 책 한 권을 읽는 데 시간이 많이 드는(쓰이는) 편이다.
② 소금을 뿌려 둔 생선에 간이 잘 들었다(뱄다).
④ 그는 이번 마라톤 대회에서 5등 안에 든(속한) 선수야.
⑤ 이 빵은 특히 빵 속에 든(담긴) 크림이 맛있어.

01

ⓔ 구상하다 : 앞으로 이루려는 일에 대하여 그 일의 내용이나 규모, 실현 방법 따위를 어떻게 정할 것인지 이리저리 생각하다.
ⓜ 입안하다 : 어떤 안(案)을 세우다.
ⓗ 설계하다 : 계획을 세우다.

오답분석

㉠ 의지하다 : 다른 것에 마음을 기대어 도움을 받다.
㉡ 무너지다 : 몸이 힘을 잃고 쓰러지거나 밑바닥으로 내려앉다.
㉢ 구조 : 부분이나 요소가 어떤 전체를 짜 이룸. 또는 그렇게 이루어진 얼개

02

- 매립(埋立) : 우묵한 땅이나 하천, 바다 등을 돌이나 흙 따위로 채움
- 굴착(掘鑿) : 땅이나 암석 따위를 파고 뚫음

[오답분석]
① • 당착(撞着) : 말이나 행동 따위의 앞뒤가 맞지 않음
  • 모순(矛盾) : 어떤 사실의 앞뒤, 또는 두 사실이 이치상 어긋나서 서로 맞지 않음
② • 용인(庸人) : 평범한 사람
  • 범인(凡人) : 평범한 사람
④ • 체류(滯留) : 객지에 가서 머물러 있음
  • 체재(滯在) : 객지에 가서 머물러 있음
⑤ • 모범(模範) : 본받아 배울 만한 대상
  • 귀감(龜鑑) : 거울로 삼아 본받을 만한 모범

03

'수척 – 초췌'는 유의 관계이다.
- 수척(瘦瘠) : 몸이 몹시 야위고 마른 듯함
- 초췌(憔悴) : 병, 근심, 고생 따위로 얼굴이나 몸이 여위고 파리함

[오답분석]
① • 소멸(消滅) : 사라져 없어짐
  • 생성(生成) : 사물이 생겨남. 또는 사물이 생겨 이루어지게 함
② • 반제(返濟) : 빌렸던 돈을 모두 다 갚음
  • 차용(借用) : 돈이나 물건 따위를 빌려서 씀
③ • 쇄국(鎖國) : 다른 나라와의 통상과 교역을 금지함
  • 개국(開國) : 1. 나라를 새롭게 세움
                 2. 나라의 문호를 열어 다른 나라와 교류함
⑤ • 달성(達成) : 목적한 것을 이룸
  • 실패(失敗) : 일을 잘못하여 뜻한 대로 되지 아니하거나 그르침

04

정답 ③

'사임'은 '맡아보던 일자리를 스스로 그만두고 물러남'을, '취임'은 '새로운 직무를 수행하기 위하여 맡은 자리에 처음으로 나아감'을 뜻한다.

[오답분석]
① 퇴임 : 비교적 높은 직책이나 임무에서 물러남
② 퇴진 : 진용을 갖춘 구성원 전체나 그 책임자가 물러남
④ 사직 : 맡은 직무를 내놓고 물러남
⑤ 퇴각 : 뒤로 물러남

01

먹고 난 뒤의 그릇을 씻어 정리하는 일을 뜻하는 단어는 '설거지'이다.

오답분석

① ~로서 : 지위나 신분 또는 자격을 나타내는 격 조사
② 왠지 : 왜 그런지 모르게. 또는 뚜렷한 이유도 없이
③ 드러나다 : 가려 있거나 보이지 않던 것이 보이게 됨
⑤ 밑동 : 긴 물건의 맨 아랫동아리

02

집에 가서 밥 <u>먹어야할</u> 텐데. → 집에 가서 밥 <u>먹어야 할</u> 텐데.

03

한글 맞춤법에 따르면 한자음 '랴, 려, 례, 료, 류, 리'가 단어의 첫머리에 올 적에는 두음법칙에 따라 '아, 예, 이, 오, 우'로 적고, 단어의 첫머리 '이, 오'의 경우에는 본음대로 적는다. 다만, 모음이나 'ㄴ' 받침 뒤에 이어지는 '렬, 률'은 '열, 율'로 적는다. 따라서 장애률이 아닌 장애율이 맞는 단어이다.

오답분석

㉠ 특화 : 한 나라의 산업 구조나 수출 구성에서 특정 산업이나 상품이 상대적으로 큰 비중을 차지함. 또는 그런 상태
㉡ 포용 : 남을 너그럽게 감싸 주거나 받아들임
㉢ 달성 : 목적한 것을 이룸
㉣ 더불어 : 거기에다 더하여

04

②는 문장 성분 간 호응이 어색하지 않고 맞춤법도 틀린 부분이 없다.

오답분석

① 인상이다. → 인상을 준다.
③ 일이 → 일을, 대상이다. → 대상으로 한다.
④ 거칠은 → 거친
⑤ 치루었다. → 치르었다, 치렀다.

출제유형분석 06 실전예제

01
`정답` ④

'산에 가야 범을 잡고, 물에 가야 고기를 잡는다.'는 속담은 '어떤 일을 성공하려면 가만히 앉아 있지 않고 직접 나서야 한다.'는 의미이다.

02
`정답` ⑤

제시문은 웃음치료의 효과에 대해서 이야기하며 웃음의 긍정적인 역할에 대해 설명하는 글이다. 따라서 '웃으면 젊어지고 성내면 빨리 늙어짐'을 뜻하는 일소일소 일노일로(一笑一少 一怒一老)가 적절하다.

[오답분석]
① 망운지정(望雲之情) : 멀리 떨어진 곳에서 부모님을 그리는 마음
② 소문만복래(掃門萬福來) : 집 안을 깨끗이 쓸고 청소하면 만복이 들어옴
③ 출필고반필면(出必告反必面) : '나갈 때는 반드시 아뢰고, 돌아오면 반드시 얼굴을 뵌다.'는 뜻으로, 외출할 때와 귀가했을 때 부모에 대한 자식의 도리
④ 맹모삼천지교(孟母三遷之敎) : 맹자의 어머니가 자식을 위해 세 번 이사했다는 뜻으로, 인간의 성장에 있어 그 환경이 중요함을 가리키는 말

03
`정답` ③

• 머리가 깨다 : 뒤떨어진 생각에서 벗어나다.

출제유형분석 07 실전예제

01
`정답` ④

'낡은 것을 버리다.'를 p, '새로운 것을 채우다.'를 q, '더 많은 세계를 경험하다.'를 r이라고 하면, 첫 번째 명제는 $p \rightarrow q$이며, 마지막 명제는 $\sim q \rightarrow \sim r$이다. 이때 첫 번째 명제의 대우는 $\sim q \rightarrow \sim p$이므로 마지막 명제가 참이 되기 위해서는 $\sim p \rightarrow \sim r$이 필요하다. 따라서 빈칸에 들어갈 명제는 $\sim p \rightarrow \sim r$의 ④이다.

02
`정답` ④

'음악을 좋아한다.'를 p, '상상력이 풍부하다.'를 q, '노란색을 좋아한다.'를 r이라고 하면, 첫 번째 명제는 $p \rightarrow q$, 두 번째 명제는 $\sim p \rightarrow \sim r$이다. 이때, 두 번째 명제의 대우 $r \rightarrow p$에 따라 $r \rightarrow p \rightarrow q$가 성립한다. 따라서 빈칸에 들어갈 명제로는 $r \rightarrow q$인 '노란색을 좋아하는 사람은 상상력이 풍부하다.'가 적절하다.

03
`정답` ③

'A세포가 있다.'를 p, '물체의 상을 감지하다.'를 q, 'B세포가 있다.'를 r, '빛의 유무를 감지하다.'를 s라 하면, 첫 번째, 두 번째, 마지막 명제는 각각 $p \rightarrow \sim q$, $\sim r \rightarrow q$, $p \rightarrow s$이다. 두 번째 명제의 대우와 첫 번째 명제에 따라 $p \rightarrow \sim q \rightarrow r$이 되어 $p \rightarrow r$이 성립하고, 마지막 명제가 $p \rightarrow s$가 되기 위해서는 $r \rightarrow s$가 추가로 필요하다. 따라서 빈칸에 들어갈 명제로는 $r \rightarrow s$인 'B세포가 없는 동물은 빛의 유무를 감지할 수 없다.'가 적절하다.

01

정답 ②

'야근을 하는 사람'을 A, 'X분야의 업무를 하는 사람'을 B, 'Y분야의 업무를 하는 사람'을 C라고 하면, 전제1과 전제2는 다음과 같은 벤다이어그램으로 나타낼 수 있다.

전제1.

전제2.

이를 정리하면 다음과 같은 벤다이어그램이 성립한다.

따라서 'Y분야의 업무를 하는 어떤 사람은 X분야의 업무를 한다.'라는 결론이 도출된다.

02

정답 ⑤

'경위'를 A, '파출소장'을 B, '30대'를 C라고 하면, 전제1과 결론은 다음과 같은 벤다이어그램으로 나타낼 수 있다.

전제1.

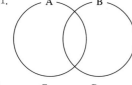

결론.

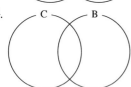

결론이 참이 되기 위해서는 B와 공통되는 부분의 A와 C가 연결되어야 하므로 A를 C에 모두 포함시켜야 한다. 즉, 다음과 같은 벤다이어그램이 성립할 때 결론이 참이 될 수 있으므로 빈칸에 들어갈 명제는 '모든 경위는 30대이다.'의 ⑤이다.

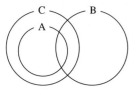

오답분석
① · ② 다음과 같은 경우 성립하지 않는다.

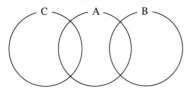

③ 다음과 같은 경우 성립하지 않는다.

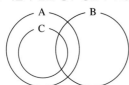

03

정답 ③

'과일'을 A, '맛이 있다.'를 B, '가격이 비싸다.'를 C라 하면 전제1과 전제2는 다음과 같은 벤다이어그램으로 나타낼 수 있다.

전제1.

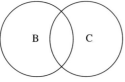

전제2.

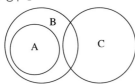

이를 정리하면 다음과 같은 두 가지 경우의 벤다이어그램이 성립한다.

ⅰ) 경우 1

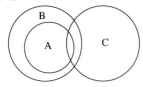

ⅱ) 경우 2

04

'인형을 좋아하는 아이'를 '인', '동물을 좋아하는 아이'를 '동', '친구를 좋아하는 아이'를 '친'이라고 하면, 전제1과 결론은 다음과 같은 벤다이어그램으로 나타낼 수 있다.

전제1.

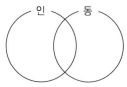

결론.

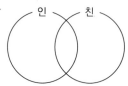

결론이 참이 되기 위해서는 '인'과 공통되는 부분의 '동'이 '친'과 반드시 연결되어야 하므로 '동'을 '친'에 모두 포함시켜야 한다. 즉, 다음과 같은 경우의 벤다이어그램이 성립할 때 결론이 참이 될 수 있다.

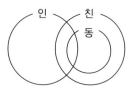

따라서 빈칸에 들어갈 명제는 '동물을 좋아하는 아이는 친구를 좋아한다.'의 ④이다.

오답분석

①·③ 다음과 같은 경우 성립하지 않는다.

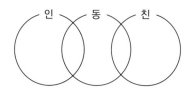

②·⑤ 다음과 같은 경우 성립하지 않는다.

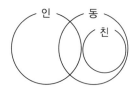

출제유형분석 01 　실전예제

01
정답 ③

각 수와 수 사이의 증감을 비교하면 다음과 같다.

$+1$, -2, $+9$, -4, $+25$, -6, $+49$

이를 정리하면, $+(-1)^2$, $+(-2)^1$, $+(-3)^2$, $+(-4)^1$, $+(-5)^2$, $+(-6)^1$, $+(-7)^2$이고, 이는 '$(-a)^b$'의 형태로 a는 1부터 시작하여 자연수를 순서대로 대입하고, b는 a가 짝수일 경우 1, 홀수일 경우 2를 대입한다.

따라서 (　)$=86+(-8)^1=78$이다.

02
정답 ⑤

앞의 항에 3^n-3(n=1, 2, 3 …)을 더하는 수열이다.

따라서 (　)$=349+3^6-3=349+726=1,075$이다.

03
정답 ④

나열된 수를 각각 A, B, C라고 하면

$\underline{A\ B\ C} \rightarrow A^2+B^2=C$

따라서 (　)$=5^2+6^2=61$이다.

04
정답 ②

$+2$, $+3$, $+4$, $+5$, …가 적용되는 수열이다.

3	E	8	L	17	(W)	30
3	5	8	12	17	23	30

01

정답 ①

세현이가 처음 20분 동안 24km/h로 달린 거리는 $24 \times \dfrac{20}{60} = 8$km이고 나중 20분간 달린 거리는 $12 \times \dfrac{20}{60} = 4$km이다.

따라서 세현이가 40분 동안 달린 거리는 $8+4=12$km이다.

한편, 현수가 20분 동안 달린 속력을 $x$km/h라 하면 나중 속력은 $2x$km/h이고 두 선수가 40분간 달린 거리는 같으므로 다음과 같은 방정식이 성립한다.

$$x \times \frac{20}{60} + 2x \times \frac{20}{60} = 12$$

$$\rightarrow \frac{1}{3}x + \frac{2}{3}x = 12$$

$$\therefore \ x = 12$$

따라서 현수의 처음 속력은 12km/h이다.

02

정답 ④

A사원이 P지점에서 R지점까지 이동하는데 걸린 시간은 $\dfrac{4}{4}=1$시간이다.

P지점에서 Q지점까지의 거리를 $x$km이라 하면 Q지점에서 R지점까지의 거리는 $(4-x)$km이다.

B사원이 A사원보다 12분 늦게 도착했으므로 다음과 같은 방정식이 성립한다.

$$\frac{x}{5} + \frac{4-x}{3} = \frac{6}{5}$$

$$\rightarrow 3x - 18 = -20 + 5x$$

$$\therefore \ x = 1$$

그러므로 P지점에서 Q지점까지의 거리는 1km이고, Q지점에서 R지점까지의 거리는 3km이다.

따라서 C사원이 P지점에서 R지점까지 가는 데 걸린 시간은 $\dfrac{1}{2} + \dfrac{3}{5} = \dfrac{11}{10}$ 시간이므로 A사원보다 6분 늦게 도착한다.

03

정답 ②

우람이네 집에서 도서관까지의 거리를 $x$km라고 하자.

집에서 출발하여 도서관에 갔다가 집을 거쳐 우체국에 가는 데 걸리는 시간은 $\left(\dfrac{x}{5} + \dfrac{x+10}{3} \right)$시간이다. 이때, 이동하는 데 걸리는 시간이 4시간 이내여야 하므로 다음과 같은 부등식이 성립한다.

$$\frac{x}{5} + \frac{x+10}{3} \le 4$$

$$\rightarrow 3x + 5(x+10) \le 60$$

$$\rightarrow 8x \le 10$$

$$\therefore \ x \le \frac{5}{4}$$

따라서 도서관은 집에서 $\dfrac{5}{4}$km 이내에 있어야 한다.

01

부어야 하는 물의 양을 xg이라 하면 다음과 같은 부등식이 성립한다.

$$\frac{\frac{12}{100} \times 600}{600+x} \times 100 \leq 4$$

$$\rightarrow 7,200 \leq 2,400+4x$$

$$\therefore x \geq 1,200$$

따라서 최소 1,200g의 물을 부어야 한다.

02

처음 설탕물의 농도를 x%라 하면 다음과 같은 방정식이 성립한다.

$$\frac{\frac{x}{100} \times 200+5}{200-50+5} \times 100=3x$$

$$\rightarrow 200x+500=465x$$

$$\therefore x=\frac{100}{53} \fallingdotseq 1.9$$

따라서 처음 설탕물의 농도는 약 1.9%이다.

03

ⅰ) A소금물을 B소금물로 100g 덜어낸 후 각 소금물에 녹아있는 소금의 양

- A : $\frac{6}{100} \times 200=12$g

- B : $\frac{8}{100} \times 300+\frac{6}{100} \times 100=30$g

ⅱ) B소금물을 A소금물로 80g 덜어낸 후 각 소금물에 녹아있는 소금의 양

- A : $12+\frac{30}{400} \times 80=18$g

- B : $\frac{30}{400} \times 320=24$g

따라서 A소금물의 농도는 $\frac{18}{280} \times 100 \fallingdotseq 6.4$%이다.

01

정답 ②

A트럭의 적재량을 a톤이라 하자. 하루에 두 번, 즉 $2a$톤씩 12일 동안 192톤을 옮기므로 A는 $2a \times 12 = 192$가 성립한다. 따라서 A트럭의 적재량은 $a = \dfrac{192}{24} = 8$톤이다. A트럭과 B트럭이 동시에 운행했을 때는 8일이 걸렸으므로 A트럭이 옮긴 양은 $8 \times 2 \times 8 = 128$톤이며, B트럭은 8일 동안 $192 - 128 = 64$톤을 옮기므로 B트럭의 적재량은 $\dfrac{64}{2 \times 8} = 4$톤이다.

B트럭과 C트럭을 같이 운행했을 때 16일 걸렸다면 B트럭이 16일 동안 옮긴 양은 $16 \times 2 \times 4 = 128$톤이며, C트럭은 64톤을 같은 기간 동안 옮겼다. 따라서 C트럭의 적재량은 $\dfrac{64}{2 \times 16} = 2$톤이다.

02

정답 ②

한 팀이 15분 작업 후 도구 교체에 걸리는 시간이 5분이므로 작업을 새로 시작하는데 걸리는 시간은 20분이다. 다른 한 팀은 30분 작업 후 바로 다른 작업을 시작하므로 작업을 새로 시작하는데 걸리는 시간은 30분이다.

따라서 두 팀은 60분마다 작업을 동시에 시작하므로 오후 1시에 작업을 시작해서 세 번째로 동시에 작업을 시작하는 시각은 3시간 후인 오후 4시이다.

03

정답 ②

움직인 시간을 x초라고 하면 두 사람이 마주치는 층은 일차 방정식을 통해 계산할 수 있다.

$x = 15 - 2x$

$\rightarrow 3x = 15$

$\therefore \ x = 5$

따라서 두 사람이 같은 층이 되는 층은 5층이다.

01

정답 ④

4개, 7개, 8개씩 포장하면 각각 1개씩 남으므로 재고량은 4, 7, 8의 공배수보다 1 클 것이다.

4, 7, 8의 공배수는 56이므로 다음과 같이 나누어 생각해볼 수 있다.

- 재고량이 $56 + 1 = 57$개일 때 : $57 = 5 \times 11 + 2$
- 재고량이 $56 \times 2 + 1 = 113$개일 때 : $113 = 5 \times 22 + 3$
- 재고량이 $56 \times 3 + 1 = 169$개일 때 : $169 = 5 \times 33 + 4$

따라서 가능한 재고량의 최솟값은 169개이다.

02

정답 ②

A산악회 회원들을 12명씩 모았을 때 만들어지는 조의 수를 n이라 하면 A산악회 회원 수는 $12n+4$이다

$n=1$, $12\times1+4=16=10\times1=16$, 회원 수는 20명 이상이므로 조건에 맞지 않는다.

$n=2$, $12\times2+4=28=10\times2+8$

$n=3$, $12\times3+4=40=10\times4$

$n=4$, $12\times4+4=52=10\times5+2$

$n=5$, $12\times5+4=64=10\times6+4$

$n=6$, $12\times6+4=76=10\times7+6$

따라서 A산악회 회원의 최소 인원수는 76명이다.

03

정답 ①

작년 여사원의 수를 x명이라 하면 남사원의 수는 $(820-x)$명이므로 다음과 같은 방정식이 성립한다.

$$\frac{8}{100}(820-x)-\frac{10}{100}x=-10$$

$$\rightarrow 8(820-x)-10x=-1,000$$

$$\rightarrow 18x=7,560$$

$$\therefore x=420$$

따라서 올해의 여사원의 수는 $\frac{90}{100}\times420=378$명이다.

출제유형분석 06   실전예제

01

정답 ②

기본요금이 x원이고 추가요금이 y원이므로 다음과 같은 두 방정식이 성립한다.

$x+19y=20,950 \cdots$ ㉠

$x+30y=21,390 \cdots$ ㉡

㉠과 ㉡을 연립하면 $11y=440$이므로 $y=40$, $x=20,190$이다.

따라서 엄마의 통화 요금은 $20,190+40\times40+(2\times40)\times1=21,870$원이다.

02

정답 ③

A원두의 100g당 원가를 a원, B커피의 100g당 원가를 b원이라고 하면 다음과 같은 두 방정식이 성립한다.

$1.5(a+2b)=3,000 \cdots$ ㉠

$1.5(2a+b)=2,850 \cdots$ ㉡

㉠, ㉡을 연립하면 $a=600$, $b=700$이다.

따라서 B원두의 원가는 700원이다.

03

정답 ②

일시불로 구입한 경우 12개월 후 금액을 α만 원, 7월 초의 할인율을 $x\%$라 하면 $\alpha=100\times(1-\dfrac{x}{100})\times1.04^{12}$이다.

20만 원을 우선 지불한 후 남은 금액을 8만 원씩 할부 12개월로 지불했을 때 금액을 β만 원이라 하면

$\beta=20\times1.04^{12}+\dfrac{8\times(1.04^{12}-1)}{1.04-1}$ 이다.

$\alpha<\beta$이기 위한 x의 최솟값은 다음과 같은 부등식으로 알 수 있다.

$100\times(1-\dfrac{x}{100})\times1.04^{12}<20\times1.04^{12}+\dfrac{8\times(1.04^{12}-1)}{1.04-1}$

$\rightarrow\ 160-1.6x<32+120$

$\therefore\ x>5$

따라서 x보다 큰 정수 중 가장 작은 수는 6이므로 최소 6% 할인해야 일시불로 구입한 사람이 더 이익이 된다.

출제유형분석 07 실전예제

01

정답 ④

• 10명의 학생 중에서 임의로 2명을 뽑는 경우의 수 : $_{10}C_2=45$가지
• 뽑힌 2명의 학생의 혈액형이 모두 A형인 경우의 수 : $_2C_2=1$가지
• 뽑힌 2명의 학생의 혈액형이 모두 B형인 경우의 수 : $_3C_2=3$가지
• 뽑힌 2명의 학생의 혈액형이 모두 O형인 경우의 수 : $_5C_2=10$가지
따라서 뽑은 2명의 학생의 혈액형이 다를 경우의 수는 $45-(1+3+10)=31$가지이다.

02

정답 ③

ⅰ) 동일한 숫자가 2개, 2개 있는 경우
  0부터 9까지의 숫자 중에서 동일한 숫자 2개를 뽑는 경우의 수는 $_{10}C_2=45$가지이다.

  뽑은 2개의 수로 4자리를 만드는 경우의 수는 $\dfrac{4!}{2!2!}=6$가지이다.

  그러므로 설정할 수 있는 비밀번호는 $45\times6=270$가지이다.
ⅱ) 동일한 숫자가 2개만 있는 경우
  0부터 9까지의 숫자 중에서 동일한 숫자 1개를 뽑는 경우의 수는 10가지이다.
  나머지 숫자 2개를 뽑는 경우의 수는 $_9C_2=36$가지이다.

  뽑은 3개의 수로 4자리를 만드는 경우의 수는 $\dfrac{4!}{2!}=12$가지이다.

  그러므로 설정할 수 있는 비밀번호는 $10\times36\times12=4,320$가지이다.
따라서 가능한 모든 경우의 수는 $270+4,320=4,590$가지이다.

03

정답 ⑤

서로 다른 주사위 3개를 동시에 던질 때 나오는 모든 경우의 수는 $6\times6\times6=216$가지이고, 3개의 주사위 모두 짝수의 눈이 나오는 경우의 수는 $3\times3\times3=27$가지이다.
따라서 구하는 모든 경우의 수는 $216-27=189$가지이다.

01

두 주사위의 눈의 수의 곱은 다음과 같다.

주사위 눈의 수	1	2	3	4	5	6
1	1	2	3	4	5	6
2	2	4	6	8	10	12
3	3	6	9	12	15	18
4	4	8	12	16	20	24
5	5	10	15	20	25	30
6	6	12	18	24	30	36

4의 배수가 나오는 경우의 수는 모두 15가지이다. 따라서 확률은 $\dfrac{15}{36}=\dfrac{5}{12}$이다.

02

12장의 카드에서 3장을 꺼낼 때, 3장이 모두 스페이드, 하트, 다이아몬드 무늬인 사건을 각각 A, B, C라 하자.

- $P(A)=\dfrac{{}_4C_3}{{}_{12}C_3}=\dfrac{4}{220}$

- $P(B)=\dfrac{{}_3C_3}{{}_{12}C_3}=\dfrac{1}{220}$

- $P(C)=\dfrac{{}_5C_3}{{}_{12}C_3}=\dfrac{10}{220}$

A, B, C는 서로 배반사건이므로 $P(A\cup B\cup C)=P(A)+P(B)+P(C)=\dfrac{4}{220}+\dfrac{1}{220}+\dfrac{10}{220}=\dfrac{3}{44}$이다.

따라서 두 가지 이상의 무늬의 카드가 나올 확률은 $P((A\cup B\cup C)^c)=1-P(A\cup B\cup C)=1-\dfrac{3}{44}=\dfrac{41}{44}$이다.

03

문제 B를 맞힐 확률을 p라 하면 다음과 같은 방정식이 성립한다.

$(1-\dfrac{3}{5})\times p=\dfrac{24}{100}$

$\rightarrow \dfrac{2}{5}p=\dfrac{6}{25}$

$\therefore p=\dfrac{3}{5}$

따라서 문제 A는 맞히고 문제 B는 맞히지 못할 확률은 $(1-\dfrac{3}{5})\times(1-\dfrac{3}{5})=\dfrac{4}{25}$이므로 16%이다.

01

정답 ③

규칙은 세로 방향으로 적용된다.
첫 번째 도형의 좌우 도형 색을 각각 반전시킨 것이 두 번째 도형이다.
두 번째 도형의 위쪽 가운데 도형과 오른쪽 도형 색을 각각 반전시킨 것이 세 번째 도형이다.

02

정답 ①

규칙은 세로 방향으로 적용된다.
첫 번째 도형을 4등분한 후의 왼쪽 아래의 도형이 두 번째 도형이다.
두 번째 도형을 윗변을 기준으로 뒤집어 붙인 후 시계 방향으로 90° 회전시킨 것이 세 번째 도형이다.

01

정답 ③

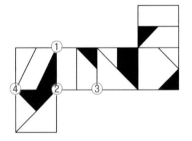

02

정답 ⑤

01

정답 ⑤

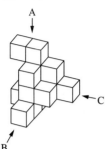

02

정답 ①

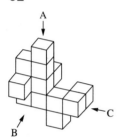

출제유형분석 04 실전예제

01

정답 ⑤

 ➡ ➡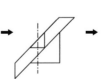

02

정답 ④

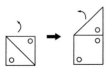 ➡

01

정답 ①

○ : 1234 → 2341
□ : 각 자릿수 +2, +2, +2, +2
☆ : 1234 → 4321
△ : 각 자릿수 −1, +1, −1, +1

JLMP → LMPJ → NORL
     ○   □

02

정답 ④

DRFT → FTHV → VHTF
    □   ☆

03

정답 ③

8TK1 → 7UJ2 → UJ27
   △   ○

04

정답 ④

F752 → 257F → 479H → 388I
   ☆   □   △

PART 2

최종점검 모의고사

01 언어

01	02	03	04	05	06	07	08	09	10	11	12	13	14	15	16	17	18	19	20
③	①	⑤	④	⑤	⑤	①	②	④	②	④	②	④	③	②	④	②	①	③	④
21	22	23	24	25	26	27	28	29	30	31	32	33	34	35	36	37	38	39	40
②	⑤	③	②	④	④	①	③	④	③	④	④	②	①	①	②	①	⑤	④	③

01
정답 ③

'고의'는 '일부러 하는 생각이나 태도'라는 뜻이므로 '부주의나 태만 따위에서 비롯된 잘못이나 허물'이라는 뜻인 '과실'과 반의 관계이고, 나머지는 유의 관계이다.

오답분석
① • 감염 : 나쁜 버릇이나 풍습, 사상 따위가 영향을 주어 물이 들게 함
   • 전염 : 다른 사람의 습관, 분위기, 기분 따위에 영향을 받아 물이 듦
② • 간병 : 앓는 사람이나 다친 사람의 곁에서 돌보고 시중을 듦
   • 간호 : 다쳤거나 앓고 있는 환자나 노약자를 보살피고 돌봄
④ • 우호 : 개인끼리나 나라끼리 사이가 좋음
   • 친교 : 친밀하게 사귐. 또는 그런 교분
⑤ • 성패 : 성공과 실패를 아울러 이르는 말
   • 득실 : 얻음과 잃음

02
정답 ①

'괄시(恝視)'는 '업신여겨 하찮게 대함'이이라는 뜻이므로 '아주 잘 대접함'이라는 뜻의 '후대(厚待)'와 반의 관계이고, 나머지는 유의 관계이다.

오답분석
② • 비호(庇護) : 편들어서 감싸 주고 보호함
   • 보호(保護) : 위험이나 곤란 따위가 미치지 아니하도록 잘 보살펴 돌봄
③ • 숙려(熟慮) : 곰곰이 생각하거나 궁리함. 또는 그런 생각이나 궁리
   • 숙고(熟考) : 곰곰 잘 생각함. 또는 그런 생각
④ • 속박(束縛) : 어떤 행위나 권리의 행사를 자유로이 하지 못하도록 강압적으로 얽어매거나 제한함
   • 농반(籠絆) : 얽매어 자유를 구속함
⑤ • 채근(採根) : 어떻게 행동하기를 따지어 독촉함
   • 독촉(督促) : 일이나 행동을 빨리하도록 재촉함

03

미녀(美女), 우천(雨天)은 수식 구조에 해당하고, 공헌(貢獻)은 유의 구조에 해당한다. ①·②·③·④는 모두 동일한 구조에 해당한다.

오답분석
① 송죽(松竹), 초목(草木), 이목(耳目) : 대등(對等) 구조
② 수목(樹木), 해양(海洋), 지식(知識) : 유의(類義) 구조
③ 천고(天高), 수심(水深), 인조(人造) : 주술(主述) 구조
④ 좌우(左右), 동서(東西), 심신(心身) : 상대(相對) 구조

04

'맹점'과 '무결'은 반의 관계이다.
• 맹점(盲點) : 미처 생각이 미치지 못한, 모순되는 점이나 틈
• 무결(無缺) : '무결하다(결함이나 흠이 없다)'의 어근
이와 같은 반의 관계를 갖는 단어는 ④의 '기정'과 '미정'이다.
• 기정(旣定) : 이미 결정되어 있음
• 미정(未定) : 아직 정하지 못함

오답분석
①·②·③·⑤는 모두 유의 관계이다.
① • 유의(留意) : 마음에 새겨 두어 조심하며 관심을 가짐
　• 유념(留念) : 잊거나 소홀히 하지 않도록 마음속에 깊이 간직하여 생각함
② • 조치(措置) : 벌어지는 사태를 잘 살펴서 필요한 대책을 세워 행함. 또는 그 대책
　• 대처(對處) : 어떤 정세나 사건에 대하여 알맞은 조치를 취함
③ • 선발(選拔) : 많은 가운데서 골라 뽑음
　• 발탁(拔擢) : 여러 사람 가운데서 쓸 사람을 뽑음
⑤ • 긴축(緊縮) : 재정의 기초를 다지기 위하여 지출을 줄임
　• 절약(節約) : 함부로 쓰지 아니하고 꼭 필요한 데에만 써서 아낌

05

제시문의 '만나다'는 '선이나 길, 강 따위가 서로 마주 닿다.'의 의미로 쓰였으며, 이와 같은 의미로 사용된 것은 ⑤이다.

오답분석
① 인연으로 어떤 관계를 맺다.
② 누군가 가거나 와서 둘이 서로 마주 보다.
③ 어디를 가는 도중에 비, 눈, 바람 따위를 맞다.
④ 어떤 사실이나 사물을 눈앞에 대하다.

06

제시문의 '말'은 '일정한 주제나 줄거리를 가진 이야기'를 의미로 쓰였으며, 이와 같은 의미로 사용된 것은 ⑤이다.

오답분석
① 사람의 생각이나 느낌 따위를 표현하고 전달하는 데 쓰는 음성 기호
② 단어, 구, 문장 따위를 통틀어 이르는 말
③ 음성 기호로 생각이나 느낌을 표현하고 전달하는 행위. 또는 그런 결과물
④ 소문이나 풍문 따위를 이르는 말

07

정답 ①

제시문의 '절었다'는 '땀이나 기름 따위의 더러운 물질이 묻거나 끼어 찌들다.'라는 의미로 쓰였으며, 이와 같은 의미로 사용된 것은 ①이다.

오답분석

② · ④ 푸성귀나 생선 따위에 소금기나 식초, 설탕 따위가 배어들다.
③ 사람이 술이나 독한 기운에 의하여 영향을 받게 되다.
⑤ 한쪽 다리가 짧거나 다쳐서 걸을 때에 몸을 한쪽으로 기우뚱거리다.

08

정답 ②

제시문의 '취했다'는 '자기 것으로 만들어 가지다.'의 의미로 쓰였으며, 이와 같은 의미로 사용된 것은 ②이다.

오답분석

① 어떤 일에 대한 방책으로 어떤 행동을 하거나 일정한 태도를 가지다.
③ 어떤 특정한 자세를 하다.
④ 남에게서 돈이나 물품 따위를 꾸거나 빌리다.
⑤ 어떤 기운으로 정신이 흐려지고 몸을 제대로 가눌 수 없게 되다.

09

정답 ④

제시문의 '말하다'는 '무엇에 대해 자신의 생각과 느낌을 표현하다.'의 의미로 쓰였으며, 이와 같은 의미로 사용된 것은 ④이다.

오답분석

① 설득하다.
② 평가하다.
③ 부탁하다.
⑤ 타이르거나 꾸짖다.

10

정답 ②

②의 '짜다'는 '사개를 맞추어 가구나 상자 따위를 만들다.'의 의미로 쓰였고, ① · ③ · ④ · ⑤의 '짜다'는 '계획이나 일정 따위를 세우다.'의 뜻으로 쓰였다.

11

정답 ④

제시문의 '밝혔다'는 투표 성향과 투표 결과의 상관관계를 '판단하여 드러내 알린다.'는 의미이다. 마찬가지로 ④도 사태의 진상을 '판단하여 드러내 알린다.'는 의미로 사용되었다.

오답분석

① 드러나게 좋아하다.
② 드러나지 않거나 알려지지 않은 사실, 내용, 생각 따위를 드러내 알리다.
③ 빛을 내는 물건에 불을 켜다.
⑤ 자지 않고 지내다.

12

정답 ②

'옮기다'는 '병 따위를 다른 이에게 전염시키다.'는 의미를 지닌 말로 '옮다'의 사동사이다. 제시문의 '전파되다'는 '전하여져 널리 퍼뜨려지다.'는 의미로 벼룩에 의해 전파를 당하는 피동의 형태이므로 피동형인 '옮겨지다'로 바꾸어 표현해야 한다.

오답분석

① 퍼지다 : 어떤 물질이나 현상 따위가 넓은 범위에 미치다.
③ 전포(傳布)되다 : 전하여져 널리 퍼뜨려지다(＝전파되다).
④ 파급(波及)되다 : 어떤 일의 여파나 영향이 차차 다른 데로 미치게 되다.
⑤ 퍼뜨려지다 : 퍼뜨리다(널리 퍼지게 하다)의 피동형

13

정답 ④

'한둔'은 '한데에서 밤을 지새움'을 뜻하며, '노숙'은 '한데서 자는 잠'을 뜻한다.

오답분석

① 하숙 : 일정한 방세와 식비를 내고 남의 집에 머물면서 숙식함
② 숙박 : 여관이나 호텔 따위에서 잠을 자고 머무름
③ 투숙 : 여관, 호텔 따위의 숙박 시설에 들어서 묵음
⑤ 야영 : 훈련이나 휴양을 목적으로 야외에 천막을 쳐 놓고 생활함

14

정답 ③

• 꿉꿉하다 : 조금 축축하다(≒눅눅하다).
• 강마르다 : 물기가 없이 바싹 메마르다. 성미가 부드럽지 못하고 메마르다. 또는 살이 없이 몹시 수척하다.

오답분석

① 강샘하다 : 부부 사이나 사랑하는 이성(異性) 사이에서 상대되는 이성이 다른 이성을 좋아할 경우에 지나치게 시기하다(≒질투하다).
② 꽁꽁하다 : 아프거나 괴로워 앓는 소리를 내다. 강아지가 짖다. 또는 작고 가벼운 물건이 자꾸 바닥이나 물체 위에 떨어지거나 부딪쳐 소리가 나다.
④ 눅눅하다 : 축축한 기운이 약간 있다. 또는 물기나 기름기가 있어 딱딱하지 않고 무르며 부드럽다.
⑤ 끌탕하다 : 속을 태우며 걱정하다.

15

정답 ②

• 손방 : 아주 할 줄 모르는 솜씨
• 난든집 : 손에 익어서 생긴 재주

오답분석

① 손바람 : 손을 흔들어서 내는 바람. 또는 일을 치러 내는 솜씨나 힘
③ 잡을손 : 일을 다잡아 해내는 솜씨
④ 매무시 : 옷을 입을 때 매고 여미는 따위의 뒷단속
⑤ 너울가지 : 남과 잘 사귀는 솜씨

16

정답 ④

제시된 단어 모두 한 해를 스물넷으로 나누어 계절의 표준이 되는 24절기 중 일부이므로 ④가 적절하다.

17

오답분석

① 야구 경기에서 1루 주자가 2루를 훔쳤다(차지했다).
③ 신부의 어머니는 연신 손수건으로 눈물을 훔쳤다(닦았다).
④ 침대 밑에 떨어진 반지를 찾기 위해 손으로 훔쳐(더듬어)보았지만 아무것도 닿지 않았다.
⑤ 할아버지는 온종일 밭에서 풀을 훔치느라(뜯느라) 얼굴이 새카매졌다.

18

정답 ①

오답분석

② 몇 년 사이에 물가가 몇 배로 뛰었다(올랐다).
③ 분수 쇼가 시작되자 물방울이 사방으로 뛰었다(흩어졌다).
④ 1단원을 공부하다가 2단원을 뛰고(넘기고) 3단원을 먼저 공부했다.
⑤ 철수는 떨어진 지갑을 주운 뒤 냅다 뛰기(달아나기) 시작했다.

19

정답 ③

'밖에'는 '그것 말고는', '그것 이외에는', '기꺼이 받아들이는', '피할 수 없는'의 뜻을 나타내는 보조사이므로 앞말과 붙여 쓴다.

오답분석

① '만'은 '앞말이 가리키는 횟수를 끝으로'의 뜻을 나타내는 의존 명사로 사용되었으므로 '열 번 만에'와 같이 앞말과 띄어 써야 한다.
② '만큼'은 앞말과 비슷한 정도나 한도임을 나타내는 격조사로 사용되었으므로 '아빠만큼'과 같이 앞말에 붙여 써야 한다.
④ '뿐'은 '그것만이고 더는 없음'을 의미하는 보조사로 사용되었으므로 '너뿐만'과 같이 앞말에 붙여 써야 한다.
⑤ '대로'는 '어떤 상태나 행동이 나타나는 족족'을 의미하는 의존 명사로 사용되었으므로 '달라는 대로'와 같이 앞말과 띄어 써야 한다.

20

정답 ④

'만'은 횟수를 나타내는 말 뒤에 쓰여 '앞말이 가리키는 횟수를 끝으로'의 뜻을 나타내는 의존 명사이므로 '한 번 만에'와 같이 띄어 써야 한다.

오답분석

① '들'은 두 개 이상의 사물을 나열할 때, 그 열거한 사물 모두를 가리키거나 그 밖에 같은 종류의 사물이 더 있음을 나타내는 의존 명사이므로 앞말과 띄어 쓴다.
② 용언의 관형사형 뒤에 나타나는 '뿐'은 다만 어떠하거나 어찌할 따름이라는 뜻을 나타내는 의존 명사이므로 앞말과 띄어 쓴다.
③ 체언 바로 뒤에 붙어 나타나는 '만큼'은 앞말과 비슷한 정도나 한도임을 나타내는 격조사이므로 붙여 쓴다.
⑤ '듯하다'는 앞말이 뜻하는 사건이나 상태 따위를 짐작하거나 추측함을 나타내는 보조 형용사이므로 한 단어로 붙여 쓴다.

21

정답 ②

오답분석

① 산을 '넘는다'는 행위의 의미이므로 '넘어'가 맞다.
③ 어깨너머 : 타인이 하는 것을 옆에서 보거나 들음
④ '나뉘다(나누이다)'는 '나누다'의 피동형이므로 피동을 나타내는 접사 '-어지다'와 결합할 수 없다.
⑤ 새 : '사이'의 준말

22

정답 ⑤

'각축(角逐)하다'는 '서로 이기려고 다투며 덤벼들다.'는 의미의 한자어이므로 '서로 버티어 승부를 다투다.'는 의미의 순우리말인 '겨루다'로 바꾸어 사용할 수 있다.

오답분석

① 얽히다 : 1. 노끈이나 줄 따위가 이리저리 걸리다.
　　　　　　 2. 이리저리 관련이 되다.
② 대들다 : 요구하거나 반항하느라고 맞서서 달려들다.
③ 붐비다 : 1. 좁은 공간에 많은 사람이나 자동차 따위가 들끓다.
　　　　　　 2. 어떤 일 따위가 복잡하게 돌아가다.
④ 베풀다 : 1. 일을 차리어 벌이다.
　　　　　　 2. 남에게 돈을 주거나 일을 도와주어서 혜택을 받게 하다.

23

정답 ③

• 코가 솟다 : 뽐낼 일이 있어 우쭐해지다.
• 코가 세다 : 남의 말을 잘 듣지 않고 고집이 세다.

24

정답 ②

'읍참마속(泣斬馬謖)'은 '큰 목적을 위하여 자기가 아끼는 사람을 버린다.'는 뜻으로, 중국 촉나라 제갈량이 군령을 어기어 전투에서 패한 마속을 눈물을 머금고 참형에 처하였다는 데서 유래하였다. 그밖에 빈칸 안에 들어갈 수 있는 말로는 '자기 몸을 상해 가면서까지 꾸며 내는 계책'이라는 뜻의 '고육지책(苦肉之策)'이 있다.

오답분석

① 일패도지(一敗塗地) : '싸움에 한 번 패하여 간과 뇌가 땅바닥에 으깨어진다.'는 뜻으로, 여지없이 패하여 다시 일어날 수 없게 되는 지경에 이름을 이르는 말
③ 도청도설(道聽塗說) : '길에서 듣고 길에서 말한다.'는 뜻으로, 길거리에 퍼져 돌아다니는 뜬소문을 이르는 말
④ 원교근공(遠交近攻) : '먼 나라와 우호를 맺고 가까운 나라를 공격한다.'는 뜻으로 자국에 유리한 위치를 점하기 위해 취하는 외교정책의 하나를 이르는 말
⑤ 피발영관(被髮纓冠) : '머리를 흐트러뜨린 채 관을 쓴다.'는 뜻으로 머리를 손질할 틈이 없을 만큼 바쁨을 이르는 말

25

정답 ④

제시문은 부채위기를 해결하려는 유럽 국가들이 당장 눈앞에 닥친 위기만을 극복하기 위해 임시방편으로 대책을 세운다는 내용을 비판하는 글이다. 이와 가장 관련이 있는 한자성어는 '아랫돌 빼서 윗돌 괴고, 윗돌 빼서 아랫돌 괴기'라는 뜻으로, '임기응변으로 어려운 일을 처리함'을 의미하는 '하석상대(下石上臺)'이다.

오답분석

① 피발영관(被髮纓冠) : '머리를 흐트러뜨린 채 관을 쓴다.'는 뜻으로 머리를 손질할 틈이 없을 만큼 바쁨
② 탄주지어(吞舟之魚) : '배를 삼킬만한 큰 고기'라는 뜻으로 큰 인물을 비유하는 말
③ 양상군자(梁上君子) : '들보 위의 군자'라는 뜻으로 도둑을 지칭하는 말
⑤ 배반낭자(杯盤狼藉) : 술을 마시고 한참 신명나게 노는 모습을 가리키는 말

PART 2

26

'개과불린(改過不吝)'은 '허물을 고침에 인색하지 말라.'라는 뜻으로 잘못된 것이 있으면, 고치는 데 주저하지 않고 빨리 바로잡아 반복하지 말라는 의미이다.

오답분석

① 유비무환(有備無患) : 준비가 있으면 근심이 없다.
② 유유상종(類類相從) : 같은 무리끼리 서로 사귐
③ 회자정리(會者定離) : 만남이 있으면 헤어짐도 있다.
⑤ 개세지재(蓋世之才) : 세상을 마음대로 다스릴 만한 뛰어난 재기(才氣) 또는 그러한 재기(才氣)를 가진 사람

27

'망양보뢰(亡羊補牢)'는 '소 잃고 외양간 고친다.'라는 뜻으로 이미 일을 그르친 뒤에는 뉘우쳐도 소용이 없음을 이르는 말이다.

오답분석

② 당랑거철(螳螂拒轍) : '사마귀가 수레를 막는다.'는 뜻으로 자기 분수를 모르고 상대가 되지 않는 것과 대적하는 것을 이르는 말 예 '하룻강아지 범 무서운지 모른다.'
③ 오비이락(烏飛梨落) : '까마귀 날자 배 떨어진다.'는 뜻으로 아무 관계도 없는 일인데 우연히 때가 같음으로 인하여 무슨 관계가 있는 것처럼 의심을 받게 되는 것을 이르는 말
④ 주마간산(走馬看山) : '달리는 말 위에서 산을 본다.'는 뜻으로 바쁘게 대충 보며 지나감을 이르는 말 예 '수박 겉 핥기'
⑤ 안거위사(安居危思) : 편안(便安)한 때일수록 위험(危險)이 닥칠 때를 생각하여 미리 대비(對備)해야 함을 이르는 말

28

①·②·④·⑤는 비가 올 날씨에, ③은 맑은 날씨에 관련된 표현이다.

29

'군불에 밥 짓기'는 '어떠한 일에 덧붙여서 일을 쉽게 함'을 뜻한다.

오답분석

① 여기저기에 빚을 많이 진 것을 뜻함
② 사람의 욕심이란 한이 없음을 뜻함
③ 작은 나쁜 짓도 자꾸 하게 되면 큰 죄를 저지르게 됨을 뜻함
⑤ 어떤 사물에 몹시 놀라서 비슷한 사물만 봐도 겁을 냄을 뜻함

30

㉠ 구별(區別) : 성질이나 종류에 따라 차이가 남. 또는 성질이나 종류에 따라 갈라놓음
㉡ 변별(辨別) : 사물의 옳고 그름이나 좋고 나쁨을 가림
㉢ 감별(鑑別) : 보고 식별함

오답분석

• 차별(差別) : 둘 이상의 대상을 각각 등급이나 수준 따위의 차이를 두어서 구별함
• 식별(識別) : 분별하여 알아봄
• 분별(分別) : 서로 다른 일이나 사물을 구별하여 가름

31

빈칸 앞의 '기증 전 단계의 고민은 물론이고 막상 기증한 뒤에'라는 내용을 통해 이는 공여자의 고민에 해당하고 있음을 알 수 있다. 따라서 빈칸 ㉣은 공여자가 기증 후 공여를 받는 사람 즉, 수혜자와의 관계에 대한 우려를 다루고 있다.

오답분석

① ㉠ : 생체 – 2번째 문단의 '신장이나 간을 기증한 공여자에게서 만성 신·간 부전의 위험이 확인됐다'고 하였다. 따라서 이 글은 살아있는 상태에서 장기를 기증한 생체 기증자에 대해 다루고 있음을 알 수 있다.

② ㉡ : 상한액 – 빈칸은 앞서 말한 '진료비를 지원하는 제도'를 이용하는데에 대한 제한을 다루고 있음을 짐작할 수 있다. 따라서 하한액보다는 상한액이 들어가는 것이 문맥상 적절하다.

③ ㉢ : 불특정인 – 빈칸 앞의 '아무 조건 없이'라는 말로 볼 때, 문맥상 특정인 보다는 불특정인이 들어가는 것이 적절하다.

⑤ ㉤ : 수요 – 빈칸 앞 문장의 '해마다 늘어 가는 장기 이식 대기 문제'라는 내용을 통해 공급이 아닌 수요를 감당하기 어려운 상황임을 알 수 있다. 따라서 빈칸에 들어갈 내용으로 적절한 것은 공급이 아닌 수요이다.

32

• 적하(積荷) : 화물을 배나 차에 실음
• 조성(造成) : 분위기나 정세 따위를 만듦

오답분석

• 적하(積下) : 짐을 부림
• 조성(調聲) : 소리를 낼 때에 그 높낮이와 장단을 고름
• 조성(組成) : 여러 개의 요소나 성분으로 얽거나 짜서 만듦
• 책임(責任) : 맡아서 해야 할 임무나 의무

33

• 현 총리의 능력을 인정하여 회의에서 총리직을 (유임)하기로 결정하였다.
• 그는 남다른 (배포)가 있어 다른 사람들이 좋아한다.
• 그는 증거물을 (유기)한 죄로 징역형에 처해졌다.
• 그녀는 회사의 돈을 훔쳐 사용하여 (배임) 및 횡령죄로 체포되었다.

• 배상(賠償) : 남의 권리를 침해한 사람이 그 손해를 물어 주는 일

오답분석

① 배포(排布) : 머리를 써서 일을 조리 있게 계획함
③ 배임(背任) : 주어진 임무를 저버림
④ 유임(留任) : 개편이나 임기 만료 때에 그 자리나 직위에 그대로 머무르거나 머무르게 함
⑤ 유기(遺棄) : 내다 버림

34

• 그녀는 (운명 / 숙명)에 대항해 힘껏 싸웠다.
• 그는 딸의 죽음을 (운명 / 숙명)으로 받아들였다.
• 각자 맡은 바 (사명)을 다하다.
• 그분의 (고명)은 나도 들은 바 있소.

• 임명(任命) : 일정한 지위나 임무를 남에게 맡김

오답분석
② 사명(使命) : 맡겨진 임무
③ 운명(運命) : 인간을 포함한 모든 것을 지배하는 초인간적인 힘
④ 고명(高名) : 높이 알려진 이름이나 높은 명예
⑤ 숙명(宿命) : 날 때부터 타고난 정해진 운명. 또는 피할 수 없는 운명

35
정답 ①

• 푸지다 : 매우 많아서 넉넉하다.

오답분석
② 당차다 : 나이나 몸집에 비하여 마음가짐이나 하는 짓이 야무지고 올차다.
③ 가뜬하다 : 1. 다루기에 가볍고 간편하거나 손쉽다.
            2. 마음이 가볍고 상쾌하다.
④ 바특하다 : 1. 두 대상이나 물체 사이가 조금 가깝다.
            2. 시간이나 길이가 조금 짧다.
            3. 국물이 조금 적어 묽지 아니하다.
⑤ 녹록하다 : 1. 평범하고 보잘것없다.
            2. 만만하고 상대하기 쉽다.

36
정답 ②

고양이는 포유류이고, 포유류는 새끼를 낳아 키운다. 따라서 고양이는 새끼를 낳아 키운다.

37
정답 ①

다이아몬드는 광물이고, 광물은 매우 규칙적인 원자 배열을 가지고 있다. 따라서 다이아몬드는 매우 규칙적인 원자 배열을 가지고 있다.

38
정답 ⑤

'홍보실'을 A, '워크숍에 간다.'를 B, '출장을 간다.'를 C라 하면, 첫 번째 명제와 마지막 명제는 각각 A → B, ~C → B이다. 따라서 마지막 명제가 참이 되려면 ~C → A 또는 ~A → C가 필요하므로 빈칸에 들어갈 명제는 '홍보실이 아니면 출장을 간다.'가 적절하다.

39
정답 ④

제시된 명제를 정리하면 다음과 같은 결과를 추론할 수 있다.
• 내구성을 따지지 않는 사람 → 속도에 관심이 없는 사람 → 디자인에 관심 없는 사람
• 연비를 중시하는 사람 → 내구성을 따지는 사람
따라서 내구성을 따지지 않는 사람은 디자인에도 관심이 없다.

40
정답 ③

• A : 수요일에는 혜진, 수연, 태현이가 휴가 중이고, 목요일에는 수연, 지연, 태현이가 휴가 중이다. 따라서 수요일과 목요일에 휴가 중인 사람의 수는 같다.
• B : 태현이는 수요일부터 금요일까지 휴가이다.

01	02	03	04	05	06	07	08	09	10	11	12	13	14	15	16	17	18	19	20
④	⑤	③	②	⑤	③	①	④	②	④	③	④	③	④	③	③	①	⑤	③	①
21	22	23	24	25	26	27	28	29	30	31	32	33	34	35	36	37	38	39	40
①	④	③	④	③	⑤	②	②	③	③	①	③	②	④	③	①	⑤	②	③	②
41	42	43	44	45	46	47	48	49	50	51	52	53	54	55	56	57	58	59	60
④	③	③	③	④	②	②	②	①	④	④	①	④	①	③	①	④	②	⑤	②

01
정답 ④

앞항에 6, 5, 4 … 순으로 1씩 작아지는 수의 ÷과 ×을 반복하는 규칙이다.
따라서 (　)=75×3=225이다.

02
정답 ⑤

앞의 두 항의 곱이 세 번째 항이 되는 규칙이다.
따라서 (　)=12×48=576이다.

03
정답 ③

앞의 항에 7의 2배, 7의 3배, 7의 4배 …를 더하는 규칙이다.
따라서 (　)=64+35=99이다.

04
정답 ②

분자는 6씩 더하고, 분모는 6씩 빼는 수열이다.
따라서 (　)=$\dfrac{59+6}{373-6}=\dfrac{65}{367}$이다.

05
정답 ⑤

앞의 항에 $\dfrac{2^2}{2}$, $\dfrac{3^2}{2}$, $\dfrac{4^2}{2}$, $\dfrac{5^2}{2}$, …을 더하는 수열이다.
따라서 (　)=$44+\dfrac{7^2}{2}=68.5$이다.

06
정답 ③

n번째 항일 때 $\dfrac{(2n-1)(2n+1)}{(2n+3)(2n+5)}$인 수열이다.
따라서 (　)=$\dfrac{(2\times4-1)(2\times4+1)}{(2\times4+3)(2\times4+5)}=\dfrac{63}{143}$이다.

07

정답 ①

앞의 항에 $\times\frac{1}{4}$와 $\times2-4$를 번갈아 가며 적용하는 수열이다.

따라서 (   )=3.75×2-4=3.50이다.

08

정답 ④

앞의 두 항의 합이 다음 항이 되는 피보나치 수열이다.

a	2	c	5	h	13	(u)	34
1	2	3	5	8	13	21	34

09

정답 ②

홀수 항은 1씩 더하고, 짝수 항은 2씩 빼는 수열이다.

C	H	D	F	E	D	F	(B)
3	8	4	6	5	4	6	2

10

정답 ④

앞의 항에 2를 곱하는 수열이다.

A	B	D	H	P	(F)
1	2	4	8	16	32 (26+6)

11

정답 ③

앞의 항에 6, 5, 4, 3, 2를 빼는 수열이다.

ㅇ	ㄴ	ㅋ	ㅜ	ㅕ	(ㅑ)
22 (14+8)	16 (14+2)	11	7	4	2

12

정답 ④

앞의 항에 -1, +3을 번갈아가며 대입하는 수열이다.

ㅗ	ㅕ	ㅜ	ㅛ	ㅡ	(ㅠ)
5	4	7	6	9	8

13

정답 ③

앞의 항에 2씩 곱하는 수열이다.

A	ㄷ	ㅕ	H	P	(F)
1	2	4	8	16	32 (26+6)

14

정답 ④

앞의 항에 1씩 더하는 수열이다.

五	ㅛ	G	ㅇ	一	(J)
5	6	7	8	9	10

15

정답 ③

나열된 수를 각각 A, B, C라고 하면
$\underline{A\ B\ C} \rightarrow A+B+C=53$
따라서 (　)$=53-(20+7)=26$이다.

16

정답 ③

나열된 수를 각각 A, B, C라고 하면
$\underline{A\ B\ C} \rightarrow (A+B)\times 2=C$
따라서 (　)$=(2+4)\times 2=12$이다.

17

정답 ①

나열된 수를 각각 A, B, C라고 하면
$\underline{A\ B\ C} \rightarrow B=A+C$
따라서 (　)$=-14+16=2$이다.

18

정답 ⑤

나열된 수를 각각 A, B, C라고 하면
$\underline{A\ B\ C} \rightarrow A^2-\sqrt{B}=C$
따라서 (　)$=8^2-\sqrt{81}=55$이다.

19

정답 ③

나열된 수를 각각 A, B, C라고 하면
$\underline{A\ B\ C} \rightarrow A^2+2B=C$
따라서 (　)$=5^2+2\times 9=43$이다.

20

정답 ①

나열된 수를 각각 A, B, C, D라고 하면
$\underline{A\ B\ C\ D} \rightarrow A+B=2(C+D)$
따라서 (　)$=(2+6)\div 2-2=2$이다.

21

정답 ①

시속 90km로 달린 구간을 $x$km라 하면 시속 60km로 달린 구간은 $(200-x)$km이다.

$$\frac{200-x}{60}+\frac{x}{90}=3$$

$\rightarrow 600-3x+2x=540$

$\therefore x=60$

따라서 시속 90km로 달린 거리는 60km이다.

22

정답 ④

O씨 집에서 회사까지의 거리는 2.1km=2,100m이다. 걸은 거리를 xm라 하면 뛰어간 거리는 $(2,100-x)$m이다.

$$\frac{x}{60}+\frac{2,100-x}{150}=30$$

$\rightarrow 5x+4,200-2x=9,000$

$\rightarrow 3x=4,800$

$\therefore x=1,600$

따라서 O씨가 걸은 거리는 1,600m=1.6km이다.

23

정답 ③

배의 속력을 $x$km/h, 강물의 유속을 $y$km/h라 하면 다음과 같은 방정식이 성립한다.

$5(x-y)=30 \cdots$ ㉠

$3(x+y)=30 \cdots$ ㉡

㉠, ㉡을 연립하면 $x=8$, $y=2$

따라서 배의 속력은 8km/h이다.

24

정답 ④

서울과 부산의 거리 490km에서 곡선 구간 거리를 제외한 직선 구간 거리는 $490-90=400$km이며, 걸린 시간은 $\frac{400}{200}=2$시간이다. 직선 구간의 이동시간과 대전역, 울산역, 광명역에서의 정차시간을 제외하면, $3-\left(2+\frac{5\times3}{60}\right)=\frac{45}{60}$ 시간이 남는다.

따라서 남는 시간은 곡선 구간에서 이동한 시간이므로 곡선 구간에서의 속력은 $\frac{\text{(거리)}}{\text{(시간)}}=90\div\frac{45}{60}=120$km/h이다.

25

정답 ③

친척집까지의 거리를 $x$km라고 하면 자전거를 타고 갈 때 걸리는 시간은 $\frac{x}{12}$ 시간, 걸어갈 때 걸리는 시간은 $\frac{x}{4}$ 시간이다.

$$\frac{x}{12}+1=\frac{x}{4}$$

$\rightarrow 2x=12$

$\therefore x=6$

따라서 친척집과의 거리는 6km이므로 시속 8km의 속력으로 달려간다면 $\frac{6}{8}$ 시간=45분이 걸릴 것이다.

26
정답 ⑤

가위바위보를 해서 이길 때마다 계단 3개씩 올라가므로 계단 20개를 올라가려면 7회 이겨야 한다.
여기서 앞선 7회를 연승하거나 8회 중 7회, 9회 중 7회를 이기면 놀이가 끝나므로 마지막 10회는 반드시 이기고 앞선 9회 중 6회는 이기고 3회는 비기거나 져야 한다.

가위바위보를 1회 해서 이길 확률은 $\frac{1}{3}$이므로 가위바위보를 9회 해서 6회 이기고 마지막 10회에서 이길 확률은

$_9C_6(\frac{1}{3})^6(\frac{2}{3})^3\times\frac{1}{3}$이다.

가위바위보 1회로 비길 확률은 $\frac{1}{3}$이므로 가위바위보를 10회 해서 앞선 9회는 6회 이기고 2회 비기며 마지막 10회에서 이길 확률은

$_9C_6(\frac{1}{3})^6\,_3C_2(\frac{1}{3})^2(\frac{1}{3})\times\frac{1}{3}$이다.

따라서 구하고자 하는 확률은 $\dfrac{_9C_6(\frac{1}{3})^6\,_3C_2(\frac{1}{3})^2(\frac{1}{3})\times\frac{1}{3}}{_9C_6(\frac{1}{3})^6(\frac{2}{3})^3\times\frac{1}{3}}=\dfrac{3}{8}$이다.

27
정답 ②

A과목과 B과목을 선택한 학생의 비율이 각각 전체의 40%, 60%이고
A과목을 선택한 학생 중 여학생은 30%, B과목을 선택한 학생 중 여학생은 40%이므로
• A과목을 선택한 여학생의 비율 : $0.4\times0.3=0.12$
• B과목을 선택한 여학생의 비율 : $0.6\times0.4=0.24$
따라서 구하고자 하는 확률은 $\dfrac{0.24}{0.12+0.24}=\dfrac{2}{3}$이다.

28
정답 ②

2명씩 짝을 지어 한 그룹으로 보고 원탁에 앉는 방법은 원순열 공식 $(n-1)!$를 이용한다. 2명씩 3그룹이므로 $(3-1)!=2\times1=2$가지이다. 또한 그룹 내에서 2명이 자리를 바꿔 앉을 수 있는 경우는 2가지씩이다.
따라서 6명이 원탁에 앉을 수 있는 방법은 $2\times2\times2\times2=16$가지이다.

29
정답 ③

• 9명의 신입사원을 3명씩 3조로 나누는 경우의 수 : $_9C_3\times_6C_3\times_3C_3\times\dfrac{1}{3!}=\dfrac{9\times8\times7}{3\times2\times1}\times\dfrac{6\times5\times4}{3\times2\times1}\times1\times\dfrac{1}{3\times2\times1}=280$가지
• A, B, C에 한 조씩 배정하는 경우의 수 : $3!=3\times2\times1=6$가지
따라서 가능한 모든 경우의 수는 $280\times6=1,680$가지이다.

30
정답 ③

작년의 임원진 3명은 연임하지 못하므로 올해 임원 선출이 가능한 인원은 $17-3=14$명이다.
14명 중에서 회장, 부회장, 총무를 각 1명씩 뽑을 수 있는 방법은 다음과 같다.
$_{14}P_3=14\times13\times12=2,184$
따라서 올해 임원을 선출할 수 있는 경우의 수는 2,184가지이다.

31

정답 ①

총 주차시간을 x분이라고 하자.

30분 이후부터 10분마다 500원씩 추가되므로 지불해야 하는 총 주차 요금은 $(1{,}500 + \dfrac{x-30}{10} \times 500)$원이며, 이 금액은 5,000원 이하여야 하므로 다음과 같은 부등식이 성립한다.

$1{,}500 + \dfrac{x-30}{10} \times 500 \leq 5{,}000$

$\rightarrow 50(x-30) \leq 3{,}500$

$\therefore \ x \leq 100$

따라서 최대 100분까지 주차가 가능하다.

32

정답 ③

20, 28, 12의 최소공배수는 420이므로 세 열차가 다시 동시에 출발하는 시간은 420분 후이다.

33

정답 ②

14와 21의 최소공배수를 구하면 42이므로 A와 B는 42분 후에 다시 시작점에서 만난다.

34

정답 ④

응시자 전체의 평균 점수를 m점이라 하면 불합격한 사람 20명의 평균 점수는 $(m-9)$점이고, 합격한 사람 10명의 평균 점수는 $[2(m-9)-33]$점이다.

$\dfrac{10\{2(m-9)-33\} + 20(m-9)}{30} = m$

$\rightarrow 20m - 180 - 330 + 20m - 180 = 30m$

$\rightarrow 10m = 690$

$\therefore \ m = 69$

따라서 응시자 전체의 평균 점수는 69점이다.

35

정답 ③

합격 점수를 x점이라 하면 전체 학생의 평균은 $(x-4)$점, 합격자의 평균은 $(x+5)$점, 불합격자의 평균은 $\dfrac{x}{2}$ 점이다.

불합격자가 10명이면 합격자는 30명이므로 다음과 같은 방정식이 성립한다.

$\dfrac{30 \times (x+5) + 10 \times \dfrac{x}{2}}{40} = x - 4$

$\rightarrow 30x + 150 + 5x = 40x - 160$

$\rightarrow 5x = 310$

$\therefore \ x = 62$

따라서 합격 점수는 62점이다.

36

A ~ D 네 사람의 시험 점수를 각각 a, b, c, d점이라고 하면 다음과 같은 방정식이 성립한다.

$$\frac{a+c+d}{3}=75 \cdots ㉠$$

$$\frac{a+b+d}{3}=81 \cdots ㉡$$

$$\frac{b+c}{2}=85 \cdots ㉢$$

㉠, ㉡, ㉢을 정리하면 $2(a+b+c+d)=638$이다.

따라서 네 사람의 평균 점수는 $\dfrac{a+b+c+d}{4}=\dfrac{638}{8}=79.75$점이다.

37

8, 10, 6 세 수의 최소공배수는 120이다.

따라서 세 벽돌의 쌓아 올린 높이는 120cm이므로 필요한 벽돌의 수는 모두 $\dfrac{120}{8}+\dfrac{120}{10}+\dfrac{120}{6}=15+12+20=47$개이다.

38

42와 54의 최대공약수는 6이다.

따라서 가로에는 $2\times(54\div6)=18$그루, 세로에는 $2\times(42\div6)=14$그루, 모두 $18+14=32$그루가 필요하다.

39

처음 사탕의 개수를 x개라 하면 남아있는 사탕의 개수는 다음과 같이 나타낼 수 있다.

• 처음으로 사탕을 먹고 남은 사탕의 개수 : $\left(1-\dfrac{1}{3}\right)x=\dfrac{2}{3}x$개

• 그다음 날 사탕을 먹고 남은 사탕의 개수 : $\dfrac{2}{3}x\times\left(1-\dfrac{1}{2}\right)=\dfrac{1}{3}x$개

• 또 그다음 날 사탕을 먹고 남은 사탕의 개수 : $\dfrac{1}{3}x\times\left(1-\dfrac{1}{4}\right)=\dfrac{1}{4}x$개

마지막으로 남은 사탕의 개수는 18개라고 하였으므로 다음과 같은 방정식이 성립한다.

$$\frac{1}{3}x\times\left(1-\frac{1}{4}\right)=18$$

$$\rightarrow \frac{1}{4}x=18$$

$$\therefore x=72$$

따라서 처음 사탕 바구니에 들어있던 사탕의 개수는 72개이다.

40

정답 ②

작년 남성 회원의 수를 $4k$명이라 하면 작년 여성 회원의 수는 $3k$명이다.

올해 새로 가입한 남성 회원의 수를 x명이라 하면 올해 새로 가입한 여성 회원의 수 또한 x명이므로 다음과 같은 방정식이 성립한다.

- $4k+3k<60 \cdots$ ㉠
- $(4k+x)+(3k+x)>60 \cdots$ ㉡

또한 올해 전체 남성 회원의 수의 비와 전체 여성 회원의 수의 비가 $5:4$이므로

$$\frac{3k+x}{4k+x}=\frac{4}{5}$$

$5 \times (3k+x) = 4 \times (4k+x) \rightarrow x=k$이다.

이를 ㉠, ㉡에 대입하면

- $7k<60 \cdots$ ㉠′
- $9k>60 \cdots$ ㉡′

㉠′, ㉡′을 연립하면 $\dfrac{60}{9}<k<\dfrac{60}{7}$이므로 k의 최솟값은 7이고 최댓값은 8이다.

따라서 $m=(4k+x)+(3k+x)=9k=9 \times 7=63$이고 $M=9 \times 8=72$이므로 $M+m=72+63=135$이다.

41

정답 ④

오렌지 주스 $40-4=36$개, 탄산음료 $70+2=72$개, 즉 36과 72의 최대공약수는 36이므로 36명의 학생에게 오렌지 주스 1개와 탄산음료 2개씩을 나누어 주었다.

42

정답 ③

24와 60의 최소공배수는 $2^3 \times 3 \times 5 = 120$이다.

따라서 두 톱니바퀴가 같은 톱니에서 처음으로 다시 맞물리려면 톱니바퀴 A는 $120 \div 24 = 5$바퀴를 회전해야 한다.

43

정답 ③

A가 10회전한 거리는 $2 \times 24 \times 10 \times \pi = 480\pi$cm이고, 서로 맞물려 돌고 있으므로 A와 D의 회전한 거리는 같다.

D바퀴의 회전수를 x회라 하면

$2 \times 12 \times x \times \pi = 480\pi$

$\therefore x=20$

44

정답 ③

두 사람이 각각 헤어숍에 방문하는 간격인 10과 16의 최소공배수 80을 일주일 단위로 계산하면 11주 3일($80 \div 7 = 11 \cdots 3$)이 되므로 두 사람은 일요일의 3일 후인 수요일에 다시 만나는 것을 알 수 있다.

45

정답 ④

첫날 경작한 논의 넓이를 1이라고 할 때, 마지막 날까지 경작한 논의 넓이는 다음과 같다.

1일	2일	3일	4일	5일	6일	7일	8일
1	2	4	8	16	32	64	128

전체 경작한 논의 넓이가 128이므로 논 전체의 $\dfrac{1}{4}$ 넓이는 32이다. 따라서 A씨는 경작을 시작한 지 6일째 되는 날 논 전체의 $\dfrac{1}{4}$을 완료하게 된다.

46

작업량에 대한 식은 $1 =$ (작업 시간) $\times$ (작업 속도)로 표현된다.

• A사원의 작업 속도 : $\dfrac{1}{24}$

• B사원의 작업 속도 : $\dfrac{1}{120}$

• C사원의 작업 속도 : $\dfrac{1}{20}$

세 사람의 작업 속도를 더하면 $\dfrac{1}{24} + \dfrac{1}{20} + \dfrac{1}{120} = \dfrac{12}{120} = \dfrac{1}{10}$ 이다.

따라서 세 사람이 함께 일을 진행하면 10일이 걸린다.

47

A종목에서 상을 받은 사람의 수를 $P(A)$, B종목에서 상을 받은 사람의 수를 $P(B)$, A종목과 B종목 모두 상을 받은 사람의 수를 $P(A \cap B)$라고 하면 다음과 같은 두 방정식이 성립한다.

• $P(A) + P(B) - P(A \cap B) = 30$
• $P(A) = P(B) + 8$
$P(A \cap B) = 10$이므로
$P(A) + P(B) = 40 \cdots \text{㉠}$
$P(A) = P(B) + 8 \cdots \text{㉡}$
㉠과 ㉡을 연립하면 $P(A) = 24$, $P(B) = 16$
따라서 A종목에서 상을 받은 사람의 상금의 합은 $24 \times 50,000 = 1,200,000$원이다.

48

작년 비행기 왕복 요금을 x원, 작년 1박 숙박비를 y원이라 하면 다음과 같은 방정식이 성립한다.

$$-\frac{20}{100}x + \frac{15}{100}y = \frac{10}{100}(x+y) \cdots \text{㉠}$$

$$(1 - \frac{20}{100})x + (1 + \frac{15}{100})y = 308,000 \cdots \text{㉡}$$

㉠, ㉡을 정리하면
$y = 6x \cdots \text{㉢}$
$16x + 23y = 6,160,000 \cdots \text{㉣}$
㉢, ㉣을 연립하면
$16x + 138x = 6,160,000$
$\rightarrow 154x = 6,160,000$
$\therefore x = 40,000$, $y = 240,000$

따라서 올해 비행기 왕복 요금은 $40,000 - 40,000 \times \dfrac{20}{100} = 32,000$원이다.

49

딸기 맛 1개의 가격을 x원, 바닐라 맛 1개를 y원, 초콜릿 맛 1개를 z원이라 하면 다음과 같은 방정식이 성립한다.
$2x + z = 7,000 \cdots \text{㉠}$
$2y = 4,000 \cdots \text{㉡}$
$3x + 2z = 11,500 \cdots \text{㉢}$
㉠, ㉡, ㉢을 연립하면 $x = 2,500$, $y = 2,000$, $z = 2,000$이다.
따라서 딸기 맛 1개와 바닐라 맛 1개를 주문했을 때 지불해야 하는 금액은 $2,500 + 2,000 = 4,500$원이다.

50

정답 ④

과일 한 상자의 가격을 사과 x원, 배 y원, 딸기 z원이라 하면 다음과 같은 방정식이 성립한다.

$x = 10,000 \cdots$ ㉠

$y = 2z \cdots$ ㉡

$x + z = y - 20,000 \cdots$ ㉢

㉠, ㉡, ㉢을 연립하면 $10,000 + z = 2z - 20,000$이므로 $z = 30,000$이다.

$\therefore x + y + z = x + 3z = 10,000 + 90,000 = 100,000$

따라서 10명의 동네 주민들에게 선물을 준다고 하였으므로 내야 하는 총금액은 $100,000 \times 10 = 1,000,000$원이다.

51

정답 ④

1급 한 명에게 지급할 성과급이 x원이라고 하면, 2급 한 명에게 지급할 성과급은 $\frac{1}{2}x$원이고, 3급 한 명에게 지급할 성과급은 $\frac{1}{2}x \times \frac{2}{3} = \frac{1}{3}x$원, 4급 한 명에게 지급할 성과급은 $\frac{1}{3}x \times \frac{3}{4} = \frac{1}{4}x$원이다. 성과급은 총 5천만 원이라고 하였으므로 다음과 같은 방정식이 성립한다.

$3x + 12 \times \frac{1}{2}x + 18 \times \frac{1}{3}x + 20 \times \frac{1}{4}x = 50,000,000$

→ $20x = 50,000,000$원

$\therefore x = 2,500,000$

따라서 1급에 지급되는 성과급의 총액은 $3 \times 2,500,000 = 7,500,000$원이다.

52

정답 ①

현재 부부의 나이의 합을 x살, 딸의 나이를 y살이라 하자.

$x = 7y \cdots$ ㉠

5년 전의 부부의 나이의 합은 $(x-10)$살, 딸의 나이는 $(y-5)$살이므로 다음과 같은 방정식이 성립한다.

$x - 10 = 12(y - 5) \cdots$ ㉡

㉠을 ㉡에 대입하면,

$7y - 10 = 12(y - 5)$

$\therefore y = 10, \ x = 70$

t년 후에 부부의 나이의 합이 딸의 나이의 4배 이하가 된다고 하면 다음과 같은 부등식이 성립한다.

$70 + 2t \leq 4(10 + t)$

→ $2t \geq 30$

$\therefore t \geq 15$

따라서 딸이 $10 + 15 = 25$살일 때부터 부부의 나이의 합이 딸의 나이의 4배 이하가 된다.

53

정답 ④

연준이의 현재 나이를 x세라 가정하면, 형의 나이는 연준이 나이의 2배이므로 $2x$세이고, 아버지는 형 나이의 3배이므로 $6x$세이다. 4년 전 아버지의 나이가 형의 나이의 4배였다고 하였으므로 다음과 같은 방정식이 성립한다.

$6x - 4 = (2x - 4) \times 4$

→ $6x - 4 = 8x - 16$

→ $2x = 12$

$\therefore x = 6$

따라서 연준이의 현재 나이는 6세이며, 형은 $2 \times 6 = 12$세, 아버지는 $6 \times 6 = 36$세이다.

54

김대리의 나이는 x살, 조카의 나이를 y살이라 가정하면 4년 전 나이와 3년 후 나이에 대한 다음 두 방정식이 성립한다.

$(x-4)=4\times(y-4) \rightarrow x-4=4y-16 \rightarrow x-4y=-12 \cdots$ ㉠

$(x+3)=2\times(y+3)+7 \rightarrow x+3=2y+6+7 \rightarrow x-2y=10 \cdots$ ㉡

㉠과 ㉡을 연립하면 $y=11$, $x=32$이다.

따라서 현재 김대리의 조카의 나이는 11살이다.

55

정답 ③

12와 14의 최소공배수는 84이므로 할인 행사가 동시에 열리는 주기는 84일이다.

따라서 4월 9일에 할인 행사가 동시에 열렸다면 84일 후인 7월 2일에 다시 동시에 열릴 것이다.

56

정답 ①

x초 동안 분침과 초침이 움직이는 각도는 각각 $0.1x°$, $6x°$이다.

시계에서 12를 0°로 시작하여 2시 40분 00초에서 x초 후 각도를 계산하면 분침은 $6x°$, 초침은 $8\times30+0.1x=(240+0.1x)°$가 된다. 분침과 초침이 일치하는 시간은 다음과 같은 방정식으로 구할 수 있다.

$6x=240+0.1x$

$\rightarrow 5.9x=240$

$\therefore x=\dfrac{2,400}{59}$

따라서 현재 시각 이후 분침과 초침이 처음으로 일치하는 시간은 2시 40분 $\dfrac{2,400}{59}$초이다.

57

정답 ④

다음 해는 2월 29일까지 있으므로 각 달의 일수를 계산하면 $30+30+31+31+29+1=152$일이 된다. 10월 1일이 월요일이고, 한 주가 7일이므로 $152\div7=21\cdots5$이다.

따라서 나머지가 5이므로 3월 1일은 토요일이 된다.

58

정답 ②

$a+b=600 \cdots$ ㉠

$\dfrac{4}{100}a+\dfrac{7.75}{100}b=600\times\dfrac{6}{100}=36 \cdots$ ㉡

㉡에 ㉠을 대입하여 정리하면

$4a+7.75\times(600-a)=3,600$

$\rightarrow 3.75a=1,050$

$\therefore a=280$

따라서 농도 4% 소금물의 양은 280g이다.

59

덜어낸 소금물의 양을 xg, 더 넣은 2% 소금물의 양을 yg이라고 하면 다음과 같은 관계가 성립한다.

$200-x+\dfrac{x}{2}+y=300 \cdots$ ㉠

$\dfrac{6}{100}\times(200-x)+\dfrac{2}{100}\times y=\dfrac{3}{100}\times300 \cdots$ ㉡

이를 정리하면

$-x+2y=200 \cdots$ ㉠´

$-6x+2y=-300 \cdots$ ㉡´

두 방정식을 연립하여 풀면 $5x=500 \rightarrow x=100,\ y=150$이다.

따라서 2% 소금물의 양은 150g이다.

60

• 10% 설탕물에 들어있는 설탕의 양 : $\dfrac{10}{100}\times480=48$g

• 20% 설탕물에 들어있는 설탕의 양 : $\dfrac{20}{100}\times120=24$g

• 두 설탕물을 섞었을 때의 농도 : $\dfrac{48+24}{480+120}\times100=12$%

• 컵으로 퍼낸 설탕의 양 : $\dfrac{12}{100}x$g(x : 컵으로 퍼낸 설탕물의 양)

컵으로 퍼낸 만큼 물을 부었을 때의 농도는 $\dfrac{(48+24)-\dfrac{12}{100}x}{600-x+x}\times100=11$%이므로 다음과 같은 방정식이 성립한다.

$\dfrac{\left(72-\dfrac{12}{100}x\right)\times100}{600}=11$

$\rightarrow 7,200-12x=600\times11$

$\rightarrow 12x=600$

$\therefore x=50$

따라서 컵으로 퍼낸 설탕물의 양은 50g이다.

01	02	03	04	05	06	07	08	09	10	11	12	13	14	15	16	17	18	19	20
②	②	①	③	③	③	①	①	④	③	④	①	②	④	④	⑤	①	②	③	②
21	22	23	24	25	26	27	28	29	30	31	32	33	34	35	36	37	38	39	40
③	②	②	⑤	④	②	①	①	②	④	①	⑤	⑤	①	⑤	④	④	③	②	⑤
41	42	43	44	45	46	47	48	49	50	51	52	53	54	55	56	57	58	59	60
③	④	②	②	⑤	④	②	②	②	⑤	③	①	④	②	①	⑤	④	②	①	②

01

정답 ②

02

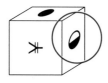

정답 ②

03

정답 ①

04

정답 ③

정답 ③

06

정답 ③

07

정답 ①

08

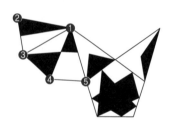

정답 ①

09

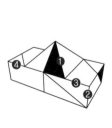
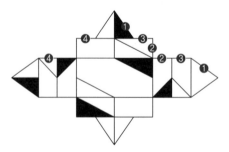

정답 ④

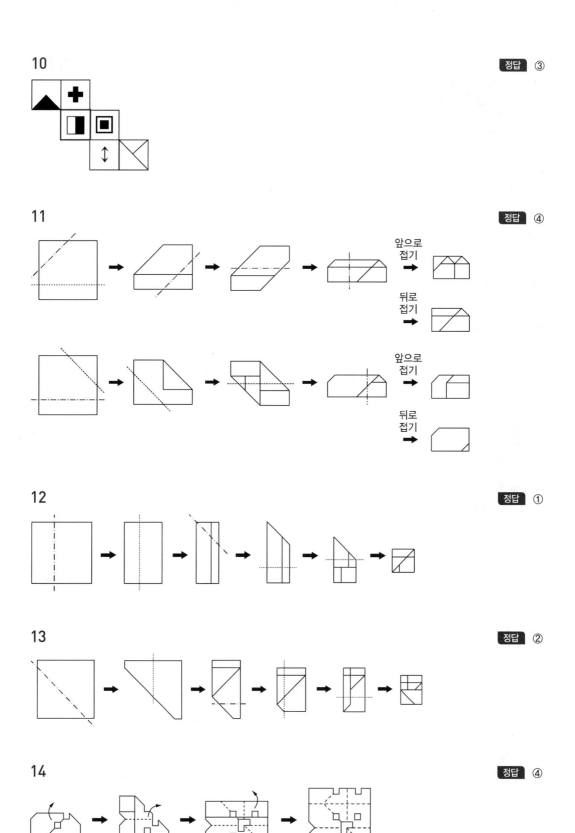

10 정답 ③

11 정답 ④

앞으로
접기

뒤로
접기

앞으로
접기

뒤로
접기

12 정답 ①

13 정답 ②

14 정답 ④

PART 2

15

정답 ④

16

정답 ⑤

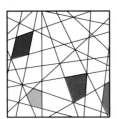

17

정답 ①

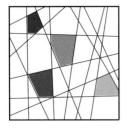

18

정답 ②

19

정답 ③

20

정답 ②

오답분석

① 　　③ 　　④ 　　⑤

21

정답 ③

오답분석

① 　　② 　　④ 　　⑤

22

정답 ②

오답분석

① 　　② 　　④ 　　⑤

23

정답 ②

규칙은 가로 방향으로 적용된다.
두 번째 도형에서 첫 번째 도형을 빼낸 나머지가 세 번째 도형이다.

24

정답 ⑤

규칙은 가로 방향으로 적용된다.
첫 번째 도형을 좌우로 대칭한 것이 두 번째 도형, 두 번째 도형을 시계 방향으로 90° 회전시킨 것이 세 번째 도형이다.

25

정답 ④

규칙은 세로 방향으로 적용된다.
두 번째 도형에서 첫 번째 도형을 빼낸 나머지가 세 번째 도형이다.

26

정답 ②

규칙은 가로 방향으로 적용된다.
첫 번째 도형에서 수직으로 반을 자른 후 왼쪽 부분이 두 번째 도형, 두 번째 도형에서 수평 방향으로 반을 자른 후 아래쪽 부분이 세 번째 도형이다.

27

정답 ①

규칙은 가로 방향으로 적용된다.
첫 번째 도형 안쪽의 선을 좌우 반전하여 합친 것이 두 번째 도형, 두 번째 도형 안쪽의 선을 상하 반전하여 합친 것이 세 번째 도형이다.

28

정답 ①

별도의 회전 없이 제시된 도형과 같음을 알 수 있다.

29

정답 ②

제시된 도형을 시계 방향으로 90° 회전한 것이 ②이다.

30

정답 ④

제시된 도형을 180° 회전한 것이 ④이다.

31

정답 ①

제시된 도형을 시계 반대 방향으로 90° 회전한 것이 ①이다.

32

정답 ⑤

제시된 도형을 180° 회전한 것이 ⑤이다.

33

34

35

36

37

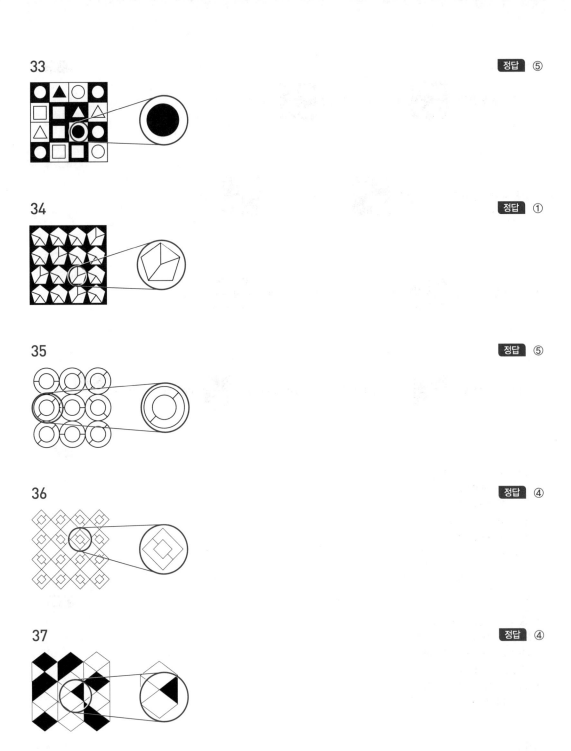

38

도형을 시계 반대 방향으로 90° 회전하면 , 이를 상하 반전하면 ( ) 이 된다.

PART 2

39

도형을 좌우 반전하면 , 이를 180° 회전하면 이 된다.

40

도형을 시계 방향으로 90° 회전하면 , 이를 좌우 반전하면 이 된다.

41

도형을 좌우 반전하면 , 이를 시계 방향으로 90° 회전하면 이 된다.

42

도형을 상하 반전하면 , 이를 시계 반대 방향으로 90° 회전하면 , 이를 좌우 반전하면 이 된다.

43

- 1층 : 6+7+7=20개
- 2층 : 6+7+6=19개
- 3층 : 5+7+4=16개
- 4층 : 4+5+2=11개
- 5층 : 3+4+1=8개
∴ 20+19+16+11+8=74개

44

- 1층 : 4+4+5+3+4=20개
- 2층 : 4+2+5+3+2=16개
- 3층 : 3+2+2+1+0=8개
- 4층 : 3+1+1+1+0=6개
- 5층 : 2+1+1+0+0=4개
∴ 20+16+8+6+4=54개

45

- ○ : +0, +1, +2, +3
- ◐ : 1234→4231
- ◑ : 1234→1324
- ● : −3, −2, −1, −0

BE13 → 3E1B → 0C0B
　　　◐　　　●

46

정답 ④

RABI → RBAI → RCCL
     ◑   ○

47

정답 ②

BITE → BJVH → BVJH
     ○   ◑

48

정답 ②

LIFE → LFIE → IDHE
    ◑   ●

49

정답 ②

- ♧ : 각 자릿수 +0, +1, +2, +3
- ♣ : 각 자릿수 +0, +1, +0, −1
- ◎ : 1234 → 1243
- ● : 1234 → 3412

S7BS → S7SB → SBS7
     ◎   ●

50

정답 ⑤

WW4W → 4WWW → 4XYZ
     ●   ♧

51

정답 ③

EDRO → EETR → TREE
    ♧   ●

52

정답 ①

CH25 → CH52 → 52CH → 53CG
    ◎   ●   ♣

53

정답 ④

- ☆ : 각 자릿수 +4, +3, +2, +1
- ♡ : 1234 → 4321
- □ : 1234 → 4231
- △ : 각 자릿수 +1, −1, +1, −1

US24 → 4S2U → 8V4V
        □   ☆

54

정답 ②

KB52 → OE73 → 37EO
    ☆   ♡

55

정답 ①

1839 → 2748 → 8472 → 9381
    △   ♡   △

56

정답 ⑤

J7H8 → 87HJ → 96II
    □   △

57

정답 ④

- ■ : 맨 앞 문자와 같은 문자 맨 뒤에 추가
- ○ : 맨 앞 문자 삭제
- Σ : 오른쪽으로 한 칸씩 이동(맨 뒤는 맨 앞으로 이동)
- ▼ : 역순으로 재배열

87CHO → OHC78 → HC78
     ▼   ○

58

정답 ②

9LEE3 → 39LEE → 39LEE3
    Σ   ■

59

정답 ①

KU01 → U01 → U01U → UU01
    ○   ■   Σ

60

정답 ②

LIGHT → TLIGH → HGILT → GILT
    Σ   ▼   ○

PART 2

01 언어

01	02	03	04	05	06	07	08	09	10	11	12	13	14	15	16	17	18	19	20
⑤	⑤	④	②	④	④	④	④	②	③	③	③	③	①	①	⑤	③	②	②	⑤
21	22	23	24	25	26	27	28	29	30	31	32	33	34	35	36	37	38	39	40
④	④	④	①	④	⑤	③	③	④	①	②	③	②	⑤	④	②	⑤	④	⑤	③

01

정답 ⑤

'일반'은 '특별하지 아니하고 평범한 수준. 또는 그런 사람들'이라는 뜻이므로 '특별히 다름'이라는 뜻인 '특수'와 반의 관계이고, 나머지는 유의 관계이다.

오답분석
① • 영고 : 번성함과 쇠퇴함
　• 성쇠 : 성하고 쇠퇴함
② • 구획 : 토지 따위를 경계를 지어 가름. 또는 그런 구역
　• 경계 : 지역이 구분되는 한계. 사물이 어떠한 기준에 의하여 분간되는 한계
③ • 귀향 : 고향으로 돌아가거나 돌아옴
　• 귀성 : 부모를 뵙기 위하여 객지에서 고향으로 돌아가거나 돌아옴
④ • 결점 : 잘못되거나 부족하여 완전하지 못한 점
　• 단점 : 잘못되고 모자라는 점

02

정답 ⑤

'치욕'은 '수치와 모욕을 아울러 이르는 말'이라는 뜻이므로 '영광스러운 명예'라는 뜻인 '영예'와 반의 관계이고, 나머지는 유의 관계이다.

오답분석
① • 거부 : 요구나 제의 따위를 받아들이지 않고 물리침
　• 거절 : 상대편의 요구, 제안, 선물, 부탁 따위를 받아들이지 않고 물리침
② • 격려 : 용기나 의욕이 솟아나도록 북돋워 줌
　• 고무 : 힘을 내도록 격려하여 용기를 북돋움
③ • 결의 : 뜻을 정하여 굳게 마음을 먹음. 또는 그런 마음
　• 결정 : 행동이나 태도를 분명하게 정함. 또는 그렇게 정해진 내용
④ • 각오 : 앞으로 해야 할 일이나 겪을 일에 대한 마음의 준비
　• 결심 : 할 일에 대하여 어떻게 하기로 마음을 굳게 정함. 또는 그런 마음

03
정답 ④

'원고'는 '법원에 민사 소송을 제기한 사람'이라는 뜻이므로 '민사 소송에서 소송을 당한 측의 당사자'라는 뜻인 '피고'과 반의 관계이고, 나머지는 유의 관계이다.

오답분석
① • 시종 : 처음과 끝을 아울러 이르는 말
　 • 수미 : 일의 시작과 끝
② • 시비 : 옳음과 그름
　 • 선악 : 착한 것과 악한 것을 아울러 이르는 말
③ • 추세 : 어떤 형상이 일정한 방향으로 나아가는 경향
　 • 형편 : 일이 되어 가는 상태나 경로 또는 결과
⑤ • 구속 : 행동이나 의사의 자유를 제한하거나 속박함
　 • 속박 : 어떤 행위나 권리의 행사를 자유로이 하지 못하도록 강압적으로 얽어매거나 제한함

04
정답 ②

가옥(家屋)은 집을 의미하는 한자어이므로 ⊙과 ⓒ의 관계는 동일한 의미를 지니는 한자어와 고유어의 관계이다. 수확(收穫)은 '익은 농작물을 거두어들이는 것. 또는 거두어들인 농작물'의 의미를 가지므로 벼는 수확의 대상이 될 뿐 수확과 동일한 의미를 지니지 않는다.

05
정답 ④

밑줄 친 '풀다'는 '모르거나 복잡한 문제 따위를 알아내거나 해결하다.'라는 의미로 쓰였으며, 이와 같은 의미로 사용된 것은 ④이다.

오답분석
① 사람을 동원하다.
② 일어난 감정 따위를 누그러뜨리다.
③ 피로나 독기 따위를 없어지게 하다.
⑤ 콧물을 밖으로 나오게 하다.

06
정답 ④

제시문의 '먹다'는 '바르는 물질이 배어들거나 고루 퍼지다.'라는 의미로 쓰였으며, 이와 같은 의미로 사용된 것은 ④이다.

오답분석
① 어떤 마음이나 감정을 품다.
② 수익이나 이문을 차지하여 가지다.
③ 벌레, 균 따위가 파고들어 가거나 퍼지다.
⑤ 구기 경기에서 점수를 잃다.

07
정답 ④

제시문의 '생각하다'는 '어떤 사람이나 일에 대하여 성의를 보이거나 정성을 기울이다.'라는 의미로 쓰였으며, 이와 같은 의미로 사용된 것은 ④이다.

오답분석
① 사람이 머리를 써서 사물을 헤아리고 판단하다.
② 어떤 사람이나 일 따위에 대하여 기억하다.
③ 어떤 일을 하려고 마음을 먹다.
⑤ 어떤 일에 대한 의견이나 느낌을 가지다.

08

정답 ④

제시문의 '완숙'은 '사람이나 동물이 완전히 성숙한 상태이다.'라는 의미로 쓰였으나 ④에서는 '재주나 기술 따위가 아주 능숙하다.'라는 의미로 사용되었으므로 같은 의미가 아니다.

09

정답 ②

②는 '모두 하나와 같이'라는 의미로 쓰였고, ①·③·④·⑤는 '변함없이'와 같은 의미로 쓰였다.

> **한결같다**
> • 처음부터 끝까지 변함없이 같다.
> • 여럿이 모두 꼭 같이 하나와 같다.

10

정답 ③

㉠은 '안에 담기거나 그 일부를 이루다.'의 의미로 사용되었으며, ㉡은 '손에 가지다.'의 의미로 사용되었다. ③의 '들다'는 '어떤 범위나 기준, 또는 일정한 기간 안에 속하거나 포함되다.'의 의미로 사용되었다.

11

정답 ③

제시문의 '유연하다(柔軟−)'는 '부드럽고 연하다.'는 뜻으로 쓰였으며, ③의 '유연하다(悠然−)'는 '침착하고 여유가 있다.'는 뜻으로 쓰였으므로 올바르지 않다.

12

정답 ③

'말미'는 일정한 직업이나 일 따위에 매인 사람이 다른 일로 말미암아 얻는 겨를을 의미하므로 비슷한 의미의 ①·②·④·⑤와 바꾸어 쓸 수 있다.
• 알음 : 1. 사람끼리 서로 아는 일
　　　　2. 지식이나 지혜가 있음
　　　　3. 신의 보호나 신이 보호하여 준 보람

오답분석
① 휴가(休暇) : 직장·학교·군대 따위의 단체에서, 일정한 기간 동안 쉬는 일. 또는 그런 겨를
② 여유(餘裕) : 물질적·공간적·시간적으로 넉넉하여 남음이 있는 상태
④ 겨를 : 어떤 일을 하다가 생각 따위를 다른 데로 돌릴 수 있는 시간적인 여유
⑤ 여가(餘暇) : 일이 없어 남는 시간

13

정답 ③

• 무릇 : 대체로 헤아려 생각하건대
• 대저(大抵) : 대체로 보아서

오답분석
① 가령(假令) : 1. 가정하여 말하여
　　　　　　　2. 예를 들어
② 대개(大蓋) : 일의 큰 원칙으로 말하건대
④ 도통(都統) : 1. 아무리 해도
　　　　　　　2. 이러니저러니 할 것 없이 아주
⑤ 비단(非但) : 부정하는 말 앞에서 '다만', '오직'의 뜻으로 쓰이는 말

14

정답 ①

'영절스럽다'는 '아주 그럴듯하다.'라는 뜻으로 '어색하다'와 반대되는 의미이다.

오답분석

② 뻔뻔하다 : 부끄러운 짓을 하고도 염치없이 태연하다.
③ 그럴듯하다 : 제법 그렇다고 여길 만하다.
④ 유별나다 : 보통의 것과 아주 다르다.
⑤ 서먹서먹하다 : 낯이 설거나 친하지 아니하여 자꾸 어색하다.

15

정답 ①

• 든직하다 : 사람됨이 묵중하다.
• 붓날다 : 말이나 하는 짓 따위가 붓이 나는 것처럼 가볍게 들뜨다.

오답분석

② 사랑옵다 : 생김새나 행동이 사랑을 느낄 정도로 귀엽다.
③ 무덕지다 : 한데 수북이 쌓여 있거나 뭉쳐 있다.
④ 얄망궂다 : 성질이나 태도가 괴상하고 까다로워 얄미운 데가 있다.
⑤ 알겯다 : 암탉이 알을 낳을 무렵에 골골 소리를 내다.

16

정답 ⑤

오답분석

① 상걸이는 세미를 위해 서둘러 아침밥을 지었다(만들었다).
② 드라마 각본을 짓느라(쓰느라) 정신이 없다.
③ 끈의 매듭을 잘 지어(묶어) 주세요.
④ 그는 죄를 짓고(저지르고) 감옥에 갔다.

17

정답 ③

오답분석

① 먹고 남은 음식은 싸(포장해) 갈 수 있다.
② 집값이 생각보다 싸서(저렴해서) 놀랐다.
④ 노끈으로 상자를 돌돌 쌌다(감았다).
⑤ 이사를 위해 짐을 쌌다(꾸렸다).

18

정답 ②

오답분석

① 블라우스에 주름이 섰다(생겼다).
③ 버스가 완전히 서면(멈추면) 내리시기 바랍니다.
④ 이 동네에서는 5일마다 장이 선다(열린다).
⑤ 영 체면이 서지를(유지되지를) 않는다.

19

한글 맞춤법에 따르면 앞 단어가 합성 용언인 경우 보조 용언을 앞말에 붙여 쓰지 않는다. 따라서 '파고들다'는 합성어이므로 '파고들어 보면'과 같이 띄어 써야 한다.

오답분석

① 보조 용언 '보다' 앞에 '-ㄹ까'의 종결 어미가 있는 경우 '보다'는 앞말에 붙여 쓸 수 없다.
③ '-어 하다'가 '마음에 들다'라는 구에 결합하는 경우 '-어 하다'는 띄어 쓴다.
④ 앞말에 조사 '도'가 붙는 경우 보조 용언 '보다'는 앞말에 붙여 쓰지 않는다.
⑤ '아는 체하다'와 같이 띄어 쓰는 것이 원칙이나, '아는체하다'와 같이 붙여 쓰는 것도 허용된다.

20

다른 형태소 뒤에서 [빼기]로 발음되는 경우, '빼기'로 적는다는 한글 맞춤법에 따라 '곱빼기'가 올바른 표기이다.

오답분석

① '적다'의 뜻이 없이 [쩍따]로 발음되는 경우, '쩍다'로 적는다는 한글 맞춤법에 따라 '겸연쩍다'가 올바른 표기이다.
② '거적때기'가 표준어이다.
③ '맛깔'이 표준어이다.
④ '발뒤꿈치'가 표준어이다.

21

오답분석

① '~문학을 즐길 예술적 본능을 지닌다.'의 주어가 생략되었다.
② '그는'이 중복되었다.
③ '~시작되었다.'의 주어가 생략되었다.
⑤ '전망'은 동작성 명사이므로, '~ㄹ 것으로 전망됩니다.'처럼 쓰인다.

22

'가열차다'는 '싸움이나 경기 따위가 가혹하고 격렬하다.'는 의미를 지닌 '가열하다'의 잘못된 표기이므로 '가열하게'가 올바른 표기이다.

오답분석

① 가납사니 : 쓸데없는 말을 지껄이기 좋아하는 수다스러운 사람
② 느껍다 : 어떤 느낌이 마음에 북받쳐서 벅차다.
③ 무람없이 : 예의를 지키지 않으며 삼가고 조심하는 것이 없게
⑤ 댓바람 : ('댓바람에', '댓바람부터' 꼴로 쓰여) 아주 이른 시간

23

'손이 크다'는 '씀씀이가 후하다.'는 의미이다.

24

환갑(61세) < 진갑(62세) < 고희(70세) < 희수(77세) < 미수(88세) < 백수(99세)

오답분석
② 회갑(＝환갑)
③ 고령 : 늙은이로서 썩 많은 나이. 또는 그런 나이가 된 사람
④ 장수 : 오래도록 삶
⑤ 졸수(90세)

25

• 감탄고토(甘呑苦吐) : 달면 삼키고 쓰면 뱉는다는 뜻으로, 자신의 비위에 따라서 사리의 옳고 그름을 판단함을 이르는 말

오답분석
① 감언이설(甘言利說) : 귀가 솔깃하도록 남의 비위를 맞추거나 이로운 조건을 내세워 꾀는 말
② 당랑거철(螳螂拒轍) : 제 역량을 생각하지 않고, 강한 상대나 되지 않을 일에 덤벼드는 무모한 행동거지를 비유적으로 이르는 말
③ 무소불위(無所不爲) : 하지 못하는 일이 없음
⑤ 속수무책(束手無策) : 손을 묶은 것처럼 어찌할 도리가 없어 꼼짝 못함

26

• 탁상공론(卓上空論) : 현실성이나 실천 가능성이 없는 허황(虛荒)한 이론

오답분석
① 토사구팽(兎死狗烹) : 토끼 사냥이 끝나면 사냥개를 삶아 먹음. 쓸모가 없어지면 버려진다는 뜻
② 계명구도(鷄鳴狗盜) : 닭의 울음소리와 개 도둑. 하찮은 재주도 쓸모가 있다는 뜻
③ 표리부동(表裏不同) : 겉과 속이 같지 않다는 뜻
④ 사면초가(四面楚歌) : 사방이 초나라 노래. 도움을 받을 수 없는 고립된 상태

27

• 수주대토(守株待兎) : '그루터기를 지켜 토끼를 기다린다.'는 뜻으로, 요행만 기다리는 어리석은 사람을 이르는 말

오답분석
① 사필귀정(事必歸正) : 결국 옳은 이치대로 된다는 뜻
② 조삼모사(朝三暮四) : '아침에 세 개, 저녁에 네 개'라는 뜻으로, 눈앞에 보이는 것만 알고 결과가 같은 것을 모르는 어리석음을 뜻함
④ 새옹지마(塞翁之馬) : 세상만사는 변화가 많아 어느 것이 화(禍)가 되고, 어느 것이 복(福)이 될지 예측하기 어렵다는 것을 뜻함
⑤ 호사다마(好事多魔) : 좋은 일에는 방해가 되는 일이 많음을 뜻함

28

정답 ③

권토중래(捲土重來)는 한번 싸움에 패하였다가 다시 힘을 길러 쳐들어오는 일, 또는 어떤 일에 실패한 뒤 다시 힘을 쌓아 그 일에 재차 착수하는 일을 비유하는 말로, 당나라 시인 두목의 시에서 유래되었다.

오답분석

① 낭중지추(囊中之錐) : 주머니 속의 송곳이라는 뜻으로, 뛰어난 재능을 가진 사람은 남의 눈에 띔을 비유하는 말
② 금의야행(錦衣夜行) : 자기가 아무리 잘하여도 남이 알아주지 못한다는 뜻
④ 괄목상대(刮目相對) : 눈을 비비고 상대방을 대한다는 뜻으로, 상대방의 학식이나 재주가 갑자기 몰라볼 정도로 나아졌음을 이르는 말
⑤ 오월동주(吳越同舟) : 오나라 사람과 월나라 사람이 같은 배를 탔다는 뜻으로, 적대 관계에 있는 사람끼리 이해 때문에 뭉치는 경우를 비유하는 말

29

정답 ④

'호랑이 없는 굴에 토끼가 왕 노릇 한다.'는 뛰어난 사람이 없는 곳에서 보잘것없는 사람이 득세함을 비유적으로 이르는 말로, 제시된 상황에 적절하다.

오답분석

① 싸움을 통해 오해를 풀어 버리면 오히려 더 가까워지게 된다.
② 무슨 일을 잘못 생각한 후에야 이랬더라면 좋았을 것을 하고 궁리한다.
③ 굶주렸던 사람이 배가 부르도록 먹으면 만족하게 된다.
⑤ 기껏 한 일이 결국 남 좋은 일이 되었다.

30

정답 ①

제시된 속담은 '능력도 기력도 없는 사람이 장차 큰일을 할 듯이 서둘 때 이를 놀리면서 하는 말'이다. 따라서 할아버지가 그럴만한 기력이 없으면서 하겠다고 우기는 상황에서 할머니가 핀잔을 주는 ①의 상황이 제일 잘 어울린다.

31

정답 ②

㉠ 편재(偏在) : 돌이 한 지역에만 치우쳐 있음. 반면의 여러 곳을 골고루 차지하지 못하고 어느 일방에만 치우친 상태
㉡ 산재(散在) : 여기저기 흩어져 있음
㉢ 혼재(混在) : 뒤섞이어 있음

오답분석

• 잔재(殘在) : 남아 있음

32

정답 ③

㉠ 표제(標題) : 작품의 겉에 쓰는 그 작품의 이름
㉡ 좌목(座目) : 자리의 차례를 적은 목록
㉢ 발문(跋文) : 작품의 끝에 본문 내용의 대강(大綱)이나 간행 경위에 관한 사항을 간략하게 적은 글

33

정답 ②

- 개는 후각이 뛰어나서 냄새에 (예민 / 민감)하다.
- 그는 중요한 대회를 앞두고 신경이 (예민 / 과민 / 민감)해져 있다.
- 그는 남들의 평가에 (예민 / 과민 / 민감)한 반응을 보인다.
- 복지정책은 사회적으로 아주 (예민 / 민감)한 사안이다.
- 그는 한 번 읽은 책의 내용을 달달 외울 만큼 무척 (영민 / 민감)하다.

• 기민(機敏)하다 : 눈치가 빠르고 동작이 날쌔다.

오답분석

① 예민(銳敏)하다 : 1. 무엇인가를 느끼는 능력이나 분석하고 판단하는 능력이 빠르고 뛰어나다.
                   2. 어떤 문제의 성격이 여러 사람의 관심을 불러일으킬 만큼 중대하고 그 처리에 많은 갈등이 있는 상태에
                   있다.
③ 영민(英敏)하다 : 매우 영특하고 민첩하다.
④ 과민(過敏)하다 : 감각이나 감정이 지나치게 예민하다.
⑤ 민감(敏感)하다 : (자극이나 조건에) 반응이 날카롭고 빠르다.

34

정답 ⑤

- 나는 바다 깊숙이 가라앉는 듯 점점 깊은 (명상 / 상상) 속에 빠져들어 갔다.
- 그런 일이 일어나리라고는 (상상)도 못 했다.
- 난 지금 그런 쓸데없는 (공상)이나 하고 있을 만큼 한가하지 않다.
- 헛된 (망상)에 사로잡히다.

• 진상(眞相) : 사물이나 현상의 거짓 없는 모습이나 내용

오답분석

① 망상(妄想) : 이치에 맞지 아니한 망령된 생각을 함. 또는 그 생각
② 공상(空想) : 현실적이지 못하거나 실현될 가망이 없는 것을 막연히 그리어 봄
③ 상상(想像) : 실제로 경험하지 않은 현상이나 사물에 대하여 마음속으로 그려 봄
④ 명상(冥想 / 瞑想) : 고요히 눈을 감고 깊이 생각함. 또는 그런 생각

35

정답 ④

• 통념(通念) : 일반적으로 널리 통하는 개념

오답분석

① 만념(萬念) : 여러 가지 많은 생각
② 상념(想念) : 마음속에 품고 있는 여러 가지 생각
③ 이념(理念) : 이상적인 것으로 여겨지는 생각이나 견해
⑤ 신념(信念) : 굳게 믿는 마음

36

정답 ②

'음악을 좋아한다.'를 A, '미술을 좋아한다.'를 B, '사회를 좋아한다.'를 C라 하면, 첫 번째 명제와 두 번째 명제는 각각 A → B,
C → A이므로 C → A → B이다. 따라서 빈칸에 들어갈 명제로는 C → B의 대우 명제인 '미술을 좋아하지 않는 사람은 사회를
좋아하지 않는다.'가 적절하다.

37

정답 ⑤

'회계팀 팀원'을 p, '회계 관련 자격증을 가지고 있다.'를 q, '돈 계산이 빠르다.'를 r이라고 하면, 첫 번째 명제는 $p \rightarrow q$이며, 마지막 명제는 $\sim r \rightarrow \sim p$이다. 이때 마지막 명제의 대우는 $p \rightarrow r$이므로 마지막 명제가 참이 되기 위해서는 $q \rightarrow r$이 필요하다. 따라서 빈칸에 들어갈 명제는 $q \rightarrow r$의 대우에 해당하는 $\sim r \rightarrow \sim q$인 ⑤이다.

38

정답 ④

'회사원'을 A, '야근을 한다.'를 B, '늦잠을 잔다.'를 C라 하면, 첫 번째 명제와 마지막 명제는 각각 A → B, $\sim$C → $\sim$A이다. 이때, 첫 번째 명제의 대우는 $\sim$B → $\sim$A이므로 마지막 명제가 참이 되려면 $\sim$C → $\sim$B 또는 B → C가 필요하다. 따라서 빈칸에 들어갈 명제는 '야근을 하는 사람은 늦잠을 잔다.'가 적절하다.

39

정답 ⑤

주어진 조건에 따라 앞서 달리고 있는 순서대로 나열하면 'A – D – C – E – B'가 된다. 따라서 이 순서대로 결승점까지 달린다면 C는 3등을 할 것이다.

40

정답 ③

ⅰ) B가 부정행위를 했을 경우
   두 번째와 세 번째 조건에 따라 C와 E도 함께 부정행위를 하게 되므로 첫 번째 조건에 부합하지 않는다. 따라서 B는 부정행위를 하지 않았으며, 두 번째 조건에 따라 C도 부정행위를 하지 않았다.
ⅱ) D가 부정행위를 했을 경우
   다섯 번째 조건의 대우인 'D가 부정행위를 했다면, E도 부정행위를 했다.'와 세 번째 조건에 따라 E와 A가 함께 부정행위를 하게 되므로 첫 번째 조건에 부합하지 않는다. 따라서 D 역시 부정행위를 하지 않았다.
결국 B, C, D를 제외한 A, E가 시험 도중 부정행위를 했음을 알 수 있다.

| 02 | 수리 |

01	02	03	04	05	06	07	08	09	10	11	12	13	14	15	16	17	18	19	20
④	②	⑤	④	③	①	③	④	②	③	④	①	①	④	③	③	①	④	③	⑤
21	22	23	24	25	26	27	28	29	30	31	32	33	34	35	36	37	38	39	40
③	②	①	①	①	②	④	④	①	②	④	④	①	④	①	①	①	②	④	①
41	42	43	44	45	46	47	48	49	50	51	52	53	54	55	56	57	58	59	60
④	①	③	③	③	①	③	③	④	①	②	②	②	③	①	③	④	②	②	②

01

정답 ④

제시된 수열의 다음 항은 그 전 항에 $2^n - 1$(n=1, 2, 3, …)을 더한 값이다(n은 전항의 순서).
따라서 (   )$=121 + 2^7 - 1 = 248$이다.

02

정답 ②

n을 자연수라고 할 때, n항의 값은 (n+1)×(n+2)×(n+3)인 수열이다.
따라서 (　)=(4+1)×(4+2)×(4+3)=5×6×7=210이다.

03

정답 ⑤

홀수 항은 ×0.2, ×0.3, ×0.4, …이고, 짝수 항은 $\times\left(-\frac{1}{3}\right)$, $\times\frac{1}{4}$, $\times\left(-\frac{1}{5}\right)$, $\times\frac{1}{6}$, …인 수열이다.

따라서 (　)$=\left(-\frac{1}{120}\right)\times\frac{1}{6}=-\frac{1}{720}$ 이다.

04

정답 ④

앞의 항에 4를 곱하고 1, 2, 3, 4, …을 더하는 수열이다.
따라서 (　)=2,928×4+5=11,717이다.

05

정답 ③

분자는 −8이고, 분모는 +8인 수열이다.
따라서 (　)$=\frac{58-8}{102+8}=\frac{50}{110}$ 이다.

06

정답 ①

분자에는 +14이고, 분모는 ×5인 수열이다.
따라서 (　)$=\frac{16+14}{25\times5}=\frac{30}{125}$ 이다.

07

정답 ③

앞의 항에 ÷2가 적용되는 수열이다.
따라서 (　)=18.75÷2=9.375이다.

08

정답 ④

앞의 항에 1, 2, 4, 8, 16, …을 더하는 수열이다.

C	D	F	J	R	(H)
3	4	6	10	18	34 (26+8)

09

정답 ②

앞의 항에 2씩 더하는 수열이다.

I	K	M	O	Q	(S)
9	11	13	15	17	19

10

정답 ③

앞의 항에 4씩 더하는 수열이다.

A	E	I	M	Q	(U)
1	5	9	13	17	21

11

정답 ④

앞의 항에 2씩 더하는 수열이다.

ㄹ	ㅛ	ㅇ	ㅣ	ㅌ	(ㅕ)
4	6	8	10	12	14 (10+4)

12

정답 ①

앞의 항에 3씩 더하는 수열이다.

ㅏ	ㄹ	ㅅ	ㅣ	ㅓ	(ㄴ)
1	4	7	10	13 (10+3)	16 (14+2)

13

정답 ①

홀수 항은 1씩 더하고, 짝수 항은 2씩 빼는 수열이다.

ㄷ	ㅇ	ㄹ	ㅂ	ㅁ	ㄹ	ㅂ	(ㄴ)
3	8	4	6	5	4	6	2

14

정답 ④

앞의 항에 -1, +2를 번갈아가며 대입하는 수열이다.

E	ㄹ	ㅛ	ㅁ	七	(六)
5	4	6	5	7	6

15

정답 ③

앞의 항에 각각 2, 3, 4, 5, 6을 빼는 수열이다.

U	ㅁ	P	ㅌ	七	(A)
21	19 (14+5)	16	12	7	1

16

③

앞의 항에 2씩 곱하는 수열이다.

A	ㄷ	ㅕ	H	P	(F)
1	2	4	8	16	32 (26+6)

17

정답 ①

나열된 수를 각각 A, B, C, D라고 하면
$\underline{A\ B\ C\ D} \rightarrow A+B=C+D$
따라서 (   )=9+4−3=10이다.

18

정답 ④

나열된 수를 각각 A, B, C라고 하면 각 자릿수의 합이 다음 항의 수이다.
$\underline{A\ B\ C} \rightarrow A : 4,567,\ B : 4+5+6+7=22,\ C : 2+2=4$
따라서 (   )=1+6=7이다.

19

정답 ③

나열된 수를 각각 A, B, C라고 하면
$\underline{A\ B\ C} \rightarrow A+2B=2C$
따라서 (   )=$(4+2\times3)\div2=5$이다.

20

정답 ⑤

나열된 수를 각각 A, B, C라고 하면
$\underline{A\ B\ C} \rightarrow A^2+B^2=C$
따라서 (   )=$\sqrt{74-5^2}=\sqrt{49}=7$이다.

21

정답 ③

집에서 서점까지의 거리를 $x$km라 하면 집에서 서점까지 갈 때 걸리는 시간은 $\dfrac{x}{4}$ 시간, 서점에서 집으로 되돌아올 때 걸리는 시간은 $\dfrac{x}{3}$ 시간이며 다음과 같은 방정식이 성립한다.

$\dfrac{x}{4}+\dfrac{x}{3}=7$

$\rightarrow 7x=84$

$\therefore x=12$

따라서 집에서 서점까지의 거리는 12km이다.

22

정답 ②

평균 속력은 $\dfrac{\text{(총 이동 거리)}}{\text{(총 걸린 시간)}}$이며, O대리가 이동한 총거리를 구하면 $14+6.8+10=30.8$km이다. 이동하는 데 걸린 시간(모든 시간

단위는 시간으로 환산)은 $1.5+\dfrac{18}{60}+1=2.5+\dfrac{3}{10}=2.8$시간이다.

따라서 O대리가 출·퇴근하는 평균 속력은 $\dfrac{30.8}{2.8}=11$km/h이다.

23

정답 ①

기차의 길이를 xm, 기차의 속력을 ym/s라 하면 다음과 같은 방정식이 성립한다.

$\dfrac{x+400}{y}=10 \rightarrow x+400=10y \rightarrow 10y-x=400 \cdots$ ㉠

$\dfrac{x+800}{y}=18 \rightarrow x+800=18y \rightarrow 18y-x=800 \cdots$ ㉡

㉠, ㉡을 연립하면 $x=100$, $y=50$이다.

따라서 기차의 길이는 100m이고, 기차의 속력은 50m/s이다.

24

정답 ①

올라간 거리를 $x$km라 하면 내려온 거리는 $(x+2)$km이다. 올라갈 때와 내려올 때 걸린 시간이 같았다고 하였으므로 다음과 같은
방정식이 성립한다.

$\dfrac{x}{4}=\dfrac{x+2}{6}$

$\rightarrow 3x=2(x+2)$

$\therefore x=4$

따라서 내려올 때 걸린 시간은 $\dfrac{4+2}{6}=1$시간이다.

25

정답 ①

사이클 구간의 길이를 $x$km, 마라톤 구간의 길이를 $y$km라고 하면 다음과 같은 방정식이 성립한다.

$x+y+1.5=51.5 \cdots$ ㉠

$\dfrac{x}{48}+\dfrac{y}{15}+\dfrac{18}{60}=\dfrac{9}{5} \cdots$ ㉡

이를 정리하면 다음과 같다.

$x+y=50 \cdots$ ㉠'

$5x+16y=360 \cdots$ ㉡'

㉡'에 ㉠'을 대입하면 $5(50-y)+16y=360$이므로 $y=10$이다.

따라서 마라톤 구간의 길이는 10km이다.

26

정답 ②

두 수를 더하여 짝수가 되는 경우는 두 장 모두 짝수를 고르거나 홀수를 고른 경우이다.
2 ~ 8의 숫자 카드 중 짝수 카드는 2, 4, 6, 8이므로 모두 4장이고 홀수 카드는 3, 5, 7이므로 모두 3장이다.

- 2장 모두 짝수 카드를 고를 확률 : $\dfrac{_4C_2}{_7C_2}$

- 2장 모두 홀수 카드를 고를 확률 : $\dfrac{_3C_2}{_7C_2}$

따라서 구하고자 하는 확률은 $\dfrac{_4C_2 + _3C_2}{_7C_2} = \dfrac{6+3}{21} = \dfrac{3}{7}$ 이다.

27

정답 ④

- 두 사원이 1 ~ 9층에 내리는 경우의 수 : $9 \times 9 = 81$가지
- A가 1 ~ 9층에 내리는 경우의 수 : 9가지
- B는 A가 내리지 않은 층에서 내려야 하므로 B가 내리는 경우의 수 : 8가지

따라서 서로 다른 층에 내릴 확률은 $\dfrac{9 \times 8}{81} = \dfrac{8}{9}$ 이다.

28

정답 ④

돈을 낼 수 있는 방법은 다음 5가지이다.
$(10,000 \times 2, \ 1,000 \times 3)$, $(10,000 \times 1, \ 5,000 \times 2, \ 1,000 \times 3)$, $(10,000 \times 1, \ 5,000 \times 1, \ 1,000 \times 8)$,
$(5,000 \times 4, \ 1,000 \times 3)$, $(5,000 \times 3, \ 1,000 \times 8)$
따라서 민석이는 5가지의 방법으로 거스름돈 없이 23,000원을 지불할 수 있다.

29

정답 ①

- 7권의 소설책 중 3권을 선택하는 경우의 수 : $_7C_3 = \dfrac{7 \times 6 \times 5}{3 \times 2 \times 1} = 35$가지

- 5권의 시집 중 2권을 선택하는 경우의 수 : $_5C_2 = \dfrac{5 \times 4}{2 \times 1} = 10$가지

따라서 소설책 3권과 시집 2권을 선택하는 경우의 수는 $35 \times 10 = 350$가지이다.

30

정답 ②

한 주에 2명의 사원이 당직 근무를 하므로 3주 동안 총 6명의 사원이 당직 근무를 하게 된다.

- A팀의 8명의 사원 중 6명을 뽑는 경우의 수 : $_8C_6 = _8C_2 = \dfrac{8 \times 7}{2 \times 1} = 28$가지

- 6명의 사원을 2명씩 3조로 나누는 경우의 수 : $_6C_2 \times _4C_2 \times _2C_2 \times \dfrac{1}{3!} = \dfrac{6 \times 5}{2 \times 1} \times \dfrac{4 \times 3}{2 \times 1} \times 1 \times \dfrac{1}{6} = 15$가지

- 한 주에 한 조를 배치하는 경우의 수 : $3! = 3 \times 2 \times 1 = 6$가지
따라서 가능한 모든 경우의 수는 $28 \times 15 \times 6 = 2,520$가지이다.

31

정답 ②

x일 후 정산을 했다고 가정하면 다음과 같은 방정식이 성립한다.

$1,000x=2\times800\times(x-3)$

$\rightarrow 1,000x=1,600x-4,800$

$\therefore x=8$

따라서 정산은 8일 후에 한 것이다.

32

정답 ④

1바퀴를 도는 데 갑은 2분, 을은 3분, 병은 4분이 걸린다.

2, 3, 4의 최소공배수는 12, 즉 세 사람이 다시 만나는 데 걸리는 시간은 12분이다.

따라서 세 사람이 출발점에서 다시 만나는 시각은 4시 42분이다.

33

정답 ①

갑이 가지고 있는 A, B, C회사 주식 하나당 가격을 각각 a, b, c원이라고 하면 다음과 같은 방정식이 성립한다.

$20a+30b+40c=258,000 \cdots \bigcirc$

$5b=5a+3,500 \rightarrow b=a+700 \cdots \bigcirc\!\!\!\bigcirc$

$3c-(2a+b)=200 \cdots \bigcirc\!\!\!\!\bigcirc$

$\bigcirc\!\!\!\bigcirc$을 $\bigcirc$에 대입하면 $2a+3(a+700)+4c=25,800 \rightarrow 5a+4c=23,700 \cdots Ⓐ$

$\bigcirc\!\!\!\bigcirc$을 $\bigcirc\!\!\!\!\bigcirc$에 대입하면 $3c-3a=900 \rightarrow c-a=300 \cdots Ⓑ$

Ⓐ와 Ⓑ를 연립하면 $a=2,500$, $c=2,800$, $b=3,200$이므로 B회사의 한 주당 가격은 3,200원이며, 7배가 뛴 한 주당 가격은 22,400원이다.

따라서 갑이 가지고 있는 B회사의 주식을 모두 판 금액으로 C회사 주식을 살 때, 최대 $\dfrac{30\times22,400}{2,800}=240$주 구입이 가능하다.

34

정답 ④

평균 점수는 $\dfrac{(총득점)}{(인원수)}$이므로 A, B부서 10명의 총득점은 $84\times10=840$점이다.

마찬가지로 A부서의 총득점은 $81\times4=324$점이므로, B부서의 총득점은 $840-324=516$점이다.

따라서 B부서의 평균 점수는 $516\div6=86$점이다.

35

정답 ①

B팀이 2쿼터까지 얻은 점수를 x점이라 하면, A팀이 얻은 점수는 $(x+7)$점이다.

B팀이 3쿼터와 4쿼터에 얻은 점수를 y점이라 하면, A팀이 얻은 점수는 $\dfrac{3}{5}y$점이다.

$x+7+\dfrac{3}{5}y=75 \rightarrow x+\dfrac{3}{5}y=68 \cdots \bigcirc$

$x+y=78 \cdots \bigcirc\!\!\!\bigcirc$

$\bigcirc\!\!\!\bigcirc-\bigcirc$을 하면, $\dfrac{2}{5}y=10$

$\therefore y=25$

따라서 A팀이 3쿼터와 4쿼터에 얻은 점수는 $\dfrac{3}{5}\times25=15$점이다.

36

정답 ①

D학생의 점수를 x점이라 하면 다음과 같은 부등식이 성립한다.

$$\frac{76+68+89+x}{4} \geq 80$$

$\rightarrow 233+x \geq 320$

$\therefore x \geq 87$

따라서 D학생이 87점 이상을 받아야 아이스크림을 산다.

37

정답 ①

오리의 수를 x마리, 개의 수를 y마리라고 하면 다음과 같은 방정식이 성립한다.

$$\begin{cases} x+y=33 \\ 2x+4y=72 \end{cases} \rightarrow \begin{cases} 2x+2y=66 \\ 2x+4y=72 \end{cases} \rightarrow 2y=6$$

$\therefore y=3, \ x=30$

따라서 오리는 30마리, 개는 3마리이다.

38

정답 ②

지난 달 A, B의 생산량을 각각 x개, y개라 하면 지난 달 두 제품 A, B를 합하여 6,000개를 생산하였으므로 총생산량은 $x+y=$ 6,000이다.

이번 달에 생산한 제품 A의 양은 지난달에 비하여 제품 A는 6% 증가하였으므로 증가한 생산량은 $0.06x$이고, 생산한 제품 B의 양은 지난달에 비하여 제품 B는 4% 감소하였으므로 감소한 생산량은 $0.04y$이다.

전체 생산량은 2% 증가하였으므로 $6,000 \times 0.02 = 120$이다.

따라서 위의 식을 정리하면 다음과 같다.

$x+y=6,000 \cdots \text{㉠}$

$0.06x-0.04y=120 \cdots \text{㉡}$

$4 \times \text{㉠} + 100 \times \text{㉡}$을 하여 연립방정식의 해를 구하면 $x=3,600$, $y=2,400$이다.

지난달 A의 생산량은 3,600개이고 B의 생산량은 2,400개이므로 이번 달 A의 생산량은 6% 증가한 $3,600 \times (1+0.06)=3,816$개이고 이번 달 B의 생산량은 4% 감소한 $2,400 \times (1-0.04)=2,304$개이다.

따라서 두 제품의 생산량의 차는 $3,816-2,304=1,512$개이다.

39

정답 ④

아이들의 수를 x명이라고 하면 노트의 개수에 대하여 다음과 같은 방정식이 성립한다.

$7(x-14)+2=6(x-11)+2$

$\therefore x=32$

즉, 아이들의 수는 32명, 노트의 개수는 $7 \times (32-14)+2=128$권이다.

따라서 1명당 나누어줄 노트의 개수는 $128 \div 32 = 4$권이다.

40

정답 ①

배정하는 방 개수를 x개라 하면 다음과 같은 방정식이 성립한다.

$4x+12=6(x-2)$

$\rightarrow 2x=24$

$\therefore x=12$

따라서 신입사원들이 배정받는 방 개수는 12개이다.

41

정답 ④

1부터 9까지 자연수 중 합이 9가 되는 두 수의 쌍은 (1, 8), (2, 7), (3, 6), (4, 5)이다.
이 4개의 쌍 중 하나를 택하고 9개의 숫자 중 이미 택한 2개의 숫자를 제외한 7개의 숫자 중 하나를 택하여 3개의 숫자를 얻는다.
이렇게 얻은 3개의 숫자를 일렬로 배열하는 경우의 수는 $4×7×(3×2×1)=168$개이다. 한편, 1부터 9까지 자연수 중 3개의 숫자를
택하는 경우의 수는 $9×8×7=504$개이다.
따라서 구하는 세 자리 자연수의 개수는 $504-168=336$개이다.

42

정답 ①

1시간에 60페이지를 읽는 것은 1분에 책을 1페이지 읽는 것과 같다. 4시간($=240$분) 동안 40분 독서 후 5분 휴식을 한다고 했으므
로 휴식시간은 총 25분이며 읽은 페이지 수는 $(240-25)×1=215$페이지이다.
따라서 O가 읽은 페이지 수는 215페이지이다.

43

정답 ③

최소공배수를 묻는 문제이다. 원의 둘레는 $2×r×$(반지름)이므로,
• A롤러가 1회전 할 때 칠할 수 있는 면적 : $2×r×5×$(너비)
• B롤러가 1회전 할 때 칠할 수 있는 면적 : $2×r×1.5×$(너비)
원주율인 r와 롤러의 너비는 같으므로 소거하면, A롤러는 10, B롤러는 3만큼의 면적을 칠한다.
따라서 처음으로 같은 면적을 칠하기 위해 A롤러는 3바퀴, B롤러는 10바퀴를 칠해야 한다.

44

정답 ③

A프린터가 한 대당 1분 동안 프린트 할 수 있는 용지매수를 x장, B프린터의 경우 y장이라 가정하고, 100장을 프린트하는데 걸리는
시간에 대한 방정식을 세우면 다음과 같다.
$(3x+2y)×4=100 \rightarrow 3x+2y=25 \cdots$ ㉠
$(4x+y)×5=100 \rightarrow 4x+y=20 \cdots$ ㉡
㉠과 ㉡을 연립하면 $x=3$, $y=8$이 나오므로 A프린터는 한 대당 1분에 3장, B프린터는 8장을 출력할 수 있다.
따라서 A프린터 2대와 B프린터 3대를 동시에 사용할 때 1분 동안 출력되는 용지는 $2×3+8×3=30$장이므로 100장을 출력하는데
걸리는 시간은 3분 20초($=\dfrac{100}{30}$ 분)이다.

45

정답 ③

전체 작업량을 1로 둘 때, 6명이 5시간 만에 청소를 완료하므로 직원 한 명의 시간당 작업량은 $\dfrac{1}{30}$이다.
3시간 만에 일을 끝마치기 위한 직원의 수를 x명이라 하면 다음과 같은 방정식이 성립한다.
$\dfrac{x}{30}×3=1$
$\rightarrow \dfrac{x}{10}=1$
$\therefore x=10$
따라서 총 10명의 직원이 필요하며, 추가로 필요한 직원의 수는 4명이다.

46

정답 ①

구형기계와 신형기계가 1시간 동안 만들 수 있는 부품의 수를 각각 x개, y개라고 하면 다음과 같은 방정식이 성립한다.

$3x+5y=4,200 \cdots \bigcirc$

$5x+3y=3,000 \cdots \bigcirc\!\bigcirc$

$\bigcirc$과 $\bigcirc\!\bigcirc$을 연립하여 식을 정리하면 $x=150$, $y=750$이다.

따라서 $x+y=900$개이다.

47

정답 ③

원래 가지고 있던 돈을 x원이라고 한다면, 아르바이트를 한 뒤에 철수가 가지고 있는 돈은 $4x$원이다. 저금한 돈이 14,000원이라고 하였으므로 다음과 같은 방정식이 성립한다.

$(4x-20,000)\times0.7=14,000$

$\rightarrow 2.8x-14,000=14,000$

$\rightarrow 2.8x=28,000$

$\therefore x=10,000$

따라서 철수가 원래 가지고 있던 돈은 10,000원이다.

48

정답 ③

• 연필을 낱개로 한 타만큼 사는 데 드는 비용 : $1,000\times12=12,000$원

• 연필 한 타를 사는 비용 : $12,000\times\dfrac{100-20}{100}=9,600$원

$\therefore 12,000-9,600=2,400$

따라서 한 타를 사는 것이 낱개로 살 때보다 2,400원 더 저렴하다.

49

정답 ④

케이크 재료비는 50,000원이고, 케이크를 50개 만들었을 때 남는 이윤은 $50,000\times0.1\times50=250,000$원이다.

케이크를 20개 만들었을 때의 재료비는 $50,000\times20=1,000,000$원이므로, $\dfrac{1,000,000+250,000}{20}=62,500$원으로 가격을 측정해야 50개를 만들었을 때 남는 이윤과 같은 이윤을 남길 수 있다.

50

정답 ①

정가를 x원이라고 하면, 매입가의 합계는 500×10원$=5,000$원이다.

이때, 10%의 파손을 고려해야하므로 팔린 합계금액은 $x\times(1-\dfrac{1}{10})$원, 깨진 달걀의 금액은 $5,000\times\dfrac{1}{10}$원이다.

그러므로 실제로 팔아서 얻은 이익은 $500\times(1-\dfrac{1}{10})x-5,000$원이며, 이는 매입가의 10%보다 높아야 한다.

이를 식으로 정리하면 다음과 같다.

$500\times(1-\dfrac{1}{10})x-5,000\geq5,000\times\dfrac{1}{10}$

$\therefore x\geq12.222$

따라서 전체적으로 10% 이상의 이익을 올리려면 개당 정가를 13원 이상으로 책정해야 한다.

51

정답 ②

주말 티켓 정가는 $25,000\times1.2=30,000$원이고, 주말 티켓 할인가는 $30,000\times0.9=27,000$원이다.
따라서 $30,000-27,000=3,000$원 할인된 가격에 판매될 것이다.

52

정답 ③

둘째 나이를 X살, 나이 차이를 D살이라 가정하면, 첫째와 셋째 나이는 $(X+D)$, $(X-D)$살이 되고, 아버지 나이는 둘째 나이의 3배이므로 $3X$살이다.
아버지의 나이에서 첫째 나이를 빼면 23살이고, 내년 아버지의 나이는 셋째 나이의 4배보다 4살 적다고 하였으므로 다음과 같은 방정식이 성립한다.
$3X-(X+D)=23 \rightarrow 2X-D=23 \cdots ㉠$
$3X+1=4\times(X-D+1)-4 \rightarrow 1+4D=X \cdots ㉡$
㉠과 ㉡을 연립하면
$2(4D+1)-D=23$
$\rightarrow 8D+2-D=23$
$\rightarrow 7D=21$
$\therefore D=3, \ X=13$
따라서 둘째의 나이는 13살이고, 삼형제의 나이 차이가 일정하다고 하였으므로 올해 셋째 나이는 $13-3=10$살이다.

53

정답 ②

A와 B, B와 C가 각각 3살 차이가 나므로 B의 나이를 x세라 하면 A의 나이는 $(x+3)$세, C는 $(x-3)$세이다. 3년 후 C의 나이가 A의 $\dfrac{2}{3}$ 이므로 다음과 같은 방정식이 성립한다.

$\dfrac{2}{3}(x+3+3)=x-3+3$

$\rightarrow \dfrac{1}{3}x=4$

$\therefore x=12$
즉, B는 12세, A는 $12+3=15$세, C는 $12-3=9$세이다.
따라서 A $\sim$ C의 나이를 모두 더하면 $15+12+9=36$이다.

54

정답 ③

A, B, C, D연구원의 나이를 각각 a, b, c, d살이라고 하면 다음과 같은 방정식이 성립한다.
$a+d-5=b+c \cdots ㉠$
$c=a-2 \cdots ㉡$
$d=a+5 \cdots ㉢$
㉡, ㉢에서 각각 C연구원은 $30-2=28$살이고, D연구원은 $30+5=35$살임을 알 수 있다. ㉠에 A, C, D연구원 나이를 대입하면
$30+35-5=b+28$
$\therefore b=32$
따라서 B연구원은 32살이다.

55

정답 ①

25와 30의 최소공배수는 150이다. 따라서 $150\div7=21\cdots3$이므로 일요일이다.

56

정답 ③

2주 동안 듣는 강연은 총 5회이다. 그러므로 금요일 강연이 없는 주의 월요일에 첫 강연을 들었다면 5주 차 월요일 강연을 듣기 전까지 10개의 강연을 듣게 된다. 5주 차 월요일, 수요일 강연을 듣고 6주 차 월요일의 강연이 13번째 강연이 된다.

따라서 6주 차 월요일이 13번째 강연을 듣는 날이므로 8월 1일 월요일을 기준으로 35일 후가 된다. 8월은 31일까지 있으므로 $1+35-31=5$일, 즉 9월 5일이 된다.

57

정답 ③

휴일이 5일, 7일 간격이기 때문에 각각 6번째 날과 8번째 날이 휴일이 된다.

두 회사 휴일의 최소공배수는 24이므로 두 회사는 24일마다 함께 휴일을 맞는다.

4번째로 함께 하는 휴일은 $24 \times 4 = 96$이므로 $96 \div 7 = 13 \cdots 5$이다.

따라서 금요일이 4번째로 함께 하는 휴일이다.

58

정답 ④

11% 소금물의 양은 $(100-x)+x+y=300$이므로 $y=200$이다.

그러므로 소금의 양에 대한 방정식은 다음과 같다.

$\dfrac{20}{100}(100-x)+x+\dfrac{11}{100} \times 200 = \dfrac{26}{100} \times 300$

$\rightarrow 2,000-20x+100x+2,200=7,800$

$\therefore x=45$

따라서 $x+y=245$이다.

59

정답 ②

오염물질의 양은 $\dfrac{14}{100} \times 50 = 7$g이므로 깨끗한 물을 xg 더 넣어 오염농도를 10%로 만든다면 다음과 같은 식이 성립한다.

$\dfrac{7}{50+x} \times 100 = 10$

$\rightarrow 700 = 10 \times (50+x)$

$\therefore x=20$

따라서 깨끗한 물을 20g 더 넣어야 한다.

60

정답 ②

두 소금물을 합하면 소금물의 양은 800g이 되고, 이 소금물을 농도 10% 이상인 소금물로 만들기 위한 물의 증발량을 xg이라고 하면 다음과 같은 부등식이 성립한다.

$\dfrac{(300 \times 0.07)+(500 \times 0.08)}{800-x} \times 100 \geq 10$

$\rightarrow (21+40) \times 10 \geq 800-x$

$\rightarrow x \geq 800-610$

$\therefore x \geq 190$

따라서 800g인 소금물에서 최소 190g 이상의 물을 증발시켜야 농도 10% 이상인 소금물을 얻을 수 있다.

01	02	03	04	05	06	07	08	09	10	11	12	13	14	15	16	17	18	19	20
⑤	⑤	②	④	①	④	③	③	②	④	①	①	④	①	④	①	⑤	③	①	②
21	22	23	24	25	26	27	28	29	30	31	32	33	34	35	36	37	38	39	40
④	①	①	④	②	①	②	②	②	④	①	④	①	⑤	③	③	④	⑤	⑤	①
41	42	43	44	45	46	47	48	49	50	51	52	53	54	55	56	57	58	59	60
③	④	①	③	③	③	③	⑤	②	①	④	⑤	⑤	⑤	③	③	②	①	①	③

01

정답 ⑤

02

정답 ⑤

03

정답 ②

04

정답 ④

05

정답 ①

PART 2

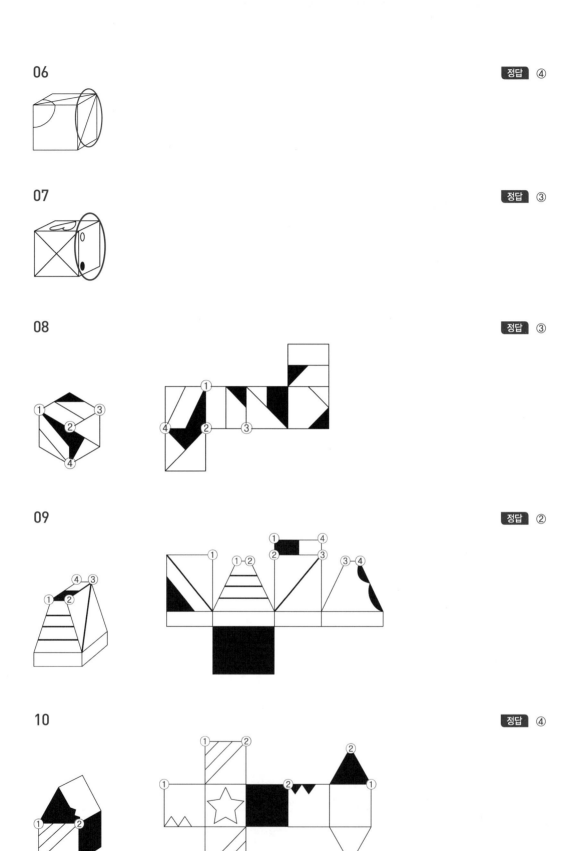

06 정답 ④

07 정답 ③

08 정답 ③

09 정답 ②

10 정답 ④

11　정답　①

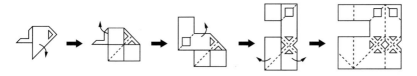

12　정답　①

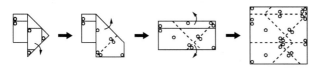

13　정답　④

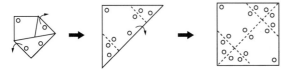

14　정답　①

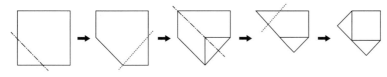

15　정답　④

16　정답　①

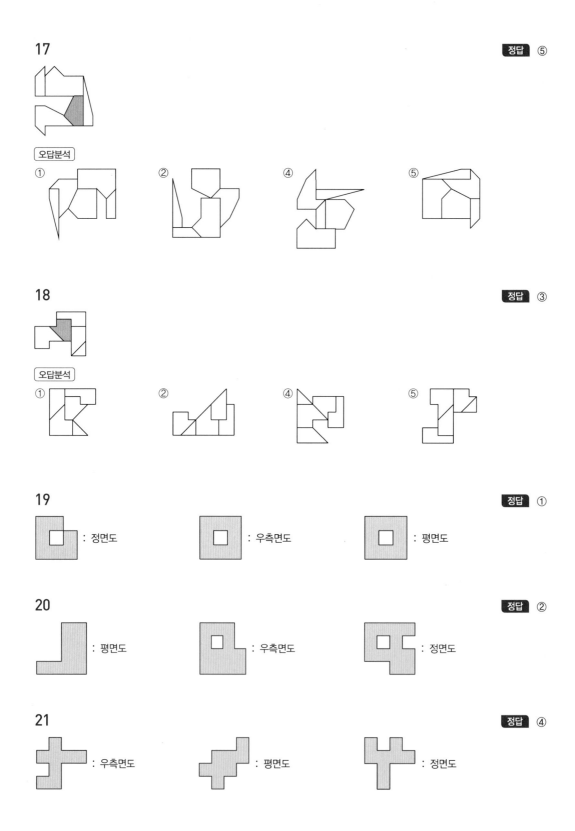

17

정답 ⑤

오답분석

① ② ④ ⑤

18

정답 ③

오답분석

① ② ④ ⑤

19

정답 ①

: 정면도   : 우측면도   : 평면도

20

정답 ②

: 평면도   : 우측면도   : 정면도

21

정답 ④

: 우측면도   : 평면도   : 정면도

22

: 우측면도

: 평면도

: 정면도

정답 ①

23

정답 ①

규칙은 가로 방향으로 적용된다.

첫 번째 도형의 검정색 부분과 꼭짓점이 맞닿은 부분을 검정색으로 칠한 것이 두 번째 도형, 두 번째 도형의 검정색 부분과 꼭짓점이 맞닿은 부분을 검정색으로 칠한 것이 세 번째 도형이다.

24

정답 ④

규칙은 세로 방향으로 적용된다.

첫 번째 도형을 180° 회전시킨 것이 두 번째 도형, 두 번째 도형을 색 반전시킨 것이 세 번째 도형이다.

25

정답 ②

규칙은 가로 방향으로 적용된다.

첫 번째 도형을 데칼코마니처럼 좌우로 펼친 것이 두 번째 도형, 두 번째 도형을 수평으로 반을 잘랐을 때의 아래쪽 부분이 세 번째 도형이다.

26

정답 ①

규칙은 세로 방향으로 적용된다.

첫 번째 도형과 두 번째 도형을 겹쳤을 때 생기는 면에 색을 칠한 것이 세 번째 도형이다.

27

정답 ②

규칙은 세로 방향으로 적용된다.

도형은 아래 칸으로 이동될 때 시계 방향으로 90° 회전한다.

28

정답 ②

별도의 회전 없이 도형의 형태가 일치함을 확인할 수 있다.

29

정답 ②

오답분석

① 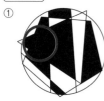 ③  ④  ⑤

30

정답 ④

제시된 도형을 시계 반대 방향으로 90° 회전한 것이 ④이다.

31

정답 ①

제시된 도형을 시계 반대 방향으로 90° 회전한 것이 ①이다.

32

정답 ④

33

정답 ①

34

정답 ⑤

35

정답 ③

36

정답 ③

37

정답 ④

38

정답 ⑤

도형을 180° 회전하면 , 이를 상하 반전하면 이 된다.

39

정답 ⑤

도형을 시계 반대 방향으로 45° 회전하면 , 이를 좌우 반전하면 이 된다.

40

정답 ①

도형을 시계 반대 방향으로 270° 회전하면 , 이를 좌우 반전하면 이 된다.

41

정답 ③

도형을 시계 방향으로 90° 회전하면 , 이를 좌우 반전하면 이 된다.

42

정답 ④

도형을 상하 반전하면 , 이를 시계 반대 방향으로 90° 회전하면 이 된다.

43

정답 ①

• 1층 : 4+5+4+2+4=19개
• 2층 : 4+4+3+2+2=15개
• 3층 : 3+3+1+2+0=9개
• 4층 : 2+0+1+1+0=4개
• 5층 : 1+0+1+0+0=2개
∴ 19+15+9+4+2=49개

44

정답 ③

• 1층 : 4+5+5+4+3=21개
• 2층 : 4+5+3+1+1=14개
• 3층 : 3+5+2+0+1=11개
• 4층 : 2+2+1+0+1=6개
• 5층 : 1+0+1+0+0=2개
∴ 21+14+11+6+2=54개

45

정답 ③

• ♨ : 각 자릿수 +2, +1, +2, +1
• ◀ : 각 자릿수 −4, −3, −2, −1
• ◈ : 1234 → 4231

S4X8 → U5Z9 → 95ZU
    ♨   ◈

46

정답 ③

W53M → S21L → L21S
    ◀   ◈

47

정답 ③

T83I　→　V95J　→　R63I
　　　♨　　　　　◀

48

정답 ⑤

6SD2　→　2PB1　→　1PB2　→　3QD3
　　　◀　　　　◈　　　　♨

49

정답 ②

- ◑ : 각 자릿수 +4, −3, +2, −1
- ◆ : 1234 → 4123
- 目 : 1234 → 4321
- ♧ : 각 자릿수 −1

E73ㅎ　→　ㅎE73　→　ㅍD62
　　　◆　　　　♧

50

정답 ①

5ㅅㄱ9　→　9ㄱㅅ5　→　59ㄱㅅ
　　　目　　　　◆

51

정답 ④

2ㅇ7M　→　1ㅅ6L　→　5ㄹ8K　→　K8ㄹ5
　　　♧　　　　◑　　　　目

52

정답 ⑤

4JR5　→　54JR　→　91LQ　→　80KP
　　　◆　　　　◑　　　　♧

53

정답 ⑤

- ★ : 각 자릿수 +1, −2, +3, −4
- △ : 1234 → 1324
- ※ : 각 자릿수 +3

6ㅜ1ㅂ　→　61ㅜㅂ　→　94ㅣㅈ
　　　△　　　　※

54

정답 ⑤

4ㄷㅅ7 → 5ㄱㅊ3 → 8ㄹㅍ6
    ★   ※

55

정답 ③

ㅛㅅ68 → ㅜㅁ94 → ㅜ9ㅁ4
    ★   △

56

정답 ③

13ㄹㅋ → 46ㅅㅎ → 4ㅅ6ㅎ → 5ㅁ9ㅊ
    ※   △   ★

57

정답 ②

- ◎ : 맨 뒤의 문자를 맨 앞으로 보낸다.
- ♬ : 맨 앞의 문자를 맨 앞에 하나 더 만든다.
- ♀ : 맨 뒤의 문자를 맨 앞에 하나 더 만든다.
- ※ : 뒤에서 첫 번째 문자와 뒤에서 두 번째 문자의 순서를 바꾼다.

VSXA → AVSXA
    ♀

58

정답 ①

V6D → VV6D → VVD6
  ♬   ※

59

정답 ①

UYO → OUY → YOUY
    ◎   ♀

60

정답 ③

JLP → JJLP → JJPL → LJJP
   ♬   ※   ◎

오뚜기그룹 능력적성검사 답안지

※ 절취선을 따라 분리하여 실제 시험과 같이 사용하면 더욱 효과적입니다.

언어

문번	1	2	3	4	5
1	①	②	③	④	⑤
2	①	②	③	④	⑤
3	①	②	③	④	⑤
4	①	②	③	④	⑤
5	①	②	③	④	⑤
6	①	②	③	④	⑤
7	①	②	③	④	⑤
8	①	②	③	④	⑤
9	①	②	③	④	⑤
10	①	②	③	④	⑤
11	①	②	③	④	⑤
12	①	②	③	④	⑤
13	①	②	③	④	⑤
14	①	②	③	④	⑤
15	①	②	③	④	⑤
16	①	②	③	④	⑤
17	①	②	③	④	⑤
18	①	②	③	④	⑤
19	①	②	③	④	⑤
20	①	②	③	④	⑤

문번	1	2	3	4	5
21	①	②	③	④	⑤
22	①	②	③	④	⑤
23	①	②	③	④	⑤
24	①	②	③	④	⑤
25	①	②	③	④	⑤
26	①	②	③	④	⑤
27	①	②	③	④	⑤
28	①	②	③	④	⑤
29	①	②	③	④	⑤
30	①	②	③	④	⑤
31	①	②	③	④	⑤
32	①	②	③	④	⑤
33	①	②	③	④	⑤
34	①	②	③	④	⑤
35	①	②	③	④	⑤
36	①	②	③	④	⑤
37	①	②	③	④	⑤
38	①	②	③	④	⑤
39	①	②	③	④	⑤
40	①	②	③	④	⑤

수리

문번	1	2	3	4	5
21	①	②	③	④	⑤
22	①	②	③	④	⑤
23	①	②	③	④	⑤
24	①	②	③	④	⑤
25	①	②	③	④	⑤
26	①	②	③	④	⑤
27	①	②	③	④	⑤
28	①	②	③	④	⑤
29	①	②	③	④	⑤
30	①	②	③	④	⑤
31	①	②	③	④	⑤
32	①	②	③	④	⑤
33	①	②	③	④	⑤
34	①	②	③	④	⑤
35	①	②	③	④	⑤
36	①	②	③	④	⑤
37	①	②	③	④	⑤
38	①	②	③	④	⑤
39	①	②	③	④	⑤
40	①	②	③	④	⑤

문번	1	2	3	4	5
41	①	②	③	④	⑤
42	①	②	③	④	⑤
43	①	②	③	④	⑤
44	①	②	③	④	⑤
45	①	②	③	④	⑤
46	①	②	③	④	⑤
47	①	②	③	④	⑤
48	①	②	③	④	⑤
49	①	②	③	④	⑤
50	①	②	③	④	⑤
51	①	②	③	④	⑤
52	①	②	③	④	⑤
53	①	②	③	④	⑤
54	①	②	③	④	⑤
55	①	②	③	④	⑤
56	①	②	③	④	⑤
57	①	②	③	④	⑤
58	①	②	③	④	⑤
59	①	②	③	④	⑤
60	①	②	③	④	⑤

고사장

성 명

수 험 번 호

⊖	⊖	⊖	⊖	⊖	⊖	⊖
①	①	①	①	①	①	①
②	②	②	②	②	②	②
③	③	③	③	③	③	③
④	④	④	④	④	④	④
⑤	⑤	⑤	⑤	⑤	⑤	⑤
⑥	⑥	⑥	⑥	⑥	⑥	⑥
⑦	⑦	⑦	⑦	⑦	⑦	⑦
⑧	⑧	⑧	⑧	⑧	⑧	⑧
⑨	⑨	⑨	⑨	⑨	⑨	⑨

감독위원 확인

(인)

오뚜기그룹 능력적성검사 답안지

교시명	

성 명	

수험번호

⓪	⓪	⓪	⓪	⓪	⓪	⓪
①	①	①	①	①	①	①
②	②	②	②	②	②	②
③	③	③	③	③	③	③
④	④	④	④	④	④	④
⑤	⑤	⑤	⑤	⑤	⑤	⑤
⑥	⑥	⑥	⑥	⑥	⑥	⑥
⑦	⑦	⑦	⑦	⑦	⑦	⑦
⑧	⑧	⑧	⑧	⑧	⑧	⑧
⑨	⑨	⑨	⑨	⑨	⑨	⑨

감독위원 확인	㊞

문번	1 2 3 4 5	문번	1 2 3 4 5	문번	1 2 3 4 5
1	① ② ③ ④ ⑤	21	① ② ③ ④ ⑤	41	① ② ③ ④ ⑤
2	① ② ③ ④ ⑤	22	① ② ③ ④ ⑤	42	① ② ③ ④ ⑤
3	① ② ③ ④ ⑤	23	① ② ③ ④ ⑤	43	① ② ③ ④ ⑤
4	① ② ③ ④ ⑤	24	① ② ③ ④ ⑤	44	① ② ③ ④ ⑤
5	① ② ③ ④ ⑤	25	① ② ③ ④ ⑤	45	① ② ③ ④ ⑤
6	① ② ③ ④ ⑤	26	① ② ③ ④ ⑤	46	① ② ③ ④ ⑤
7	① ② ③ ④ ⑤	27	① ② ③ ④ ⑤	47	① ② ③ ④ ⑤
8	① ② ③ ④ ⑤	28	① ② ③ ④ ⑤	48	① ② ③ ④ ⑤
9	① ② ③ ④ ⑤	29	① ② ③ ④ ⑤	49	① ② ③ ④ ⑤
10	① ② ③ ④ ⑤	30	① ② ③ ④ ⑤	50	① ② ③ ④ ⑤
11	① ② ③ ④ ⑤	31	① ② ③ ④ ⑤	51	① ② ③ ④ ⑤
12	① ② ③ ④ ⑤	32	① ② ③ ④ ⑤	52	① ② ③ ④ ⑤
13	① ② ③ ④ ⑤	33	① ② ③ ④ ⑤	53	① ② ③ ④ ⑤
14	① ② ③ ④ ⑤	34	① ② ③ ④ ⑤	54	① ② ③ ④ ⑤
15	① ② ③ ④ ⑤	35	① ② ③ ④ ⑤	55	① ② ③ ④ ⑤
16	① ② ③ ④ ⑤	36	① ② ③ ④ ⑤	56	① ② ③ ④ ⑤
17	① ② ③ ④ ⑤	37	① ② ③ ④ ⑤	57	① ② ③ ④ ⑤
18	① ② ③ ④ ⑤	38	① ② ③ ④ ⑤	58	① ② ③ ④ ⑤
19	① ② ③ ④ ⑤	39	① ② ③ ④ ⑤	59	① ② ③ ④ ⑤
20	① ② ③ ④ ⑤	40	① ② ③ ④ ⑤	60	① ② ③ ④ ⑤

오뚜기그룹 능력적성검사 답안지

※ 절취선을 따라 분리하여 실제 시험과 같이 사용하면 더욱 효과적입니다.

언어

문번	1 2 3 4 5	문번	1 2 3 4 5
1	① ② ③ ④ ⑤	21	① ② ③ ④ ⑤
2	① ② ③ ④ ⑤	22	① ② ③ ④ ⑤
3	① ② ③ ④ ⑤	23	① ② ③ ④ ⑤
4	① ② ③ ④ ⑤	24	① ② ③ ④ ⑤
5	① ② ③ ④ ⑤	25	① ② ③ ④ ⑤
6	① ② ③ ④ ⑤	26	① ② ③ ④ ⑤
7	① ② ③ ④ ⑤	27	① ② ③ ④ ⑤
8	① ② ③ ④ ⑤	28	① ② ③ ④ ⑤
9	① ② ③ ④ ⑤	29	① ② ③ ④ ⑤
10	① ② ③ ④ ⑤	30	① ② ③ ④ ⑤
11	① ② ③ ④ ⑤	31	① ② ③ ④ ⑤
12	① ② ③ ④ ⑤	32	① ② ③ ④ ⑤
13	① ② ③ ④ ⑤	33	① ② ③ ④ ⑤
14	① ② ③ ④ ⑤	34	① ② ③ ④ ⑤
15	① ② ③ ④ ⑤	35	① ② ③ ④ ⑤
16	① ② ③ ④ ⑤	36	① ② ③ ④ ⑤
17	① ② ③ ④ ⑤	37	① ② ③ ④ ⑤
18	① ② ③ ④ ⑤	38	① ② ③ ④ ⑤
19	① ② ③ ④ ⑤	39	① ② ③ ④ ⑤
20	① ② ③ ④ ⑤	40	① ② ③ ④ ⑤

수리

문번	1 2 3 4 5	문번	1 2 3 4 5
21	① ② ③ ④ ⑤	41	① ② ③ ④ ⑤
22	① ② ③ ④ ⑤	42	① ② ③ ④ ⑤
23	① ② ③ ④ ⑤	43	① ② ③ ④ ⑤
24	① ② ③ ④ ⑤	44	① ② ③ ④ ⑤
25	① ② ③ ④ ⑤	45	① ② ③ ④ ⑤
26	① ② ③ ④ ⑤	46	① ② ③ ④ ⑤
27	① ② ③ ④ ⑤	47	① ② ③ ④ ⑤
28	① ② ③ ④ ⑤	48	① ② ③ ④ ⑤
29	① ② ③ ④ ⑤	49	① ② ③ ④ ⑤
30	① ② ③ ④ ⑤	50	① ② ③ ④ ⑤
31	① ② ③ ④ ⑤	51	① ② ③ ④ ⑤
32	① ② ③ ④ ⑤	52	① ② ③ ④ ⑤
33	① ② ③ ④ ⑤	53	① ② ③ ④ ⑤
34	① ② ③ ④ ⑤	54	① ② ③ ④ ⑤
35	① ② ③ ④ ⑤	55	① ② ③ ④ ⑤
36	① ② ③ ④ ⑤	56	① ② ③ ④ ⑤
37	① ② ③ ④ ⑤	57	① ② ③ ④ ⑤
38	① ② ③ ④ ⑤	58	① ② ③ ④ ⑤
39	① ② ③ ④ ⑤	59	① ② ③ ④ ⑤
40	① ② ③ ④ ⑤	60	① ② ③ ④ ⑤

교시장

성 명

수 험 번 호
⓪ ① ② ③ ④ ⑤ ⑥ ⑦ ⑧ ⑨

감독위원 확인

인

※ 절취선을 따라 분리하여 실제 시험과 같이 사용하면 더욱 효과적입니다.

오뚜기그룹 능력적성검사 답안지

고사장

성 명

수 험 번 호

⓪	⓪	⓪	⓪	⓪	⓪	⓪
①	①	①	①	①	①	①
②	②	②	②	②	②	②
③	③	③	③	③	③	③
④	④	④	④	④	④	④
⑤	⑤	⑤	⑤	⑤	⑤	⑤
⑥	⑥	⑥	⑥	⑥	⑥	⑥
⑦	⑦	⑦	⑦	⑦	⑦	⑦
⑧	⑧	⑧	⑧	⑧	⑧	⑧
⑨	⑨	⑨	⑨	⑨	⑨	⑨

감독위원 확인

(인)

문번	1 2 3 4 5	문번	1 2 3 4 5	문번	1 2 3 4 5
1	① ② ③ ④ ⑤	21	① ② ③ ④ ⑤	41	① ② ③ ④ ⑤
2	① ② ③ ④ ⑤	22	① ② ③ ④ ⑤	42	① ② ③ ④ ⑤
3	① ② ③ ④ ⑤	23	① ② ③ ④ ⑤	43	① ② ③ ④ ⑤
4	① ② ③ ④ ⑤	24	① ② ③ ④ ⑤	44	① ② ③ ④ ⑤
5	① ② ③ ④ ⑤	25	① ② ③ ④ ⑤	45	① ② ③ ④ ⑤
6	① ② ③ ④ ⑤	26	① ② ③ ④ ⑤	46	① ② ③ ④ ⑤
7	① ② ③ ④ ⑤	27	① ② ③ ④ ⑤	47	① ② ③ ④ ⑤
8	① ② ③ ④ ⑤	28	① ② ③ ④ ⑤	48	① ② ③ ④ ⑤
9	① ② ③ ④ ⑤	29	① ② ③ ④ ⑤	49	① ② ③ ④ ⑤
10	① ② ③ ④ ⑤	30	① ② ③ ④ ⑤	50	① ② ③ ④ ⑤
11	① ② ③ ④ ⑤	31	① ② ③ ④ ⑤	51	① ② ③ ④ ⑤
12	① ② ③ ④ ⑤	32	① ② ③ ④ ⑤	52	① ② ③ ④ ⑤
13	① ② ③ ④ ⑤	33	① ② ③ ④ ⑤	53	① ② ③ ④ ⑤
14	① ② ③ ④ ⑤	34	① ② ③ ④ ⑤	54	① ② ③ ④ ⑤
15	① ② ③ ④ ⑤	35	① ② ③ ④ ⑤	55	① ② ③ ④ ⑤
16	① ② ③ ④ ⑤	36	① ② ③ ④ ⑤	56	① ② ③ ④ ⑤
17	① ② ③ ④ ⑤	37	① ② ③ ④ ⑤	57	① ② ③ ④ ⑤
18	① ② ③ ④ ⑤	38	① ② ③ ④ ⑤	58	① ② ③ ④ ⑤
19	① ② ③ ④ ⑤	39	① ② ③ ④ ⑤	59	① ② ③ ④ ⑤
20	① ② ③ ④ ⑤	40	① ② ③ ④ ⑤	60	① ② ③ ④ ⑤

2024 최신판 SD에듀 오뚜기그룹
온라인 능력적성검사 최신기출유형 + 모의고사 4회

개정1판1쇄 발행	2024년 05월 20일 (인쇄 2024년 04월 09일)
초 판 발 행	2023년 10월 25일 (인쇄 2023년 09월 19일)
발 행 인	박영일
책 임 편 집	이해욱
편 저	SDC(Sidae Data Center)
편 집 진 행	안희선 · 정수현
표지디자인	박수영
편집디자인	전하연 · 장성복
발 행 처	(주)시대고시기획
출 판 등 록	제10-1521호
주 소	서울시 마포구 큰우물로 75 [도화동 538 성지 B/D] 9F
전 화	1600-3600
팩 스	02-701-8823
홈 페 이 지	www.sdedu.co.kr
I S B N	979-11-383-7062-2 (13320)
정 가	23,000원

※ 이 책은 저작권법의 보호를 받는 저작물이므로 동영상 제작 및 무단전재와 배포를 금합니다.
※ 잘못된 책은 구입하신 서점에서 바꾸어 드립니다.

오뚜기그룹

온라인 능력적성검사

최신기출유형+모의고사 4회

최신 출제경향 전면 반영

대기업 인적성 "기출이 답이다" 시리즈

역대 기출문제와 주요기업 기출문제를 한 권에! 합격을 위한

Only Way!

대기업 인적성 "봉투모의고사" 시리즈

실제 시험과 동일하게 마무리! 합격으로 가는

Last Spurt!

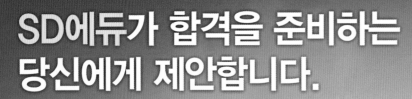

SD에듀가 합격을 준비하는 당신에게 제안합니다.

결심하셨다면 지금 당장 실행하십시오.
SD에듀와 함께라면 문제없습니다.

성공의 기회!
SD에듀를 잡으십시오.

NEXT STEP!

– 마크 트웨인 –

기회란 포착되어 활용되기 전에는 기회인지조차 알 수 없는 것이다.